LA CRISIS DEL CAPITALISMO GLOBAL

La sociedad abierta en peligro

GEORGE SOROS

LA CRISIS DEL CAPITALISMO GLOBAL

La sociedad abierta en peligro

EDITORIAL SUDAMERICANA
BUENOS AIRES

PRIMERA EDICIÓN
Enero de 1999

SEGUNDA EDICIÓN
Febrero de 1999

Versión castellana de
FABIÁN CHUECA

Título original: *The Crisis of Global Capitalism*
© George Soros, 1998
© De la traducción, Fabián Chueca

IMPRESO EN LA ARGENTINA

Queda hecho el depósito que
previene la ley 11.723
© *1999, para esta edición Editorial Sudamericana S.A.*
Humberto I° 531, Buenos Aires

ISBN: 950-07-1532-5

Sumario

Sumario

Agradecimientos

Varias personas se tomaron un gran interés por el manuscrito de este libro y me ayudaron muchísimo. Anatole Kaletsky actuó como mi editor de hecho al ayudarme a organizar el material y hacerlo más accesible; Roman Frydman me fue de especial utilidad en relación con el marco conceptual; Leon Botstein formuló muchas observaciones interesantes y mantuvimos animados debates; Anthony Giddens hizo comentarios sobre más de una versión del original; William Newton-Smith me sacó de errores en algunas cuestiones filosóficas; y John Gray me hizo releer *Great Transformation* de Karl Polanyi. Otras personas que aportaron útiles comentarios fueron Robert Kuttner, John Simon, Jeffrey Friedman, Mark Malloch Brown, Arminio Fraga, Tom Glaessner, Aryeh Neier, Daniel Kahneman, Byron Wien y Richard Medley. Pido disculpas a quienes haya olvidado mencionar.

Este libro no podría haberse publicado a velocidad tan vertiginosa sin la incansable ayuda de mi leal secretaria, Yvonne Sheer. Se crea o no, el primer contacto con mi editor, Peter Osnos, tuvo lugar el 22 de septiembre de 1998, y los libros terminados estarán listos para despachar el 18 de noviembre de 1998. Geoff Shandler trabajó horas extra como mi editor instantáneo. Bravo por Peter y su equipo, y gracias a Kris Dahl por proponérmelo.

Prefacio

Mi intención original cuando comencé a escribir este libro era exponer la filosofía que me ha guiado a lo largo de la vida. Se me conocía por mis éxitos en la gestión del dinero, y más tarde por mi condición de filántropo. A veces me sentía como un gigantesco aparato digestivo, que tomaba el dinero por un extremo y lo expulsaba por el otro, pero lo cierto es que una importante dosis de reflexión conectaba ambos extremos. Un marco conceptual, que había formulado en mis tiempos de estudiante, mucho antes de mi entrada en los mercados financieros, regía tanto mis actividades lucrativas como las filantrópicas.

Recibí una gran influencia de Karl Popper, el filósofo de la ciencia, cuya obra *La sociedad abierta y sus enemigos* explicaba los regímenes nazi y comunista que yo había experimentado directamente cuando era un adolescente en Hungría. Aquellos regímenes tenían una característica en común: afirmaban estar en posesión de la verdad definitiva e imponían sus ideas al mundo mediante el uso de la fuerza. Popper proponía una forma distinta de organización social, que reconocía que nadie tiene acceso a la verdad definitiva. Nuestra comprensión del mundo en que vivimos es intrínsecamente imperfecta, y una sociedad perfecta es inalcanzable. Debemos conformarnos con la segunda opción: una sociedad imperfecta que sea, sin embargo, susceptible de infinita mejora. Popper la llamaba sociedad abierta, y los regímenes totalitarios eran sus enemigos.

Asimilé las ideas de Popper sobre el pensamiento crítico y el método científico. Pero lo hice críticamente, y llegué a disentir de él en una cuestión importante. Popper afirmaba que los mismos métodos y criterios son válidos para las ciencias naturales y para las cien-

11

cias sociales. Me llamó la atención una diferencia esencial: en las ciencias sociales, el pensamiento forma parte de la materia objeto de estudio, en tanto que las ciencias naturales se ocupan de fenómenos que tienen lugar con independencia de lo que cualquiera piense. Esto permite someter los fenómenos naturales al modelo popperiano de método científico, pero no los fenómenos sociales.

Desarrollé el concepto de *reflexividad:* un mecanismo de retroalimentación bidireccional entre el pensamiento y la realidad. Estudiaba yo a la sazón economía, y la reflexividad no encajaba en la teoría económica, que operaba con un concepto tomado de la física newtoniana, a saber, el de equilibrio.

El concepto de reflexividad me resultó muy útil cuando me dediqué a gestionar dinero. En 1979, cuando había ganado más dinero del que podía necesitar, constituí una fundación llamada Open Society Fund, cuyos objetivos definí como ayudar a abrir las sociedades cerradas, ayudar a hacer más viables las sociedades abiertas y fomentar un modo de pensamiento crítico. A través de la fundación, me vi profundamente involucrado en la desintegración del sistema soviético.

En parte como resultado de aquella experiencia y en parte basándome en mi experiencia del sistema capitalista, llegué a la conclusión de que el marco conceptual con el que había trabajado había dejado de ser válido. Intenté reformular el concepto de sociedad abierta. Según la formulación de Popper, contrastaba con las sociedades cerradas basadas en ideologías totalitarias, pero la experiencia reciente me había enseñado que también podía ser amenazada desde la dirección contraria: desde la falta de cohesión social y la ausencia de gobierno.

Expresé mis ideas en un artículo titulado «The Capitalist Threat» (La amenaza capitalista), publicado en el número de febrero de 1997 de *The Atlantic Monthly.* El presente libro, cuya redacción comencé poco después, pretendía ser una elaboración más rigurosa de aquellas ideas. En mis libros anteriores, el marco conceptual había quedado relegado a un apéndice o lo había presentado sepultado en recuerdos personales. Ahora pensaba que merecía una consideración directa. Siempre había sentido un vivo interés por comprender el mundo en que vivía. Con razón o sin ella, me parecía que había hecho algunos progresos y deseaba compartirlos.

El plan original de este libro se vio desbaratado, sin embargo, por la crisis financiera global que comenzó en Tailandia en julio de 1997. Investigaba los fallos del sistema capitalista global, pero lo hacía sin prisas. Estaba plenamente al corriente de la crisis asiática —de hecho, mi compañía de gestión de fondos la había previsto seis meses antes de que se produjera—, pero no tenía la menor idea del alcance que acabaría teniendo. Explicaba por qué el sistema capitalista global era poco sólido e insostenible, pero hasta la crisis financiera de Rusia en agosto de 1998, no caí en la cuenta de que en realidad se estaba desintegrando. Mi libro adquirió de pronto un nuevo sentido de urgencia. Tenía ya un marco conceptual preparado en virtud del cual podía entenderse la crisis financiera global en rápida evolución. Decidí acelerar la publicación.

Mi opinión sobre la situación actual se resumía en la declaración que presté ante el Congreso de EE UU el 15 de septiembre de 1998, en la que, entre otras cosas, dije lo siguiente:

El sistema capitalista global, que ha sido responsable de la extraordinaria prosperidad de este país, se está viniendo abajo en la última década. El actual declive del mercado bursátil de Estados Unidos es sólo un síntoma, y un síntoma tardío además, de los problemas más profundos que aquejan a la economía mundial. Algunos mercados bursátiles asiáticos han sufrido desplomes más graves que la crisis de Wall Street de 1929, y por añadidura sus monedas han caído también hasta una fracción de su valor cuando estaban vinculadas al dólar de EE UU. Al desplome financiero en Asia le ha seguido un desplome económico. En Indonesia, por ejemplo, la mayoría de las ganancias en el nivel de vida que se acumularon durante los treinta años del régimen de Suharto han desaparecido. Los modernos edificios, fábricas e infraestructuras permanecen, pero también una población que ha sido desarraigada de sus orígenes rurales. Rusia experimenta actualmente una crisis financiera total. Es un espectáculo espeluznante que tendrá incalculables consecuencias humanas y políticas. El contagio también se ha propagado ya a América Latina.

Sería lamentable dormirse en los laureles sólo porque la mayoría de los problemas se presentan más allá de nuestras fronteras. Todos formamos parte del sistema capitalista global, que se caracteriza no sólo por el libre comercio sino también, de modo más específico, por la libre circulación de capitales. El sistema es muy favorable al capital financiero que es libre de elegir y escoger dónde ir y ha conducido al rápido crecimiento de los mercados financieros globales. Puede concebirse como un gigantesco sistema circulatorio, que aspira capital de los mercados y las instituciones financieras del centro y lo bombea después a la periferia, ya sea directamente en forma de créditos e inversiones de cartera, o bien indirectamente a través de compañías multinacionales.

Hasta la crisis tailandesa de julio de 1997, el centro aspiraba y bombeaba dinero vigorosamente, los mercados financieros crecían en tamaño e importancia y los países de la periferia podían obtener un abundante suministro de capitales abriendo sus mercados de capital. Había una expansión global en la que los mercados emergentes obtenían resultados especialmente satisfactorios. En cierto momento de 1994, más de la mitad del total de entradas en los fondos comunes de inversión de Estados Unidos se destinaron a fondos de los mercados emergentes.

La crisis asiática ha invertido la dirección del movimiento. El capital ha comenzado a huir de la periferia. Al principio, la inversión benefició a los mercados financieros del centro. La economía de Estados Unidos estaba al borde del recalentamiento, y la Reserva Federal estudiaba la posibilidad de elevar la tasa de descuento. La crisis asiática desaconsejó la aplicación de esa medida y el mercado de valores se animó. La economía disfrutó del mejor de los mundos posibles con importaciones baratas que mantenían bajo control las presiones inflacionarias internas y el mercado bursátil alcanzó nuevos máximos. La tendencia alcista del centro generó expectativas de que la periferia podría recuperarse también, y entre febrero y abril de 1998 la mayoría de los mercados asiáticos recuperaron aproximadamente la mitad de sus pérdidas anteriores medidas en monedas nacionales. Fue una clásica recuperación temporal del mercado a la baja.

Llega un momento en que las dificultades en la periferia no pueden ser buenas para el centro. Creo que hemos llegado a ese punto con la crisis de Rusia. Tengo tres razones principales para hacer esta afirmación.

La primera es que la crisis rusa ha sacado a la luz ciertas deficiencias del sistema bancario internacional en las que no se había reparado anteriormente. Además de su exposición en sus propios balances, los bancos realizan permutas *(swaps),* operaciones a plazo y transacciones con instrumentos financieros derivados, entre ellos y con sus clientes. Estas transacciones no se reflejan en los balances de los bancos. Se ajustan constantemente al valor del mercado, es decir, se revalorizan constantemente y cualquier diferencia entre el coste y el mercado se compensa mediante transferencias en efectivo. Se supone que de este modo se elimina el riesgo de incumplimiento de pago. Los mercados de permutas, operaciones a plazo y derivados son muy amplios y los márgenes escasísimos; es decir, el valor de las cantidades subyacentes es un abundante múltiplo del capital empleado en el negocio. Las transacciones forman una guirnalda con muchos intermediarios, y cada intermediario tiene una obligación con sus homólogos sin saber quién más participa. La exposición a homólogos individuales se limita mediante la fijación de líneas de crédito.

Este complejo sistema recibió un duro golpe cuando el sistema bancario ruso se desplomó. Los bancos rusos incumplieron sus obligaciones de pago, pero los bancos occidentales mantuvieron el tipo ante sus clientes. No se encontró una manera de compensar las obligaciones de un banco con las de otro. Muchos fondos de cobertura y otras cuentas especulativas sufrieron pérdidas tan cuantiosas que hubieron de ser liquidados. Los diferenciales normales se vieron alterados y los profesionales que arbitraban entre diversos derivados, es decir, que cambiaban un derivado por otro, también sufrieron cuantiosas pérdidas. Una situación semejante surgió poco después cuando Malasia cerró deliberadamente sus mercados financieros a los extranjeros, pero la Autoridad Monetaria de Singapur en colaboración con otros bancos centrales actuó sin demora. Los contratos pendientes se registraron en cifras netas y las pérdidas se compartieron. Se evitó así un posible colapso del sistema.

Estos acontecimientos indujeron a la mayoría de los actores

del mercado a reducir su exposición en términos generales. Los bancos intentan frenéticamente limitar su exposición, disminuir la razón préstamos/fondos propios y reducir el riesgo. Los valores bancarios han caído en picado. Se está gestando una compresión global del crédito, que está restringiendo ya el movimiento de fondos a la periferia, pero que también ha comenzado a afectar a la disponibilidad de créditos en la economía interna. El mercado de bonos basura, por ejemplo, ha cerrado ya.

Esto me lleva a mi segundo punto. El dolor en la periferia es tan intenso que algunos países han comenzado a abandonar el sistema capitalista global, o simplemente se han quedado por el camino. Primero Indonesia, después Rusia, han sufrido una crisis bastante completa, pero lo que ha sucedido en Malasia y en menor grado en Hong Kong es en algunos aspectos de peor agüero aún. El desplome en Indonesia y Rusia no fue buscado, pero Malasia abandonó deliberadamente. Este país logró infligir considerables perjuicios a inversores y especuladores extranjeros y pudo obtener algún alivio temporal, si no para la economía al menos para los gobernantes del país. El alivio proviene de la capacidad de reducir los tipos de interés y de inyectar el mercado de valores aislando el país del mundo exterior. El alivio no puede menos de ser temporal porque las fronteras son porosas y el dinero saldrá del país ilegalmente; los efectos sobre la economía serán catastróficos, pero los economistas locales vinculados al régimen podrán salvar los negocios a menos que el propio régimen sea derrocado. Las medidas adoptadas por Malasia perjudicarán a los otros países que intentan mantener abiertos sus mercados financieros porque fomentarán la fuga de capitales. En este sentido, Malasia ha emprendido una política de empobrecer al vecino. Si gracias a ello Malasia presenta un buen aspecto en comparación con sus vecinos, la política podría encontrar fácilmente imitadores, por lo que a otros les resultará más difícil mantener abiertos sus mercados.

El tercer factor importante que favorece la desintegración del sistema capitalista global es la evidente incapacidad de las autoridades monetarias internacionales para mantenerlo unido. Los programas del Fondo Monetario Internacional (FMI) no parecen funcionar; además, el FMI se ha quedado sin dinero. La respuesta de los gobiernos del G-7 ante la crisis de Rusia ha sido deplorablemente insuficiente, y la pérdida de control ha sido absolutamente terrible. Los mercados financieros son muy peculiares en este sentido: les molesta cualquier tipo de injerencia gubernamental pero mantienen una profunda creencia en que si la situación se pone realmente fea las autoridades intervendrán. Esta creencia se ha conmocionado ya.

Estos tres factores funcionan al unísono para reforzar el movimiento inverso de capital desde la periferia hasta el centro. Es probable que la conmoción inicial causada por la crisis de Rusia se pase, pero es probable que la tensión sobre la periferia continúe. La fuga de capitales se ha propagado ya a Brasil, y si Brasil cae, Argentina estará en peligro. Las previsiones de crecimiento económico global se reajustan sin cesar a la baja, y espero que terminen en territorio negativo. En el caso de que el desplome se extienda hasta nuestra economía, podríamos estar mucho menos dispuestos a aceptar las importaciones que son necesarias para alimentar el movimiento inverso de capital, y el colapso del sistema financiero global podría venir acompañado de una crisis del libre comercio internacional.

Este curso de los acontecimientos sólo podrá evitarse mediante la intervención de las autoridades financieras internacionales. Las perspectivas son sombrías, porque los gobiernos del G-7 han declinado recientemente intervenir en Rusia, pero las consecuencias de esa inacción podrían actuar a modo de llamada de atención. Es urgente y necesario reconsiderar y reformar el sistema capitalista global. Como ha demostrado el ejemplo ruso, los problemas serán progresivamente más intratables cuanto más tiempo se les deje enconarse.

El replanteamiento debe comenzar reconociendo que los mercados financieros son intrínsecamente inestables. El sistema capitalista global se basa en la creencia de que los mercados financieros, si se los abandona a sus propios recursos, tienden al equilibrio. Se supone que se mueven como un péndulo: pueden ser trastornados por fuerzas externas, las llamadas conmociones exógenas, pero intentarán volver a la posición de equilibrio. Esta creencia es falsa. Los mercados financieros son dados a excesos, y si una secuencia expansión/depresión avanza hasta más allá de cierto punto nunca volverá a su lugar de origen. En vez de actuar como un péndulo, los mercados financieros han actuado recientemente como una bola de demolición, golpeando sobre una economía tras otra.

Se habla mucho de imponer disciplina de mercado, pero si imponer disciplina de mercado significa imponer inestabilidad, ¿cuánta inestabilidad puede asumir la sociedad? La disciplina de mercado debe ser complementada por otra disciplina: el mantenimiento de la estabilidad en los mercados financieros debería ser el objetivo de la política pública. Este es el principio general que me gustaría proponer.

A pesar de la creencia dominante en los libres mercados, este principio ha sido aceptado ya y puesto en práctica a escala nacional. Disponemos del Sistema de la Reserva Federal y otras autoridades financieras cuyo mandato consiste en impedir un colapso de nuestros mercados financieros internos y, si es necesario, actuar como prestamistas de último recurso. Confío en que sean capaces de llevar a cabo su mandato. Pero lamentablemente carecemos de las autoridades financieras apropiadas en la escena internacional. Tenemos las instituciones de Bretton Woods, el FMI y el Banco Mundial, que han intentado valientemente adaptarse a unas circunstancias que cambian con rapidez. Hay que admitir que los programas del FMI no han tenido éxito en la actual crisis financiera global; su misión y sus métodos de funcionamiento deben ser reconsiderados. Creo que tal vez sean necesarias otras instituciones. A comienzos de este año propuse la creación de una Corporación Internacional de Seguro del Crédito, pero en aquellas fechas no era evidente aún que el movimiento inverso de capitales llegaría a ser un problema tan grave, y mi propuesta fracasó. Creo que su momento ha llegado ya. Tenemos que instituir también algún tipo de supervisión internacional sobre las autoridades supervisoras internacionales. Además, hemos de reconsiderar los mecanismos del sistema bancario internacional y el funcionamiento de los mercados de permutas y de instrumentos derivados.

Este libro se divide en dos partes. En la primera se expone el marco conceptual. No voy a intentar resumirlo aquí, pero esta época de palabras clave puede representarse mediante tres palabras fundamentales: falibilidad, reflexividad y sociedad abierta. Esta parte de la obra incluye una crítica de las ciencias sociales en general y de la economía en particular. Interpreto los mercados financieros en función de la reflexividad y no del equilibrio, e intento desarrollar una teoría reflexiva de la historia, tratando los mercados financieros como un laboratorio en que la teoría puede ser corroborada.

En la segunda parte, aplico el marco conceptual expuesto en la primera al momento actual de la historia. Aunque la crisis financiera ocupa un lugar destacado, como es comprensible, el análisis es mucho más profundo. Me ocupo de la discrepancia entre una economía global y una organización política y social cuyo alcance sigue siendo básicamente nacional. Analizo la relación desigual entre el centro y la periferia y el tratamiento desigual de los deudores y los acreedores. Examino la malsana sustitución de los valores humanos intrínsecos por los valores monetarios. Interpreto el capitalismo global como una forma incompleta y distorsionada de la sociedad abierta.

Después de identificar las principales características del sistema capitalista global en el Capítulo 6, intento predecir su futuro en función de una secuencia expansión/depresión en el Capítulo 7. El Capítulo 8 contiene algunas propuestas prácticas para evitar la desintegración financiera del sistema. En el Capítulo 9 examino las perspectivas de una forma menos distorsionada y más completa de sociedad abierta y, en el Capítulo 10, el contexto internacional. En el Capítulo 11 se esbozan algunas medidas prácticas que podrían tomarse para lograrlo. Mi intención era que ésta fuese la exposición definitiva de mi filosofía. La intervención de la historia le ha convertido en lo que llamaría un libro de actualidad.

Introducción

Este libro intenta sentar las bases de una sociedad abierta global. Vivimos en una economía global, pero la organización política de nuestra sociedad global es deplorablemente insuficiente. Nos vemos privados de la capacidad de mantener la paz y de contrarrestar los excesos de los mercados financieros. Sin estos controles, es probable que la economía global se desplome.

La economía global se caracteriza no sólo por el libre comercio de bienes y servicios, sino más aún por la libre circulación de capitales. Los tipos de interés, los tipos de cambio y las cotizaciones de las acciones en diversos países están estrechamente interrelacionados, y los mercados financieros globales ejercen una tremenda influencia sobre la situación económica. A tenor del decisivo papel que el capital financiero internacional desempeña en las fortunas de los distintos países, no está fuera de lugar hablar de un sistema capitalista global.

El capital financiero disfruta de una posición privilegiada. El capital tiene más movilidad que los otros factores de producción, y el capital financiero es más móvil aún que la inversión directa. El capital financiero se desplaza allí donde obtiene mejores recompensas; como es el heraldo de la prosperidad, los países compiten por atraerlo. Debido a estas ventajas, el capital se acumula cada vez más en las instituciones financieras y en compañías multinacionales que cotizan en bolsa; en este proceso, los mercados financieros actúan como intermediarios.

El desarrollo de una economía global no ha coincidido con el desarrollo de una sociedad global. La unidad básica de la vida política y social sigue siendo el estado-nación. El derecho internacional y las instituciones internacionales en la medida en que existen, carecen de la fuerza necesaria para impedir la guerra o los abusos en gran escala contra los derechos humanos en algunos países. Las amenazas ecológicas no se afrontan de forma adecuada. Los mercados financieros globales están en gran parte fuera del control de las autoridades nacionales o internacionales.

Sostengo que la situación actual es poco sólida e insostenible. Los mercados financieros son intrínsecamente inestables y existen necesidades sociales que no pueden satisfacerse dando carta blanca a las fuerzas del mercado. Lamentablemente, no se reconocen estos defectos. Existe, en cambio, el convencimiento general de que los mercados se autocorrigen y que una economía global puede prosperar sin necesidad de una sociedad global. Se afirma que la mejor manera de servir al interés común es permitir que cada cual defienda sus propios intereses y que los intentos de proteger el interés común mediante la toma de decisiones colectivas distorsionan el mecanismo del mercado. Esta idea recibió en el siglo XIX el nombre de *laissez faire* o liberalismo, pero puede que no sea hoy una denominación tan apropiada porque es un término francés y la mayoría de las personas que creen en la magia del mercado no hablan francés. He encontrado un nombre mejor para designarla: fundamentalismo del mercado.

El fundamentalismo del mercado es el responsable de que el sistema capitalista global carezca de solidez y sea insostenible. Esta situación es relativamente reciente. Al final de la segunda guerra mundial, la circulación internacional de capitales era restringida, y se crearon las instituciones de Bretton Woods para facilitar el comercio en ausencia de circulación de capitales. Las restricciones no se eliminaron sino gradualmente, y sólo con la llegada al poder de Margaret Thatcher y Ronald Reagan, hacia 1980, el fundamentalismo del mercado se convirtió en la ideología dominante. El fundamentalismo del mercado ha entregado las riendas al capital financiero.

No es ésta, desde luego, la primera vez que vivimos en un sistema capitalista global. Sus principales características fueron identificadas por vez primera de manera ciertamente profética por Karl Marx y Friedrich Engels en el *Manifiesto comunista,* publicado en 1848. El sistema que prevaleció en la segunda mitad del siglo XIX era en ciertos aspectos más estable que la versión contemporánea.

En primer lugar, había potencias imperiales, Gran Bretaña la más importante de ellas, que obtenían beneficios lo bastante cuantiosos de su posición en el centro del sistema como para que considerasen que merecía la pena conservarlo. En segundo lugar, había una moneda internacional única en forma de oro; hoy hay tres monedas principales —el dólar, el marco alemán, que pronto se convertirá en el euro, y el yen— que se rozan entre sí como placas tectónicas, generando a menudo terremotos y aplastando monedas menores en ese proceso. En tercer lugar, y lo más importante, había ciertas creencias y normas éticas compartidas, que no se ponían en práctica necesariamente pero que eran sin embargo aceptadas de forma ciertamente universal como deseables. Estos valores combinaban la fe en la razón y el respeto por la ciencia con la tradición ética judeocristiana, y en general proporcionaban una guía más fiable sobre el bien y el mal que los valores que dominan en nuestros días. Los valores monetarios y los mercados transaccionales no ofrecen una base suficiente para la cohesión social. Es posible que esta frase no tenga mucho sentido para el lector tal como está redactada, pero se explicará a lo largo de esta obra.

La encarnación decimonónica del sistema capitalista global, a pesar de su relativa estabilidad, fue destruida por la primera guerra mundial. Al término de la contienda, se produjo un débil intento de reconstruirlo, que terminó mal en el descalabro de 1929 y la gran depresión ulterior. ¿Cuánto más probable es, pues, que la versión actual del capitalismo global termine también mal, dado que ahora faltan los elementos de estabilidad que estaban presentes en el siglo XIX?

Pero el desastre podría evitarse si reconociésemos las deficiencias de nuestro sistema y las corrigiéramos a tiempo. ¿Cómo surgieron estas deficiencias y cómo podrían corregirse? Estas son las preguntas que me propongo tratar. Sostengo que el sistema capitalista global es una forma distorsionada de sociedad abierta, y sus excesos podrían corregirse si se comprendieran mejor los principios de la sociedad abierta y obtuvieran un respaldo más amplio.

El término sociedad abierta fue acuñado por Karl Popper en su obra *La sociedad abierta y sus enemigos*. Cuando el libro se publicó en 1944, la sociedad abierta estaba amenazada por regímenes totalitarios como la Alemania nazi y la Unión Soviética, que utilizaban el poder del Estado para imponer su voluntad al pueblo. El concepto de sociedad abierta podía entenderse fácilmente comparándolo con las sociedades cerradas que las ideologías totalitarias fomentaban. Esto siguió siendo cierto hasta el hundimiento del imperio soviético en 1989. Las sociedades abiertas del mundo —a las que se suele agrupar bajo el nombre de Occidente— mostraron una cohesión considerable frente al enemigo común. Pero tras el desmoronamiento del sistema soviético, la sociedad abierta, con su énfasis en la libertad, la democracia y la supremacía de la ley, perdió gran parte de su atractivo como principio organizador y el capitalismo global emergió triunfante. El capitalismo, con su dependencia exclusiva de las fuerzas del mercado, representa un tipo distinto de peligro para la sociedad abierta. La afirmación primordial de este libro es que el fundamentalismo del mercado es hoy en día una amenaza mayor para la sociedad abierta que cualquier ideología totalitaria.

Esta afirmación es sin duda inquietante. La economía de mercado es una parte esencial de la sociedad abierta. Friedrich Hayek, el mayor ideólogo de la economía liberal en el siglo XX, fue un firme partidario del concepto de sociedad abierta. ¿Cómo puede amenazar el fundamentalismo del mercado a la sociedad abierta?

Permítanme explicarme. No digo que el fundamentalismo del mercado sea diametralmente opuesto a la idea de sociedad abierta de modo en que lo eran el fascismo o el comunismo. Todo lo contrario. Los conceptos de sociedad abierta y de economía de mercado están estrechamente vinculados y el fundamentalismo del mercado puede considerarse una simple distorsión de la idea de sociedad abierta. No por eso es menos peligroso. El fundamentalismo del mercado hace peligrar inadvertidamente a la sociedad abierta al malinterpretar el funcionamiento de los mercados y encomendarles un papel demasiado importante.

Mi crítica al sistema capitalista global se desglosa en dos apartados principales. El primero se refiere a los defectos del mecanismo del mercado. Me refiero aquí principalmente a las inestabilidades incorporadas a los mercados financieros. El segundo afecta a las deficiencias de lo que he de llamar, a falta de un término mejor, el sector no mercado. Entiendo por ello principalmente el fracaso de la política y la erosión de los valores morales tanto a nivel nacional como internacional.

Deseo decir desde el principio que considero que los fracasos de la política son más omnipresentes y debilitadores que los fracasos del mecanismo del mercado. La toma de decisiones individuales tal como se expresa a través del mecanismo del mercado, es mucho más eficiente que la toma de decisiones colectivas tal como se la practica en la política. Esto es cierto especialmente en la escena internacional. El desencanto con la política ha nutrido al fundamentalismo del mercado, y el ascenso del fundamentalismo del mercado ha contribuido, a su vez, al fracaso de la política. Uno de los grandes defectos del sistema capitalista global es que ha permitido que el mecanismo del mercado y el afán de lucro penetren en esferas de actividad que no les son propias.

La primera parte de mi crítica se refiere a la inestabilidad inherente al sistema capitalista global. Los fundamentalistas del mercado tienen una concepción radicalmente viciada del funcionamiento de los mercados financieros. Creen que los mercados financieros tienden al equilibrio. La teoría del equilibrio en la economía se basa en una falsa analogía con la física. Los objetos físicos se mueven como se mueven independientemente de lo que cualquiera piense. Pero los mercados financieros intentan predecir un futuro que está supeditado a las decisiones que las personas toman en el presente. En vez de limitarse a reflejar pasivamente la realidad, los mercados financieros crean activamente la realidad que, a su vez, reflejan. Hay una conexión bidireccional entre las decisiones actuales y los acontecimientos futuros a la que llamo reflexividad.

El mismo mecanismo de retroalimentación afecta a todas las demás actividades en las que intervienen actores humanos plenamente informados. El ser humano responde a las fuerzas económicas, sociales y políticas de su entorno, pero a diferencia de las partículas inanimadas de las ciencias físicas, tiene percepciones y actitudes que transforman simultáneamente las fuerzas que actúan sobre él. Esta interacción reflexiva bidireccional entre lo que los actores esperan y lo que sucede en realidad es fundamental para comprender todos los fenómenos económicos, políticos y sociales. Este concepto de reflexividad se halla en el centro de los argumentos que se presentan en este libro.

La reflexividad está ausente de las ciencias naturales, en las que la relación entre las explicaciones de los científicos y los fenómenos que intentan explicar discurre en una sola dirección. Si un enunciado se corresponde con los hechos es verdadero; si no, es falso. De este modo, los científicos pueden establecer el conocimiento. Pero los actores del mercado no pueden permitirse el lujo de basar sus decisiones en el conocimiento. Deben formular juicios acerca del futuro, y el sesgo que incorporan influye en el resultado. Estos resultados, a su vez, refuerzan o debilitan el sesgo con el que comenzaron los actores del mercado.

Sostengo que el concepto de reflexividad es más importante para los mercados financieros (y para muchos otros fenómenos económicos y sociales) que el concepto de equilibrio, en el que se basa la economía convencional. En vez del conocimiento, los actores del mercado comienzan con un sesgo. O bien la reflexividad actúa para corregir el sesgo, en cuyo caso se tiene una tendencia al equilibrio, o bien el sesgo puede verse reforzado por una retroalimentación reflexiva, en cuyo caso los mercados pueden alejarse mucho del equilibrio sin mostrar tendencia alguna a regresar al punto del que partieron. Los mercados financieros se caracterizan por ascensos y descalabros y es ciertamente sorprendente que la teoría económica continúe basándose en el concepto de equilibrio, que niega la posibilidad de estos fenómenos, ante la evidencia. La posibilidad de desequilibrio es inherente al sistema financiero; no es sólo el resultado de conmociones externas. La insistencia en conmociones exógenas como una especie de *deus ex machina* para explicar la frecuente refutación de la teoría económica en el comportamiento de los mercados financieros me recuerda los ingeniosos artilugios de esferas dentro de esferas y de fuerzas divinas que los astrónomos anteriores a Copérnico utilizaban para explicar la posición de los planetas en vez de aceptar que la Tierra se mueve alrededor del Sol.

El concepto de reflexividad no goza de aceptación general, al menos en el pensamiento dominante, y será necesario algo más que unas cuantas frases para analizar todas sus repercusiones. Ocupará gran parte de la primera parte de esta obra. En la segunda parte del

26

libro uso este marco para extraer algunas conclusiones prácticas: sobre los mercados financieros, sobre la economía mundial y sobre cuestiones más generales como la política internacional, la cohesión social y la inestabilidad del sistema capitalista global en su conjunto.

Mi segunda línea de argumentación principal es más compleja y más difícil de resumir. Creo que los fracasos del mecanismo del mercado son insignificantes en comparación con el fracaso de lo que llamo el sector no mercado de la sociedad. Cuando hablo del sector no mercado, me refiero a los intereses colectivos de la sociedad, los valores sociales que no se expresan a través de los mercados. Hay personas que cuestionan la existencia misma de tales intereses colectivos. La sociedad, sostienen, está formada por individuos, y sus intereses se expresan mejor a través de sus decisiones como actores del mercado. Por ejemplo, si se sienten filántropos pueden expresarlo donando dinero. De este modo, todo puede reducirse a valores monetarios.

Ni que decir tiene que esta visión es falsa. Hay cosas que podemos decidir individualmente; hay otras cosas que sólo se pueden abordar colectivamente. Como actor del mercado, intento maximizar mis beneficios. Como ciudadano, me preocupan los valores sociales: la paz, la justicia, la libertad, o lo que sea. No puedo dar expresión a estos valores como actor del mercado. Supongamos que las reglas que rigen los mercados financieros deban cambiarse. No puedo cambiarlas unilateralmente. Si me impongo las reglas a mí mismo pero no a los demás, afectarían a mi propia actuación en el mercado pero no afectarían a lo que sucede en los mercados porque ningún actor por sí solo se supone capaz de influir en el resultado.

Debemos distinguir entre elaborar las reglas y actuar conforme a esas reglas. La elaboración de reglas supone decisiones colectivas, o política. El acatamiento de las reglas supone decisiones individuales, o comportamiento del mercado. Lamentablemente, la distinción rara vez se observa. La gente parece votar en gran medida con el bolsillo y presiona para que se aprueben disposiciones legales que beneficien sus intereses personales. Y lo que es peor, los representantes elegidos también anteponen con frecuencia sus intereses personales al interés común. En vez de defender ciertos valores intrínsecos, los dirigentes políticos desean ser elegidos a toda costa; y en virtud de la ideología dominante del fundamentalismo del mercado, o individualismo sin ataduras, esta forma de comportamiento se considera natural, racional e incluso quizá deseable para los políticos. Esta actitud hacia la política va en detrimento del postulado sobre el que se construyó el principio de la democracia representativa. La contradicción entre los intereses personales y públicos de los políticos siempre ha estado presente, naturalmente, pero se ha agravado sobremanera debido a las actitudes dominantes que anteponen el éxito medido en dinero a valores intrínsecos como la honestidad. Así pues, la supremacía del afán de lucro y el ocaso de la eficacia del proceso de toma de decisiones colectivas se han reforzado mutuamente de manera reflexiva. La promoción del interés personal a la categoría de principio moral ha corrompido la política y el fracaso de la política se ha convertido en el argumento más poderoso en favor de conceder a los mercados más carta blanca si cabe.

Entre las funciones que no pueden ni deben ser gobernadas puramente por las fuerzas del mercado se cuentan muchas de las cosas más importantes de la vida humana, desde los valores morales hasta las relaciones familiares y los logros estéticos e intelectuales. Sin embargo, el fundamentalismo del mercado no ceja en su empeño de extender su dominio a estos campos, en forma de imperialismo ideológico. Según el fundamentalismo del mercado, todas las actividades sociales y las interacciones humanas deben considerarse relaciones transaccionales y contractuales y valorarse en función de un único común denominador, el dinero. Las actividades deben ser reguladas, en la medida de lo posible, por nada más intrusivo que la invisible mano de la competencia para maximizar beneficios. Las incursiones de la ideología del mercado en campos muy distantes de los negocios y la economía tienen efectos sociales destructivos y desmoralizadores. Pero el fundamentalismo del mercado es tan poderoso hoy que cualquier fuerza política que ose resistirse es motejada de sentimental, ilógica e ingenua.

Lo cierto, sin embargo, es que el fundamentalismo del mercado es en sí mismo ingenuo e ilógico. Aun cuando dejásemos a un lado las cuestiones morales y éticas más grandes y nos concentrásemos exclusivamente en la escena económica, la ideología del fundamentalismo del mercado tiene deficiencias profundas e irreparables. En términos sencillos, si a las fuerzas del mercado, se les concede una autoridad completa incluso en los campos puramente económicos y financieros, producen caos y podrían desembocar en última instancia en el desmoronamiento del sistema capitalista global. Esta es la consecuencia práctica más importante de mi argumentación en este libro.

Está muy extendida la suposición de que la democracia y el capitalismo van de la mano. Lo cierto es que la relación es mucho más compleja. El capitalismo necesita a la democracia como contrapeso porque el sistema capitalista por sí solo no muestra tendencia alguna al equilibrio. Los duelos del capital intentan maximizar sus beneficios. Si se les dejase a su libre arbitrio, continuarían acumulando capital hasta que la situación quedase desequilibrada. Marx y Engels hicieron un análisis muy bueno del sistema capitalista hace 150 años, mejor en algunos aspectos, debo decirlo, que la teoría del equilibrio de la economía clásica. El remedio que prescribieron —el comunismo— era peor que la enfermedad. Pero la razón principal por la que sus más que alarmantes pronósticos no se hicieron realidad fueron las intervenciones políticas compensatorias en los países democráticos.

Lamentablemente, nos hallamos una vez más en peligro de extraer las conclusiones equivocadas de las lecciones de la historia. En esta ocasión el peligro no proviene del comunismo sino del fundamentalismo del mercado. El comunismo abolió el fundamentalismo del mercado e impuso el control colectivo sobre todas las actividades económicas. El fundamentalismo del mercado pretende abolir la toma de decisiones colectivas e imponer la supremacía de los valores del mercado sobre todos los valores políticos y sociales. Los dos extremos están equivocados. Lo que necesitamos es un equilibrio correcto entre la política y los mercados, entre la elaboración de las reglas y el acatamiento de las mismas.

Pero aun cuando reconozcamos esta necesidad, ¿cómo podríamos lograrlo? El mundo ha iniciado un período de profundo desequilibrio en el que ningún Estado puede resistirse al poder de los mercados financieros globales y en el que no hay prácticamente instituciones que establezcan las reglas a escala internacional. Los mecanismos de toma de decisiones colectivas para la economía global simplemente no existen. Esta situación es aclamada ampliamente como el triunfo de la disciplina de mercado, pero si los mercados financieros son intrínsecamente inestables, imponer disciplina de mercado significa imponer inestabilidad, ¿y cuánta inestabilidad puede tolerar la sociedad?

Pero la situación no es ni mucho menos desesperada. Debemos aprender a distinguir entre la toma de decisiones individuales tal como se expresa en el comportamiento del mercado y la toma de decisiones colectivas tal como se expresa en el comportamiento social en general y en la política en particular. En ambos casos, nos guía el interés personal; pero en la toma de decisiones colectivas debemos anteponer el interés común a nuestro interés personal concreto *aun cuando otros no lo hagan*. Sólo así podrá prevalecer el interés común.

El sistema capitalista global está aún hoy en día cerca de la cúspide de su poder. Es cierto que la actual crisis global representa un peligro, pero su supremacía ideológica no conoce límites. La crisis asiática se ha llevado a los regímenes autocráticos que combinaban los beneficios personales con la ética confuciana y los ha sustituido por gobiernos más democráticos y de ideología reformista. Pero la crisis ha socavado también la capacidad de las autoridades financieras internacionales para impedir y resolver las crisis financieras. ¿Cuánto tiempo pasará antes de que la crisis comience a llevarse a los gobiernos reformistas? Me temo que los acontecimientos políticos desencadenados por la crisis financiera pueden llevarse finalmente al propio sistema capitalista global. No sería la primera vez que sucede.

Deseo aclarar que no es mi deseo abolir el capitalismo. A pesar de sus deficiencias, es mejor que las alternativas. Deseo impedir, en cambio, que el sistema capitalista global se destruya a sí mismo. A tal efecto, el concepto de sociedad abierta es más necesario que nunca.

El sistema capitalista global es una forma distorsionada de sociedad abierta. La sociedad abierta se basa en el reconocimiento de que nuestra comprensión es imperfecta y nuestras acciones tienen consecuencias no buscadas. Todos nuestros mecanismos internacionales pueden tener defectos, y precisamente porque tienen carencias no debemos abandonarlos, sino que debemos crear instituciones que incorporen mecanismos para corregir los errores. Entre estos mecanismos figuran los mercados y la democracia. Pero ni los unos ni la otra funcionarán a menos que seamos conscientes de nuestra falibilidad y estemos dispuestos a reconocer nuestros errores.

Existe actualmente un tremendo desequilibrio entre la toma de decisiones individuales tal como se expresa en los mercados y la toma de decisiones colectivas tal como se expresa en la política. Tenemos una economía global sin tener una sociedad global. La situación es insostenible. Pero ¿cómo se puede corregir esto? Este libro es bastante específico en lo referente a las deficiencias de los mercados financieros. En lo relativo a los campos moral y espiritual, en los que el fundamentalismo del mercado se abre paso hacia el sector no mercado, mis ideas son, necesariamente, mucho más provisionales.

Para estabilizar y regular una economía verdaderamente global, es necesario algún sistema global de toma de decisiones políticas. En una palabra, necesitamos una sociedad global que respalde nuestra economía global. Una sociedad global no significa un Estado global. Abolir la existencia de los mercados no es viable ni deseable; pero en la medida en que hay intereses colectivos que trascienden las fronteras estatales, la soberanía de los estados debe subordinarse al derecho internacional y a las instituciones internacionales. Es interesante constatar que la mayor oposición a esta idea proviene de Estados Unidos, que, como única gran potencia que queda, no está dispuesto a subordinarse a autoridad internacional alguna. Estados Unidos se enfrenta a una crisis de identidad: ¿quiere ser una gran potencia solitaria o el líder del mundo libre? Los dos papeles podrían difuminarse a medida que el mundo libre se enfrentase a un «imperio del mal», pero la elección se presenta ahora en términos mucho más descarnados. Lamentablemente, no hemos comenzado siquiera a considerarlo. En Estados Unidos, la inclinación popular es a ir por su cuenta, pero esto privaría al mundo del liderazgo que tanto necesita. El aislacionismo sólo podría estar justificado si los fundamentalistas del mercado tuvieran razón y la economía global pudiera sostenerse sin una sociedad global.

La alternativa es que Estados Unidos forje una alianza con países de ideología afín para establecer las leyes y las instituciones necesarias para mantener la paz, la libertad, la prosperidad y la estabilidad. Cuáles son estas leyes e instituciones no puede decidirse de una vez por todas; lo que necesitamos es poner en marcha un proceso cooperativo e iterativo que defina el ideal de la sociedad abierta; un proceso en el que admitamos abiertamente las imperfecciones del sistema capitalista global e intentemos aprender de nuestros errores. Esto no es posible sin Estados Unidos. Pero, a la inversa, nunca ha habido una época en que un liderazgo fuerte de Estados Unidos y otros países de ideología afín haya podido alcanzar unos resultados tan poderosos y benignos. Con sentido del liderazgo y transparencia de objetivos, Estados Unidos y sus aliados podrían comenzar a crear una sociedad abierta global que ayudase a estabilizar el sistema económico global y a extender y hacer respetar los valores humanos universales. La oportunidad está esperando a ser aprovechada.

PRIMERA PARTE

EL MARCO CONCEPTUAL

Capítulo 1

Falibilidad y reflexividad

Por extraño que pueda parecer en alguien que se ha labrado su reputación y su fortuna en el mundo sumamente práctico de los negocios, mi éxito financiero y mis ideas políticas se han basado en gran medida en varias ideas filosóficas abstractas. En tanto éstas no se comprendan, ninguno de los demás razonamientos que se presentan en este libro, ya sean sobre mercados financieros, geopolítica o economía, pueden tener mucho sentido. Por eso se hace necesaria la exposición un tanto abstracta de los dos próximos capítulos. Específicamente, es necesario explicar en detalle los tres conceptos clave en los que se fundamentan todas mis demás ideas y la mayoría de mis acciones en los negocios y en la filantropía. Estos conceptos son los de falibilidad, reflexividad y sociedad abierta. Unos términos tan abstractos pueden parecer muy lejanos del mundo cotidiano de la política y las finanzas. Uno de los principales objetivos de este libro es convencer al lector de que estos conceptos están en el centro del mundo real de los negocios.

Pensamiento y realidad

Debo comenzar por el principio, con una antigua cuestión filosófica que parece hallarse en la raíz de muchos otros problemas. ¿Qué relación existe entre el pensamiento y la realidad? Esta es, lo admito, una manera muy indirecta de acercarse al mundo de los negocios, pero es inevitable. Falibilidad significa que nuestra comprensión del mundo en que vivimos es intrínsecamente imperfecta. Reflexividad significa que nuestro pensamiento influye activamente en los hechos en que participamos y sobre los cuales pensamos. Dado que siempre hay una divergencia entre la realidad y nuestro conocimiento de ella, la distancia entre una y otro, a la que denomino sesgo de los actores, es un elemento importante en la configuración del curso de la historia. El concepto de sociedad abierta se basa en el reconocimiento de nuestra falibilidad. Nadie está en posesión de la verdad última. Esto puede ser perfectamente evidente para los lectores corrientes, pero es un hecho que los responsables de tomar decisiones políticas y económicas, e incluso pensadores académicos, a menudo no están dispuestos a aceptarlo. Esta negativa a aceptar la distancia inherente entre la realidad y nuestro pensamiento ha tenido una repercusión trascendental e históricamente muy peligrosa.

La relación entre el pensamiento y la realidad ha estado, de una forma u otra, en el centro del discurso filosófico desde que las personas comenzaron a ser conscientes de sí mismas como seres pensantes. La discusión resultó muy fértil. Ha permitido la formulación de conceptos básicos como los de verdad y conocimiento y ha proporcionado los cimientos del método científico.

No es exagerado decir que la distinción entre pensamiento y realidad es necesaria para el pensamiento racional. Pero más allá de cierto punto, la separación de pensamiento y realidad en categorías independientes plantea dificultades. Aunque es deseable diferenciar los enunciados de los hechos, no siempre es posible. En situaciones en las que intervienen actores pensantes, los pensamientos de esos actores forman parte de la realidad sobre la que tienen que pensar. Sería una estupidez no distinguir entre pensamiento y realidad y tratar nuestra visión del mundo como si fuera lo mismo que el mundo propiamente dicho; pero es igualmente erróneo considerar el pensamiento y la realidad como si fueran totalmente distintos e independientes. El pensamiento de las personas desempeña un doble papel: es un reflejo pasivo de la realidad que intentan comprender y un ingrediente activo en la configuración de los acontecimientos en los que esas personas participan.

Como es lógico, hay hechos que tienen lugar independientemente de lo que cualquiera piense; estos fenómenos como el movimiento de los planetas, constituyen la materia objeto de estudio de las ciencias naturales. En este caso el pensamiento desempeña un papel puramente pasivo. Los enunciados científicos pueden corresponderse o no con los hechos del mundo físico, pero tanto en un caso como en otro los hechos son distintos e independientes de los enunciados referidos a ellos [1]. En los hechos sociales, sin embargo, hay actores pensantes. En este caso la relación entre pensamiento y realidad es más compleja. Nuestro pensamiento forma parte de la realidad; nos guía en nuestras acciones y nuestras acciones tienen una repercusión sobre lo que sucede. La situación está supeditada a lo que nosotros (y otros) pensamos y a cómo actuamos. Los acontecimientos en los que participamos no constituyen una especie de criterio independiente por el que pueda juzgarse la verdad o falsedad de nuestros pensamientos. Según las reglas de la lógica, los enunciados son verdaderos si, y sólo si, se corresponden con los hechos. Pero en situaciones en las que hay actores pensantes, los hechos no suceden independientemente de lo que los actores piensen; reflejan la repercusión de las decisiones de los actores. En consecuencia, podrían no reunir los requisitos necesarios para constituir un criterio independiente para determinar la verdad de los enunciados. Esta es la razón por la que nuestro conocimiento es intrínsecamente imperfecto. No se trata de una abstrusa cuestión de debate filosófico, comparable a la pregunta de Berkeley acerca de si la vaca que está ante él deja de existir cuando él le da la espalda. En lo que se refiere a la toma de decisiones, existe una falta de correspondencia inherente entre el pensamiento y la realidad porque los hechos están situados en un momento futuro y están supeditados a las decisiones de los actores.

La falta de correspondencia es un factor importante para hacer que el mundo sea como es. Tiene repercusiones trascendentales tanto para nuestro pensamiento como para las situaciones en que participamos; repercusiones que la teoría económica al uso pasa por alto deliberadamente, como veremos en el Capítulo 2. Lo que quiero dejar sentado aquí es que los actores de acontecimientos sociales no

---

[1] Pero la existencia de un mundo material independiente de la observación humana ha sido objeto de acalorada controversia entre los filósofos desde Berkeley.

pueden basar sus decisiones en el conocimiento por la sencilla razón de que ese conocimiento no existe en el momento en que toman sus decisiones. Naturalmente, las personas no están privadas de *todo* conocimiento; disponen de todo el cuerpo de la ciencia (incluidas las ciencias sociales, cualquiera que sea su valor), así como de la experiencia práctica acumulada a lo largo del tiempo, pero este conocimiento no es suficiente para alcanzar decisiones. Permítanme poner un ejemplo obvio tomado del mundo de las finanzas. Si las personas pudieran actuar sobre la base de un conocimiento científicamente válido, los diferentes inversores no comprarían y venderían las mismas acciones al mismo tiempo. Los actores no pueden predecir los resultados de sus acciones de la manera en que los científicos pueden predecir el movimiento de los cuerpos celestes. Es probable que el resultado se aleje de sus expectativas, introduciendo un elemento de indeterminación que es propio de los hechos sociales.

La teoría de la reflexividad

La mejor manera de encarar la relación entre el pensamiento de los actores y los acontecimientos sociales en los que participan es examinar primero la relación existente entre los científicos y los fenómenos que estudian.

En el caso de los científicos, sólo hay una relación unidireccional entre los enunciados y los hechos. Los hechos del mundo natural son independientes de los enunciados que los científicos formulen acerca de ellos. Esta es la característica fundamental que hace que los hechos sean aptos para servir de criterio por el que juzgar la verdad o validez de los enunciados. Si un enunciado se corresponde con los hechos, es verdadero; si no, es falso. No sucede lo mismo en el caso de actores pensantes. Existe una relación bidireccional. Por una parte, los actores tratan de comprender la situación en que participan. Intentan formarse una imagen que se corresponda con la realidad. A esto lo llamo *función cognitiva* o pasiva. Por otra parte, intentan tener una repercusión, moldear la realidad de acuerdo con sus deseos. A esto lo llamo *función participativa* o activa. Cuando ambas funciones están presentes al mismo tiempo, llamo a esta situación reflexiva. Empleo este término en la misma manera en que los francófonos o los hispanohablantes la emplean cuando describen a un verbo como reflexivo cuando tiene a su sujeto como objeto: *je me lave/yo me lavo*.

Cuando ambas funciones están presentes al mismo tiempo, pueden interferirse mutuamente. A través de la función participativa, las personas pueden influir en la situación que se supone actúa como variable independiente de la función cognitiva. En consecuencia, el entendimiento de los actores no puede calificarse de conocimiento objetivo. Y puesto que sus decisiones no se basan en conocimientos objetivos, es probable que el resultado se aleje de sus expectativas.

Existen amplias zonas en las que nuestros pensamientos y la realidad son independientes entre sí y mantenerlos separados no plantea problema alguno. Pero hay una zona de superposición en la que las funciones cognitiva y participativa pueden interferirse, y cuando esto sucede nuestro conocimiento se vuelve imperfecto y los resultados inciertos.

Cuando pensamos en acontecimientos del mundo exterior, el paso del tiempo puede ofrecernos cierto grado de aislamiento entre el pensamiento y la realidad. Nuestros pensamientos presentes pueden influir en nuestros pensamientos futuros, pero los acontecimientos futuros no pueden influir en nuestros pensamientos presentes; sólo en una fecha futura esos acontecimientos se convertirán en una experiencia que pueda cambiar el pensamiento de los actores. Pero este aislamiento no es infalible, debido al papel de las expectativas. Nuestras expectativas sobre los acontecimientos futuros no esperan a los acontecimientos propiamente dichos; pueden cambiar en cualquier momento alterando el resultado. Esto es lo que sucede en los mercados financieros constantemente. La esencia de la inversión es prever o «descontar» el futuro. Pero el precio que los inversores están dispuestos a pagar hoy por una acción (o por una moneda o una mercancía) puede influir en la fortuna de la empresa (o la moneda o la mercancía) en cuestión de diversos modos. Así pues, los cambios en las expectativas actuales afectan al futuro que descuentan. Esta relación reflexiva en los mercados financieros es tan importante que me ocuparé de ella más adelante con mucho mayor detalle. Pero la reflexividad no se circunscribe a los mercados financieros; está presente en todos los procesos históricos. De hecho, es la reflexividad la que hace que un proceso sea realmente histórico.

No todas las acciones sociales pueden clasificarse de reflexivas. Podemos distinguir entre acontecimientos rutinarios y cotidianos y ocasiones históricas. En los acontecimientos diarios, sólo está presente una de las dos funciones reflexivas: o la función cognitiva o la función participativa permanecen inactivas. Por ejemplo, cuando nos inscribimos para votar en unas elecciones locales, no alteramos nuestra idea de la naturaleza de la democracia; cuando leemos en el periódico una noticia sobre unas elecciones amañadas en Nigeria, el cambio de percepción no afecta a lo que sucede realmente en esa parte del mundo, a menos que seamos ejecutivos de empresas petroleras o activistas de derechos humanos comprometidos en Nigeria. Pero hay ocasiones en las que las funciones cognitiva y participativa actúan simultáneamente de tal modo que ni las opiniones de los actores ni la situación a la que se refieren siga siendo la misma que antes. Esto es lo que justifica que tales acontecimientos se califiquen de históricos.

Un acontecimiento realmente histórico no sólo cambia el mundo sino que cambia también nuestra comprensión del mundo, y a su vez, esa nueva comprensión tiene una nueva e imprevisible repercusión sobre la manera de funcionar el mundo. La Revolución francesa fue uno de esos acontecimientos. La distinción entre acontecimientos rutinarios e históricos es, naturalmente, tautológica, pero las tautologías pueden ser ilustrativas. Los congresos del partido en la Unión Soviética eran bastante rutinarios y previsibles, pero el discurso de Jruschov ante el XX Congreso fue una ocasión histórica. Aquél congreso cambió las percepciones de la gente y, aun cuando el régimen comunista no cambió inmediatamente, el discurso tuvo consecuencias imprevisibles: la visión de la gente que estaba en primera fila de la *glasnost* de Gorbachov fue configurada en su juventud por las revelaciones de Jruschov.

Naturalmente, las personas piensan no sólo sobre el mundo exterior sino también sobre sí mismas y sobre otras personas. Las funciones cognitiva y participativa pueden interferirse aquí sin solución de continuidad. Pensemos en enunciados como «te amo» o «él es mi enemigo». Estas afirmaciones afectarán forzosamente a la persona a la que se refiere, dependiendo de cómo se comuniquen. O pensemos en el matrimonio. En él hay dos actores pensantes, pero su pensamiento se dirige a una realidad separada e independiente de lo que piensan y sienten. Los pensamientos y sentimientos de un cónyuge afectan al comportamiento del otro, y viceversa. Los sentimientos y el comportamiento pueden cambiar hasta hacerse irreconocibles a medida que el matrimonio evoluciona.

Si el paso del tiempo puede aislar las funciones cognitiva y participativa, la reflexividad puede concebirse como una suerte de cortocircuito entre el pensamiento y su objeto. Cuando esto ocurre, afecta directamente al pensamiento de los actores, pero sólo indirectamente al mundo exterior. El efecto de la reflexividad en la configuración de las autoimágenes de los actores, sus valores y sus expectativas, es mucho más omnipresente e instantáneo que su efecto sobre el curso de los acontecimientos. Sólo de manera intermitente, en casos especiales, una interacción reflexiva afecta de forma significativa no sólo a las opiniones de los actores sino también al mundo exterior. Estas ocasiones adquieren una significación especial porque demuestran la importancia de la reflexividad como fenómeno del mundo real. En cambio, la incertidumbre endémica en los valores y las autoimágenes de las personas es principalmente subjetiva.

Indeterminación

El paso siguiente en el análisis de la repercusión de la reflexividad sobre los fenómenos sociales y económicos consiste en señalar que el elemento de indeterminación del que hablo no está producido por la reflexividad por sí sola; la reflexividad debe ir acompañada de un conocimiento imperfecto por parte de los actores. Si por casualidad la gente estuviera dotada de un conocimiento perfecto, la interacción bidireccional entre sus pensamientos y el mundo exterior podría ignorarse. Como el verdadero estado del mundo quedaría reflejado perfectamente en sus ideas, el resultado de sus acciones se correspondería perfectamente con sus expectativas. La indeterminación sería eliminada, pues proviene de la retroalimentación entre unas expectativas inexactas y las consecuencias no buscadas de las expectativas quizá cambiantes pero siempre sesgadas de la gente.

La afirmación de que las situaciones en las que intervienen actores pensantes contienen un elemento de indeterminación es respaldada ampliamente por la observación cotidiana. Pero no es una conclusión que sea generalmente aceptada en la economía o las ciencias sociales. De hecho, apenas ha sido propuesta siquiera de la forma directa en que yo lo he hecho en estas páginas. Por el contrario, la idea de la indeterminación ha sido vehementemente negada por los científicos sociales que afirman su capacidad para explicar los acontecimientos por métodos científicos. Marx y Freud son ejemplos de primer orden, pero los fundadores de la teoría económica clásica también se han aplicado a excluir la reflexividad de su campo de estudio, a pesar de su importancia para los mercados financieros. Es fácil entender el porqué. La indeterminación, esto es, la ausencia de predicciones firmes y de explicaciones satisfactorias, puede ser amenazadora para el estatus profesional de una ciencia.

El concepto de reflexividad es tan básico que sería difícil creer que he sido yo el primero en descubrirlo. Lo cierto es que no lo soy. La reflexividad es simplemente una nueva etiqueta para designar la interacción bidireccional entre el pensamiento y la realidad que está profundamente arraigada en nuestro sentido común. Si observamos el campo de las ciencias sociales, encontramos una conciencia generalizada de la reflexividad. Las predicciones del oráculo de Delfos eran reflexivas, como también lo era el teatro griego. Incluso en las ciencias sociales hay reconocimientos ocasionales: Maquiavelo introdujo un elemento de indeterminación en su análisis y lo llamó destino; Thomas Merton llamó la atención hacia las profecías que acarrean su propio cumplimiento y hacia el efecto de arrastre o simpatía; finalmente, un concepto afín al de reflexividad fue introducido en la sociología por Alfred Schutz con el nombre de intersubjetividad.

No quiero que la gente piense que hablo de algún misterioso y nuevo fenómeno. Sí, hay algunos aspectos de los asuntos humanos que no han sido explicados adecuadamente, pero no es porque la reflexividad acabe de ser descubierta, sino porque las ciencias sociales en general y la economía en particular han hecho lo indecible para ocultarla.

La reflexividad en la historia de las ideas

Permítanme situar el concepto de reflexividad en la historia de las ideas. El hecho de que los enunciados pueden influir en el objeto al que se refieren fue establecido por vez primera por Epiménides el cretense cuando planteó la paradoja del mentiroso. Los cretenses mienten siempre, decía, y al decirlo ponía en cuestión la veracidad de su afirmación. Siendo cretense, si el significado de lo que decía era verdadero, su enunciado tenía que ser falso; a la inversa, si su enunciado era verdadero, el significado que transmitía habría sido falso.

La paradoja del mentiroso fue tratada como una paradoja del intelectual y pasada por alto la mayor parte del tiempo porque interfería con una búsqueda de la verdad por lo demás fructífera. La verdad llegó a reconocerse como la correspondencia de las afirmaciones con los hechos externos. La llamada teoría de la correspondencia de la verdad llegó a gozar de la aceptación general a comienzos del siglo XX. Hubo un tiempo en que el estudio de los hechos producía impresionantes resultados y los logros de la ciencia disfrutaban de la admiración general.

Envalentonado por el éxito de la ciencia, Bertrand Russell se enfrentó cara a cara con la paradoja del mentiroso. Su solución era distinguir entre dos clases de enunciados: una clase que incluía los enunciados referidos a sí mismos y una clase que excluía tales enunciados. Sólo los enunciados pertenecientes a la segunda clase podían considerarse enunciados bien formados y dotados de un decidido valor de verdad. En el caso de los enunciados autorreferentes, puede que no sea posible distinguir si son verdaderos o falsos. Los positivistas lógicos llevaron más lejos el razonamiento de Bertrand Russell y declararon que los enunciados cuyo valor de verdad no puede determinarse carecen de sentido. Recordemos que era la época en que la ciencia ofrecía explicaciones decididas de una gama de fenómenos cada vez más amplia, mientras que la filosofía se había apartado cada vez más de la realidad. El positivismo lógico era un dogma que exaltaba el conocimiento científico como la única forma de conocimiento merecedor de tal nombre y proscribía la metafísica. «Mis proposiciones esclarecen porque quien me entiende las reconoce al final como absurdas», afirmaba Ludwig Wittgenstein en la conclusión de su *Tractatus logico-philosophicus*. Parecía ser el final del camino para las especulaciones metafísicas y la victoria total del conocimiento determinista y fáctico que caracterizaba a la ciencia.

Poco después Wittgenstein se dio cuenta de que su juicio había sido demasiado severo y comenzó a estudiar el uso cotidiano del lenguaje. Incluso las ciencias naturales se hicieron menos deterministas. Se toparon con fronteras más allá de las cuales las observaciones no podían separarse de su objeto. Los científicos lograron penetrar en la barrera, primero con la teoría de la relatividad de Einstein, después con el principio de incertidumbre de Heisenberg. En fechas más recientes, investigadores pertrechados con la teoría de los sistemas evolutivos, también conocida por el nombre de teoría del caos, comenzaron a analizar fenómenos complejos cuyo curso no puede ser determinado por leyes válidas atemporales. Los acontecimientos siguen una trayectoria irreversible en la que aún las menores variaciones se amplifican con el paso del tiempo. La teoría del caos ha podido proyectar luz sobre muchos fenómenos, como el tiempo atmosférico, que hasta ahora habían sido impermeables al tratamiento científico, y ha hecho más aceptable la idea de un universo indeterminado, en el que los acontecimientos siguen una trayectoria única e irreversible.

Es el caso que comencé a aplicar también el concepto de reflexividad para comprender las finanzas, la política y la economía a comienzos del decenio de 1960, antes del nacimiento de la teoría de sistemas evolutivos. Llegué a él, con la ayuda de las obras de Karl Popper, a través del concepto de autorreferencia. Los dos conceptos están estrechamente relacionados pero no deben confundirse. La autorreferencia es una propiedad de los enunciados; pertenece por entero al ámbito del pensamiento. La reflexividad conecta el pensamiento con la realidad; pertenece a los dos campos. Quizá por eso ha sido ignorada durante tanto tiempo.

La reflexividad y la autorreferencia tienen en común el elemento de indeterminación. El positivismo lógico proscribió los enunciados autorreferentes por considerarlos carentes de sentido, pero al introducir el concepto de reflexividad estoy dándole la vuelta al positivismo lógico. Lejos de carecer de sentido, afirmo que los enunciados cuyo valor de verdad es indeterminado son *aún más* significativos que los enunciados cuyo valor de verdad es conocido. Estos últimos constituyen el conocimiento: nos ayudan a comprender el mundo tal como es. Pero los primeros, expresiones de nuestro conocimiento intrínsecamente imperfecto, ayudan a configurar el mundo en que vivimos.

Cuando llegué a esta conclusión, me pareció una gran idea. Ahora que las ciencias sociales han dejado de insistir en una interpretación determinista de todos los fenómenos y que el positivismo lógico ha hecho mutis por el foro, me siento como si pidiera peras al olmo. De hecho, la moda intelectual ha girado en dirección opuesta: la deconstrucción de la realidad en las ideas y prejuicios subjetivos de los actores es hoy el último grito. La base misma sobre la que pueden juzgarse ideas distintas, a saber, la verdad, está siendo cuestionada. Entiendo que este otro extremo está igualmente equivocado. La reflexividad puede conducir a una revaluación, no al rechazo total, de nuestro concepto de verdad.

Un concepto reflexivo de verdad

El positivismo lógico clasificó los enunciados en verdaderos, falsos o carentes de sentido. Después de desechar los enunciados carentes de sentido, quedaban dos categorías: verdaderos o falsos. El esquema es eminentemente apto para un universo separado e independiente de los enunciados que se refieren a él, pero es bastante insuficiente para comprender el mundo de los actores pensantes. Aquí debemos reconocer una categoría adicional: enunciados reflexivos cuyo valor de verdad depende de la repercusión que tienen.

Siempre ha sido posible atacar la posición del positivismo lógico marginalmente evocando ciertos enunciados cuyo valor de verdad puede ser puesto en cuestión; por ejemplo, «el actual rey de Francia es calvo». Pero este tipo de enunciados carecen de sentido o son artificiosos; en ambos casos, podemos vivir sin ellos. En cambio los enunciados reflexivos son indispensables. No podemos vivir sin enunciados reflexivos porque no podemos evitar las decisiones que tengan que ver con nuestro destino; y no podemos alcanzar decisiones sin basarnos en ideas y teorías que puedan afectar al objeto al que se refieren. Ignorar tales enunciados o inscribirlos a la fuerza en las categorías de «verdadero» o «falso» impulsa el discurso en una dirección engañosa y sitúa nuestra interpretación de las relaciones humanas y la historia en el marco equivocado.

Todos los juicios de valor son de carácter reflexivo: «bienaventurados los pobres, porque suyo es el reino de los cielos»; si se cree en este enunciado, puede que los pobres sean efectivamente bienaventurados, pero estarán menos motivados para salir de su miseria. Del mismo modo, si se considera a los pobres culpables de su miseria, es menos probable que lleven una vida bienaventurada. La mayoría de las generalizaciones sobre la historia y la sociedad son igualmente de carácter reflexivo; pensemos en «los proletarios no tienen nada que perder salvo sus cadenas», o en «la mejor forma de servir al interés común es dejar que la gente defienda sus propios intereses». Tal vez sea oportuno afirmar que tales enunciados no tienen ningún valor de verdad, pero sería engañoso (y ha sido muy peligroso históricamente) considerarlos carentes de sentido. Afectan a la situación a la que se refieren.

No estoy diciendo que una tercera categoría de verdad sea indispensable para abordar los fenómenos reflexivos. Lo fundamental es que en situaciones reflexivas *los hechos no ofrecen necesariamente un criterio independiente de verdad*. Hemos llegado a considerar la correspondencia como el sello distintivo de la verdad. Pero la correspondencia puede producirse de dos maneras: haciendo enunciados verdaderos o causando una repercusión sobre los propios hechos. La correspondencia no es garante de la verdad. Esta salvedad se aplica a la mayoría de los pronunciamientos políticos y las predicciones económicas.

No creo necesario subrayar la profunda significación de esta proposición. Nada es más fundamental para nuestro pensamiento que nuestro concepto de la verdad. Estamos acostumbrados a pensar en situaciones en las que intervienen actores pensantes del mismo modo que lo hacemos acerca de fenómenos naturales. Pero si existe una tercera categoría de verdad, debemos revisar a fondo nuestra manera de pensar acerca del mundo de los asuntos humanos y sociales.

Me gustaría ofrecer una ilustración menor procedente del campo de las finanzas internacionales. El FMI ha estado sometido a crecientes presiones para actuar de manera más transparente y divulgar sus deliberaciones internas y sus opiniones sobre países concretos. Estas demandas pasan por alto la naturaleza reflexiva de estas afirmaciones. Si el FMI divulgara sus preocupaciones sobre ciertos países, esto afectaría a los países a los que se refieren. Reconociendo este hecho, los funcionarios del FMI eludirían expresar sus verdaderas opiniones y el debate interno se ahogaría. Si la verdad es reflexiva, la búsqueda de la verdad requiere a veces intimidad.

Una visión interactiva de la realidad

Tal vez tengamos justificación para trazar una distinción entre los enunciados y los hechos, nuestros pensamientos y la realidad, pero debemos reconocer que esta distinción ha sido introducida *por nosotros* en un intento de dar sentido al mundo en que vivimos. Nuestro pensamiento pertenece al mismo universo sobre el que pensamos. Esto hace que la tarea de dar sentido a la realidad (es decir, razonar) sea mucho más compleja de lo que sería si el pensamiento y la realidad pudieran separase limpiamente en compartimentos estancos (como puede hacerse en las ciencias naturales). En vez de separar categorías, debemos tratar el pensamiento como parte de la realidad. Esto da origen a innumerables dificultades, de las cuales sólo deseo examinar una.

Es imposible formarse una imagen del mundo en que vivimos sin distorsión. En sentido literal, cuando formamos una imagen visual del mundo tenemos un punto ciego en el lugar donde nuestro nervio óptico se une al sistema nervioso. La imagen formada en nuestro cerebro reproduce el mundo exterior con extraordinaria fidelidad, y podemos incluso rellenar el punto ciego extrapolando a partir del resto de la imagen, aunque no podemos ver realmente lo que hay en la zona cubierta por el punto negro. Esto podría tomarse por una metáfora del problema al que nos enfrentamos. Pero el que me base en una metáfora para explicar el problema es una metáfora más poderosa aún.

El mundo en que vivimos es sumamente complejo. Para formar una visión del mundo que pueda actuar como base para tomar decisiones, debemos simplificar. El uso de generalizaciones, metáforas, analogías, comparaciones, dicotomías y otras construcciones mentales sirve para introducir cierto orden en un universo por lo demás confuso. Pero toda construcción mental distorsiona hasta cierto punto lo que representa, y toda distorsión añade algo al mundo que necesitamos comprender. Cuanto más pensamos, más tenemos que pensar en ello[2]. Esto es así porque la realidad no está dada. Se forma en el mismo proceso que el pensamiento de los actores: cuanto más complejo sea el pensamiento, más complicada se vuelve la realidad. El pensamiento nunca puede ir a la par que la realidad: la realidad es

---

[2] Esta cuestión me fue suscitada por Kurt Gödel, que demostró matemáticamente que en las matemáticas siempre hay más leyes de las que es posible demostrar matemáticamente. La técnica utilizada por Gödel consistió en indicar las leyes de las matemáticas mediante los llamados números de Gödel. Añadiendo las leyes al universo al que se refieren, a saber, las leyes de las matemáticas, Gödel ha podido demostrar no sólo que el número de leyes es infinito sino también que supera el número de leyes que pueden conocerse porque hay leyes acerca de las leyes acerca de las leyes *ad infinitum*, y lo que ha de conocerse se amplía a la par que nuestro conocimiento.

La misma línea de razonamiento podría aplicarse a situaciones en las que intervengan actores pensantes. Para comprender tales situaciones, debemos construir un modelo que contenga las ideas de todos los actores. Estas ideas constituyen también un modelo que debe contener las ideas de todos los actores. Así pues, necesitamos un modelo de constructores de modelos cuyos modelos incorporen los modelos de los constructores de modelos, y así *ad infinitum*. Cuantos más niveles reconozcan los modelos, más niveles hay que reconocer; y si los modelos no los reconocen, como deben hacer antes o después, ya no reproducen la realidad. Si tuviera el talento matemático de Gödel, debería ser capaz de probar de acuerdo con estas líneas que las ideas de los actores no pueden concordar con la realidad.

William Newton-Smith me ha señalado que mi interpretación de los números de Gödel difiere de la del propio Gödel. Aparentemente, Gödel imaginaba un universo platónico en el que los números de Gödel existían antes de que él los descubriera, mientras que yo pienso que los números de Gödel fueron inventados por él, ampliando con ello el universo en el que operaba. Pienso que mi interpretación tiene más sentido. Sin duda hace que el teorema de Gödel sea más relevante para el aprieto del actor pensante.

siempre más rica que nuestra comprensión. La realidad tiene la capacidad de sorprender al pensamiento y el pensamiento la capacidad de crear la realidad.

Una vez dicho esto, siento escasa simpatía por quienes intentan deconstruir la realidad. La realidad es única y únicamente importante. No puede reducirse ni descomponerse en las ideas y creencias de los actores porque existe una *falta de correspondencia* entre lo que las personas piensan y lo que sucede realmente. Esta falta de correspondencia se opone a la reducción de los acontecimientos a las ideas de los actores del mismo modo que burla la predicción de los acontecimientos sobre la base de generalizaciones universalmente válidas. *Hay* una realidad, aun cuando sea imprevisible e inexplicable. Esto puede ser difícil de aceptar, pero es inútil o directamente peligroso negarlo, como puede atestiguar cualquier actor de los mercados financieros que lo haya intentado. Los mercados rara vez gratifican las expectativas subjetivas de la gente; sin embargo, su veredicto es lo bastante real como para causar angustia y pérdida, y además no hay recurso posible. La realidad existe. Pero el hecho de que la realidad incorpore un pensamiento humano intrínsecamente imperfecto hace que sea lógicamente imposible explicarla y predecirla.

Cuando era un niño, vivía en una casa que tenía un ascensor con dos espejos uno enfrente del otro. Todos los días miraba los espejos y me veía a mí mismo reproducido. Parecía el infinito, pero no lo era. Esta experiencia me causó una impresión perdurable. La visión del mundo a la que se enfrentan los actores pensantes es muy parecida a lo que yo veía en los espejos de aquel ascensor. Los actores pensantes deben imponer algunas pautas interpretativas a lo que ven. El proceso reflexivo no terminaría nunca si ellos no le pusieran fin deliberadamente. La manera más eficaz de poner el fin consiste en decidirse por una pauta y hacer hincapié en ella hasta que la imagen real retroceda hasta el fondo. La pauta que surge puede estar muy lejos de la percepción sensorial subyacente, pero tiene el gran atractivo de ser comprensible y clara. Por eso, las religiones y las ideologías políticas dogmáticas tienen tanto atractivo.

No es este el lugar para hablar de las muchas maneras en que el pensamiento distorsiona la realidad y la altera. La manera en que he intentado entender a partir de una realidad compleja y confusa ha sido reconociendo muy propia falibilidad. He practicado una actitud crítica basada en esa idea durante la mayor parte de mi vida —por supuesto desde que leí a Popper— y esto ha sido absolutamente fundamental para mi éxito profesional en los mercados financieros. Sólo en tiempos recientes caí en la cuenta de lo poco usual que es esta actitud crítica. Me ha llamado la atención que otras personas se sorprendieran por mi forma de pensar. Si este libro tiene algo original que decir, es acerca de este tema.

Dos versiones de la falibilidad

Propongo dos versiones de la falibilidad: en primer lugar, una versión «oficial» más moderada y mejor corroborada que acompaña al concepto de reflexividad y justifica un modo de pensamiento crítico y una sociedad abierta; y, en segundo lugar, una versión más radical e idiosincrásica que me ha guiado realmente a lo largo de la vida.

La versión pública y moderada se ha tratado ya. Falibilidad significa que se da una falta de correspondencia entre el pensamiento de los actores y la situación real, en consecuencia, las acciones tienen consecuencias no buscadas. Los acontecimientos no divergen necesariamente de las expectativas, pero tienen probabilidades de hacerlo. Hay muchos acontecimientos rutinarios y cotidianos que se manifiestan exactamente tal como se esperaba, pero los acontecimientos que muestran una divergencia son más interesantes. Pueden alterar la visión del mundo de las personas y poner en movimiento un proceso reflexivo como consecuencia del cual ni las ideas de los actores ni la situación real permanecen inalteradas.

El término falibilidad tiene una apariencia negativa, pero también un aspecto positivo que puede ser muy estimulante. Lo que es imperfecto puede ser mejorado. El hecho de que nuestro conocimiento sea intrínsecamente imperfecto hace posible aprender y mejorar nuestro conocimiento. Lo único que se necesita es reconocer nuestra falibilidad. Esto abre el camino al pensamiento crítico y no existe límite alguno al punto hasta el cual puede ir nuestro conocimiento de la realidad. Existe un ámbito infinito de mejora no sólo en nuestro pensamiento sino también en nuestra sociedad. La perfección nos esquiva; sea cual sea el diseño que escojamos, será forzosamente defectuoso. Debemos conformarnos, pues, con la segunda opción: una forma de organización social que carece de perfección pero que está abierta a la mejora. Este es el concepto de la sociedad abierta: una sociedad abierta a la mejora. El concepto se basa en el reconocimiento de nuestra falibilidad. Lo analizo con más detalle en páginas posteriores, pero deseo introducir primero una versión más radical e idiosincrásica de la falibilidad.

Falibilidad radical

En este punto, cambiaré de táctica. En vez de hablar de la falibilidad en términos generales, intentaré explicar lo que significa para mí personalmente. Es la piedra angular no sólo de mi visión del mundo sino de mi conducta. Es el cimiento de mi teoría de la historia y me ha guiado en mis acciones tanto como actor de los mercados financieros como en mi condición de filántropo. Si hay algo original en mi pensamiento es mi versión radical de la falibilidad.

Adopto un punto de vista más riguroso de la falibilidad que el que pudiera justificarse por los argumentos que he presentado hasta el momento. Sostengo que todas las construcciones de la mente humana, tanto si se circunscriben a los lugares más recónditos de nuestro pensamiento como si se manifiestan en el mundo exterior en forma de disciplinas, ideologías o instituciones, son deficientes de una manera u otra. El defecto puede manifestarse en forma de incoherencias internas o de incoherencias con el mundo exterior o de incoherencias con los fines que nuestras ideas pretenden cumplir.

Esta proposición es, naturalmente, mucho más fuerte que el reconocimiento de que todas nuestras construcciones *pueden* estar equivocadas. No hablo de la mera falta de correspondencia sino de un defecto real en todas las construcciones humanas y de una divergencia real entre los resultados y las expectativas. Como ya he explicado, la divergencia sólo importa realmente en los acontecimientos históricos. Por eso la versión radical de la falibilidad puede servir de base para una teoría de la historia.

La afirmación de que todas las construcciones humanas tienen defectos parece muy sombría y pesimista, pero no hay motivo alguno para la desesperación. El término falibilidad parece tan negativo sólo porque abrigamos falsas esperanzas. Añoramos la perfección, la permanencia y la verdad última, con la inmortalidad presente para remate. Si se juzga por estas normas, la condición humana es forzosamente insatisfactoria. De hecho, la perfección y la mortalidad nos esquivan y la permanencia sólo puede encontrarse en la muerte. Pero la vida nos ofrece la oportunidad de mejorar nuestro conocimiento exactamente porque es imperfecta y también de mejorar el mundo. Cuando todas las construcciones son deficientes, las variaciones adquieren toda su importancia. Unas construcciones son mejores que otras. La perfección es inalcanzable pero lo que es intrínsecamente imperfecto es susceptible de mejora infinita.

Para seguir un orden, señalo que mi afirmación de que todas las construcciones humanas y sociales son deficientes no equivale a una hipótesis científica porque no puede ser verificada adecuadamente. Puedo afirmar que las ideas de los actores divergen siempre de la realidad, pero no puedo demostrarlo porque no podemos saber cómo sería la realidad en ausencia de nuestras ideas. Puedo esperar que los acontecimientos muestren una divergencia con respecto a las expectativas, pero, como ya he indicado, los acontecimientos subsiguientes no sirven de criterio independiente para decidir cuáles habrían sido las expectativas correctas porque expectativas diferentes podrían haber conducido un curso diferente de los acontecimientos. Asimismo, puedo afirmar que todas las construcciones humanas tienen defectos pero no puedo demostrar qué es un defecto. Los defectos suelen manifestarse en una fecha futura, pero eso no prueba que estuvieran presentes en el momento en que se formaron las construcciones. Las deficiencias de las ideas y las organizaciones institucionales dominantes sólo se hacen evidentes con el paso del tiempo, y el concepto de reflexividad sólo justifica la afirmación de que todas las construcciones humanas son *potencialmente* defectuosas. Por eso presento mi proposición como una hipótesis de trabajo, sin prueba lógica ni estatus científico.

Digo que es una hipótesis de trabajo porque ha funcionado bien tanto en mis actividades financieras como en mi participación en asuntos filantrópicos e internacionales. Me ha animado a buscar los fallos en todas las situaciones, y cuando los he encontrado, a aprovechar la idea. En un nivel subjetivo, he reconocido que mi interpretación era forzosamente distorsionada. Esto no me ha desanimado de poseer una visión; por el contrario, he buscado situaciones en las que mi interpretación estaba en variación con el saber dominante. Pero siempre he estado alerta ante el error; cuando lo he descubierto, lo he captado con prontitud. En mis tratos financieros, el descubrimiento del error ha representado a menudo una oportunidad para obtener cualesquiera beneficios que hubiera obtenido a partir de mi idea inicial equivocada, o para reducir mis pérdidas si la idea no había producido siquiera un resultado provechoso temporalmente. La mayoría de la gente es reacia a admitir que se equivoca; me ha producido un placer positivo descubrir un error porque sabía que podía salvarme de penalidades financieras.

En el nivel objetivo he reconocido que las empresas o industrias en las que he invertido tenían forzosamente errores y he preferido saber cuáles eran los errores. Esto no me ha impedido invertir; por el contrario, me he sentido mucho más seguro cuando he conocido los posibles puntos de peligro porque eso me ha dicho qué indicios buscar para vender mi inversión. Ninguna inversión puede ofrecer indefinidamente unos rendimientos superiores. Aun cuando una compañía goce de una posición de mercado superior, una gestión excelente y márgenes de beneficio excepcionales, la acción puede llegar a estar sobrevalorada, la gestión puede hacerse complaciente y el entorno competitivo o regulativo puede cambiar. Es sensato buscar constantemente las pequeñas pegas. Cuando se sabe cuáles son, se está siempre por delante en la partida.

He desarrollado mi propia variante del modelo de método científico de Popper para su uso en los mercados financieros. Formulé una hipótesis sobre la base de la cual invertiría. La hipótesis tenía que ser diferente del saber aceptado y cuanto mayor fuera la diferencia mayor sería el potencial del beneficio. Si no había diferencia, no tenía sentido tomar una postura. Esto se corresponde con la afirmación de Popper —muy criticada por los filósofos de la ciencia— de que cuanto más severa sea la prueba, más valiosa será la hipótesis que sobreviva a ella. En la ciencia, el valor de una hipótesis es intangible; en los mercados financieros, puede medirse fácilmente por los beneficios que produce. A diferencia de la ciencia, una hipótesis financiera no tiene que ser verdadera para ser rentable; es suficiente con que llegue a ser aceptada generalmente. Pero una hipótesis falsa no puede prevalecer para siempre. Por eso me gustaba invertir en hipótesis con defectos que tuvieran una probabilidad de llegar a ser generalmente aceptadas, a condición de que supiera cuál era el defecto. Me permitía vender a tiempo. Puse a mis hipótesis defectuosas el nombre de falacias fértiles y construí mi teoría de la historia, así como mi éxito en los mercados financieros en torno a ellas.

Mi hipótesis de trabajo —que todas las construcciones humanas son siempre defectuosas— no sólo es acientífica sino que tiene un efecto más radical: *es probablemente no verdadera*. Cada construcción desarrolla un efecto con el paso del tiempo, pero esto no parece significar que sea inadecuada o ineficaz en el momento en el que fue construida. Pienso que es posible perfeccionar mi hipótesis de trabajo y formularla de una manera que pueda reivindicar con más fuerza su veracidad. A tal fin, debo recurrir a mi teoría de la reflexividad. En un proceso reflexivo, ni el pensamiento de los actores, ni la situación real permanecen inalterados. Por tanto, aun cuando una decisión o interpretación sea correcta al principio del proceso, es inevitable que sea inadecuada en una etapa posterior. Así pues, debo añadir una importante condición a la afirmación de que todas las construcciones humanas tienen defectos: es verdad solamente si esperamos que las teorías o las políticas tengan una validez atemporal como las leyes de la ciencia.

Las construcciones, como las acciones, tienen consecuencias no buscadas y esas consecuencias no pueden preverse adecuadamente en el momento de su creación. Aun cuando las consecuencias pudieran preverse, podría seguir siendo inadecuado proceder porque esas consecuencias sólo surgirían en el futuro. Por eso, mi hipótesis de trabajo no es incompatible con la idea de que un curso de acción es mejor que otro, que hay de hecho un curso de acción óptimo. Implica, sin embargo, que lo óptimo se aplica sólo a un momento determinado de la historia y lo que es óptimo en un momento puede dejar de serlo en el siguiente. Es difícil trabajar con este concepto, sobre todo para las instituciones que no pueden evitar cierto grado de inercia. Cuanto más tiempo esté en vigor una forma de recaudación de impuestos, más probabilidades habrá de que se la eluda; esta puede ser una buena razón para cambiar la forma de recaudación de impuestos al cabo de cierto tiempo, pero no una buena razón para que no haya ningún sistema de recaudación de impuestos. Para poner un ejemplo de un campo distinto, la iglesia católica se ha convertido en algo muy diferente de lo que Jesús pretendía, pero este no es motivo suficiente para rechazar sus enseñanzas.

En otras palabras, las teorías o las políticas pueden ser válidas temporalmente en cierto momento de la historia. Para entender esta cuestión las llamé *falacias fértiles:* construcciones defectuosas con efectos inicialmente beneficiosos. La duración de los efectos beneficiosos depende de si los defectos se reconocen y corrigen. De este modo, las construcciones pueden alcanzar un grado mayor de complejidad. Pero no es probable que una falacia fértil dure para siempre; el ámbito para perfeccionarla y desarrollarla se agotará finalmente y una nueva falacia fértil captará la imaginación de la gente. Lo que voy a decir puede parecer una falacia fértil, pero me inclino a interpretar la historia de las ideas como si estuviera compuesta por falacias fértiles. Otras personas pueden llamarlas paradigmas.

La combinación de estas dos ideas —que todas las construcciones mentales tienen defectos pero algunas de ellas son fértiles— se encuentra en el centro de mi propia versión radical de la falibilidad. La aplico al mundo exterior y a mis propias actividades con igual vigor, y me ha servido bien tanto en mi condición de gestor de fondos como, más recientemente en la de filántropo. Si también me servirá como pensador se está poniendo a prueba en estos momentos, pues esta versión radical de la falibilidad sirve de cimiento a la teoría de la historia y la interpretación de los mercados financieros que expongo en el resto de este libro.

Una posdata personal

Mi versión radical de la falibilidad no es sólo una teoría abstracta sino también una afirmación personal. Como gestor de fondos, he dependido sobremanera de mis emociones. Esto se ha debido a que era consciente de la insuficiencia del conocimiento. Los sentimientos predominantes con los que he actuado eran la duda, la incertidumbre y el miedo. He tenido momentos de esperanza e incluso de euforia, pero me hacían sentirme inseguro. En cambio, la preocupación hacía que me sintiera seguro. Así pues, el único goce auténtico que experimentaba era cuando descubría aquello por lo que tenía que preocuparme. En términos generales, me resultó sumamente doloroso gestionar un fondo de cobertura[3]. Nunca pude reconocer mi éxito, porque eso podría impedirme preocuparme, pero no tuve ningún problema en reconocer mis errores.

Sólo cuando otros me lo señalaron caí en la cuenta de que podía haber algo insólito en mi actitud hacia los errores. Tenía tanto sentido para mí que el descubrir un error en mi pensamiento o en mi posición debía ser una fuente de goce y no de pesar que pensaba que también debía ser importante para los demás. Pero no es éste el caso. Cuando miraba a mi alrededor, descubría que la mayoría de las personas ponen todo su empeño en negar o encubrir sus equivocaciones. De hecho, sus ideas y actos equivocados pasan a formar parte importante de su personalidad. Nunca olvidaré una experiencia que tuve cuando visité Argentina en 1982 para examinar la montaña de deudas que ese país había acumulado. Busqué a varios políticos que habían formado parte de gobiernos anteriores y les pregunté cómo manejarían la situación. Como un solo hombre, dijeron que aplicarían la misma política que habían seguido cuando estaban en el gobierno. Rara vez me había encontrado con tantas personas que aprendieran tan poco de la experiencia.

Llevé mi actitud crítica a mis actividades filantrópicas. Encontré la filantropía llena de paradojas y consecuencias no buscadas. Por ejemplo, la caridad podía convertir a los receptores en objetos de caridad. Se supone que dando se ayuda a los demás, pero en realidad sirve a menudo para la gratificación del ego del donante. Lo que es

---

[3] Los fondos de cobertura intervienen en una amplia gama de actividades de inversión. Prestan servicio a inversores refinados y no están sujetos a las regulaciones que se aplican a los fondos comunes de inversión. Los administradores son compensados sobre la base del rendimiento y no como porcentaje fijo de los activos. Fondos de rendimiento sería una definición más exacta.

peor, la gente se dedica con frecuencia a la filantropía porque desea sentirse bien, no porque desee hacer el bien.

Al sostener estas ideas, tuve que adoptar un enfoque diferente. Me descubrí comportándome de manera no muy diferente del modo en que me comportaba en los negocios. Por ejemplo, subordiné los intereses del personal de la fundación y de los solicitantes a la misión de la fundación. Solía bromear diciendo que la nuestra es la única fundación filantrópica del mundo. Recuerdo haber explicado en una reunión de directivos de Karlovi Vari, Checoslovaquia, hacia 1991, mis ideas sobre las fundaciones, y estoy seguro de que las personas presentes en aquella ocasión no lo olvidarán nunca. Dije que las fundaciones son antros de corrupción e ineficacia y me parecería un logro mayor reparar una fundación que fracasara que poner en pie una nueva. Recuerdo también haber dicho ante una reunión en Praga de personal directivo de fundaciones europeas que trabajar en red significa no trabajar.

Debo confesar que me he ablandado con el paso del tiempo. Existe una diferencia entre dirigir un fondo de cobertura y una fundación. Las presiones externas están en gran medida ausentes y sólo es la disciplina interna lo que mantiene viva una actitud crítica. Por otra parte, encabezar una gran fundación requiere actitudes personales y cualidades de liderazgo, y a la gente no le gustan las observaciones críticas: quiere elogio y aliento. No muchas personas comparten mi predilección por la identificación del error, y menos aún comparten mi goce en ello. Para ser un líder efectivo, hay que gratificar a las personas. Estoy aprendiendo por el método difícil lo que parece presentarse naturalmente a los políticos y los jefes de las grandes empresas.

Hay también otra influencia. Tengo que hacer algunas apariciones públicas, y cuando lo hago se espera que transmita confianza en mí mismo. En realidad, me corroe la duda y prefiero el sentimiento. Detestaría perderlo. Hay una gran diferencia entre mi persona pública y lo que yo considero mi yo real, pero soy consciente de la existencia de una conexión reflexiva entre una y otro. He observado con asombro cómo me ha afectado el desarrollo de una persona pública. Me he convertido en una personalidad «carismática». Afortunadamente, no creo en mí mismo como creen los demás. Intento recordar mis limitaciones aun cuando no las perciba de manera tan aguda como antes. Pero otras personalidades carismáticas no han llegado a su posición de liderazgo siguiendo el mismo camino que yo. No tienen los mismos recuerdos. Probablemente recuerdan que siempre intentaron hacer que otros creyeran en ellos y finalmente lo lograron. No les corroe la duda ni necesitan reprimir el uso a expresarla. No es de extrañar que su actitud hacia la falibilidad sea diferente.

Es fascinante pensar en cómo mi actual personalidad «carismática» está relacionada con los mercados financieros y con mi yo anterior como gestor de fondos. Me cualifica para hacer tratos o incluso para manipular los mercados, pero me descalifica para gestionar dinero. Mis palabras pueden mover mercados, aunque hago grandes esfuerzos para no abusar de ese poder. Al mismo tiempo he perdido la capacidad de actuar dentro los límites del mercado como solía hacer. He desmantelado el mecanismo de dolor y ansiedad que antes me guiaba. Es una larga historia que he contado en otro lugar. El cambio sucedió mucho antes de adquirir mi «carisma». Cuando era un gestor de fondos activo, solía evitar la publicidad. Pensaba que aparecer en la portada de una revista financiera era el beso de la muerte. Esto equivalía a una superstición, pero estaba bien respaldado por la evidencia. Es fácil entender porqué. La publicidad engendraba un sentimiento de euforia, aunque lo combatiera, me hacía salir de mi camino. Y si expresaba en público una opinión sobre el mercado, me resultaba más difícil cambiar de parecer.

Puede comprobarse que actuar en los mercados financieros requiere un equipamiento mental diferente del que se necesita para actuar en un marco social, político u organizativo o, de hecho, para ac-tuar como un ser humano normal. Esto se pone de manifiesto también por la evidencia. Hay una tensión considerable en la mayoría de las instituciones financieras entre los productores de beneficios y los gestores de la organización, o al menos solía haberla cuando yo estaba familiarizado con estas instituciones, y los productores más dotados preferían a menudo seguir su propio camino. Este fue el origen de la industria de los fondos de cobertura.

La versión radical de falibilidad que he adoptado como hipótesis de trabajo ha resultado ciertamente eficaz en los mercados financieros. Ha obtenido mejores resultados que la hipótesis del paseo aleatorio por un margen convincente[4]. ¿Se aplica también a otros conceptos de la existencia humana? Esto depende de cuál sea nuestro objetivo. Si lo que deseamos es comprender la realidad, creo que es útil, pero si nuestro fin es manipular la realidad, no funciona tan bien: el carisma funciona mejor.

Volviendo a mis sentimientos personales, he aprendido a adaptarme a la nueva realidad en la que actúo. Solía encontrar decididamente dolorosas las expresiones públicas de elogio y gratitud, pero he llegado a comprender que esto es un reflejo residual de los tiempos en que gestionaba activamente el dinero y debía guiarme por el resultado de mis acciones, no por lo que otras personas pensaran de ellas. La gratitud me sigue produciendo embarazo y la filantropía, en el caso de que merezca elogio, debe anteponer los intereses de la sociedad a la gratificación del ego, pero estoy dispuesto a aceptar el elogio porque mi filantropía haya cumplido de hecho esta condición. Si puede seguir haciéndolo a la vista de mi cambio de actitud hacia el elogio es una cuestión que me inquieta, pero en tanto en cuanto me sienta inquieto la respuesta seguirá siendo probablemente afirmativa.

---

[4] La teoría de las expectativas racionales sostiene que en un mercado eficiente las conjeturas individuales se desvían de manera aleatoria de la trayectoria real de los precios.

Capítulo 2

Una crítica de la economía

Existe la creencia generalizada de que los asuntos económicos están sometidos a irresistibles leyes naturales comparables a las leyes de la física. Esta creencia es falsa. Y lo que es más importante, las decisiones y las estructuras que se basan en esta creencia son desestabilizadoras económicamente y peligrosas desde el punto de vista político. Estoy convencido de que el sistema de mercado, como cualquier otra organización humana, es intrínsecamente defectuoso. Esta convicción se encuentra en la base de todo el análisis de este libro, así como de mi filosofía personal y del éxito financiero de mis fondos. Teniendo en cuenta la trascendental importancia que esta visión crítica de la economía y de otras organizaciones sociales tiene para todos los demás conceptos de este libro, debo aplicar ahora la discusión general sobre la reflexividad del Capítulo 1 para explicar por qué todas las teorías sobre las organizaciones económicas, políticas y financieras son cualitativamente distintas de las leyes de las ciencias naturales. Sólo cuando se reconozca que las construcciones sociales en general y los mercados financieros en particular son sustancialmente imprevisibles podrán comprenderse los razonamientos del resto de este libro.

Todo el mundo sabe que el análisis económico no tiene la misma validez universal que las ciencias físicas. Pero la razón más importante del fracaso del análisis económico —y de la inevitable inestabilidad de todas las instituciones sociales y políticas que asumen la validez absoluta de la economía de mercado— no se comprende adecuadamente. Los fracasos de la economía no se deben simplemente a nuestra imperfecta incomprensión de la teoría económica ni a la falta de estadísticas adecuadas. Estos problemas podrían remediarse en principio mejorando la investigación.

Pero el análisis económico, así como la ideología del libre mercado a la que respalda, son subvertidos por un defecto mucho más fundamental e insoluble. Los acontecimientos económicos y sociales, a diferencia de los acontecimientos que preocupan a los físicos y los químicos, suponen la presencia de actores pensantes. Y los actores pensantes pueden cambiar las reglas de la economía y los sistemas sociales en virtud de sus propias ideas acerca de esas reglas. La afirmación de la validez universal de la teoría económica se hace insostenible una vez que se comprende adecuadamente este principio. No se trata únicamente de una curiosidad intelectual. Porque si las fuerzas económicas no son irresistibles y si las teorías económicas no son científicamente válidas —y no pueden serlo nunca— toda la ideología del fundamentalismo del mercado se socava.

La reflexividad plantea dos problemas distintos pero interrelacionados a la economía y a todas las demás ciencias sociales. El primero se refiere al objeto, y el segundo al observador científico. Me ocuparé primero de la reflexividad en tanto en cuanto afecta al objeto, y, a continuación, de su repercusión sobre el observador científico. Veremos que el primer problema es grave para la visión convencional de la teoría económica y que el segundo es fatal.

La reflexividad en los fenómenos sociales

A efectos de este estudio, invoco la teoría del método científico de Karl Popper. El sencillo y elegante modelo de Popper contiene tres componentes y tres operaciones. Los tres componentes son las condiciones iniciales específicas y las condiciones finales específicas de un experimento científico y las generalizaciones de un carácter hipotético. Las condiciones iniciales y finales pueden ser verificadas mediante la observación directa; la hipótesis no puede ser verificada, sólo puede ser falsada. Las tres operaciones científicas básicas son la predicción, la explicación y la corroboración. Una generalización hipotética puede combinarse con las condiciones iniciales para proporcionar una predicción específica. Puede combinarse con las condiciones finales específicas para proporcionar una explicación. Se da por supuesto que la hipótesis tiene validez atemporal, y esto permite la verificación. La corroboración supone comparar las condiciones específicas iniciales y finales para determinar si se ajustan a las hipótesis. Ninguna cantidad de corroboración verificará una hipótesis, pero en la medida que una hipótesis no haya sido falsada, puede aceptarse como válida.

La asimetría entre la verificación y la falsación es, en mi opinión, la mayor contribución de Popper no sólo a la filosofía de la ciencia sino también a nuestra comprensión del mundo. La asimetría elimina los obstáculos del razonamiento inductivo. No es necesario insistir que el sol saldrá *siempre* por el este sólo porque lo ha hecho así todos los días; basta con aceptar la hipótesis provisionalmente, hasta que sea falsada. Se trata de una solución elegante a lo que de otro modo sería un problema lógico insuperable. Permite que hipótesis no verificables proporcionen predicciones y explicaciones determinadas.

Puede que no se haya insistido lo suficiente en que las hipótesis deben ser válidas eternamente para que la corroboración sea posible. Si un resultado concreto no puede ser reproducido, la prueba no puede considerarse concluyente. Pero la reflexividad da origen a procesos históricos irreversibles y por tanto no se presta a generalizaciones eternamente válidas. Más exactamente, las generalizaciones que pueden hacerse sobre acontecimientos reflexivos no pueden usarse para predicciones y explicaciones determinadas [1]. Esta afirmación no invalida en modo alguno el modelo de método científico de Popper. Este modelo sigue siendo tan elegante y cercano a la perfección como antes; sólo deja de aplicarse a los fenómenos reflexivos. La afirmación crea, sin embargo, una grieta entre las ciencias naturales y las sociales, porque la reflexividad sólo tiene lugar cuando en una situación intervienen actores pensantes.

Es obviamente peligroso introducir líneas divisorias absolutas

---

[1] Se observará que la generalización que acabo de hacer pretende ser eternamente válida, pero no puede usarse para explicar y predecir acontecimientos reflexivos de manera determinista. Es, pues, internamente consecuente.

en la comprensión de la realidad. ¿Estoy cayendo en este error cuando intento separar las humanidades de las ciencias naturales? Los fenómenos sociales no siempre son reflexivos. Incluso en las situaciones en que intervienen tanto las funciones de participación como las cognitivas, no ponen en movimiento necesariamente un mecanismo de retroalimentación reflexivo que afecte tanto a la situación como al pensamiento de los actores. Y aun cuando esté presente un proceso de retroalimentación, cabe la posibilidad de pasarlo por alto sin distorsionar sobremanera la realidad. La aplicación de los métodos de las ciencias naturales a los fenómenos sociales puede producir resultados que valgan la pena. Esto es lo que la teoría económica clásica intentaba hacer, y en muchas situaciones funciona bastante bien.

Existe, sin embargo, una diferencia fundamental entre las ciencias naturales y las ciencias sociales que no ha sido reconocida suficientemente. Para comprenderla mejor, debemos examinar el segundo problema, la relación de los observadores científicos con su objeto.

La reflexividad y los científicos sociales

La ciencia es también un fenómeno social, y como tal es potencialmente reflexiva. Los científicos están vinculados con su objeto de estudio como actores y como observadores, pero la característica distintiva del método científico, tal como ilustra el método de Popper, es que las dos funciones no interfieren entre sí. Las teorías de los científicos no tienen repercusión alguna sobre sus experimentos. Por el contrario, los experimentos proporcionan los hechos por los que pueden juzgarse las hipótesis científicas.

En la medida en que la división entre enunciados y hechos siga siendo absoluta, no puede haber dudas acerca del propósito de las actividades científicas: esto es, adquirir conocimiento. Los fines de los actores individuales pueden diferir: unos pueden aspirar al conocimiento por sí mismo, otros por los beneficios que puede reportar, y otros pueden buscar el avance personal. Cualquiera que sea la motivación, el baremo del éxito es el conocimiento, y es un criterio objetivo. Quienes buscan el avance personal sólo pueden hacerlo formulando enunciados verdaderos; si falsifican los experimentos, pueden ser descubiertos. Quienes intentan alterar la naturaleza a su voluntad sólo pueden hacerlo adquiriendo primero el conocimiento. La naturaleza sigue su curso sin tener en cuenta teoría alguna referida a ella; por tanto, sólo podemos hacer que la naturaleza satisfaga nuestras necesidades comprendiendo las leyes que rigen su comportamiento. No hay atajos.

Hubo de transcurrir mucho tiempo para que se reconociera este extremo. Durante miles de años, la gente ha probado todas las formas de magia, ritual e ilusión para tratar de influir en la naturaleza de modo más directo; la gente es reacia a aceptar la severa disciplina que el método científico impone. Las convenciones de la ciencia tardaron mucho tiempo en probar su superioridad, pero finalmente, a medida que la ciencia siguió produciendo grandes descubrimientos, alcanzó un estatus que se equiparó al de la magia y la religión en épocas anteriores. El acuerdo sobre el propósito, la aceptación de ciertas convenciones, la disponibilidad de un criterio objetivo y la posibilidad de establecer generalizaciones eternamente válidas se unieron para que la ciencia prosperase. Hoy se reconoce como el logro supremo del intelecto humano.

Esta hermosa combinación es alterada cuando el objeto es reflexivo. En primer lugar, los resultados positivos son más difíciles de alcanzar, porque el objeto no se presta fácilmente al descubrimiento de hipótesis válidas eternamente, y, por tanto verificables, que porten la autoridad de las leyes científicas. Examinando la evidencia, podemos comprobar que los logros de las ciencias sociales no salen bien parados de una comparación con los de las ciencias naturales. Por otra parte, la independencia del criterio objetivo, a saber, los hechos, se ve aceptada. Esto hace que las convenciones de la ciencia sean de difícil aplicación. Los hechos pueden verse influidos por la formulación de enunciados sobre ellos. Esto es así no sólo para los actores, sino también para los científicos. La reflexividad supone un cortocircuito entre los enunciados y los hechos y ese cortocircuito está a disposición de los científicos además de los actores.

Este punto es importante. Permítanme explicarlo comparando la indeterminación que supone la reflexividad con la indeterminación que se observa en el comportamiento de las partículas cuánticas. La indeterminación es semejante pero la relación del observador con el objeto no lo es. El comportamiento de las partículas cuánticas es el mismo tanto si se reconoce el principio de incertidumbre de Heisenberg como si no se lo reconoce. Pero el comportamiento de los seres humanos puede ser influido por las teorías científicas del mismo modo que puede ser influido por otras creencias. Por ejemplo, el ámbito de la economía de mercado se ha ampliado porque la gente cree en la «magia del mercado». En las ciencias naturales, las teorías no pueden cambiar los fenómenos a los que se refieren; en las ciencias sociales eso es posible. Esto da origen a un elemento de incertidumbre adicional, que está ausente del principio de incertidumbre de Heisenberg. Es éste elemento de incertidumbre adicional el responsable de la grieta que existe entre las ciencias naturales y las sociales.

Admito que los científicos podrían tomar precauciones adicionales para aislar sus enunciados de su objeto, por ejemplo manteniendo en secreto sus predicciones. Pero ¿por qué iban a hacerlo? ¿Es el fin de la ciencia adquirir conocimiento por sí mismo o para buscar otros beneficios? En las ciencias naturales, la pregunta no se plantea porque los beneficios sólo pueden realizarse alcanzando primero el conocimiento. No es éste el caso de las ciencias sociales: la reflexividad ofrece un atajo. No es necesario que una teoría sea verdadera para que afecte al comportamiento de las personas.

El ejemplo clásico de observadores seudocientíficos que intentaban imponer su voluntad a su objeto fue el propósito de convertir metales comunes en oro. Los alquimistas lucharon denodadamente hasta que su falta de éxito les convenció al fin del fracaso de su empresa. Su derrota era inevitable porque el comportamiento de los metales comunes se rige por leyes de validez universal que no pueden ser modificadas por enunciados, conjuros o rituales. El prestigio que se otorga a los economistas modernos, especialmente en la política y en los mercados financieros, demuestra que los alquimistas medievales se equivocaron de objeto. Los metales comunes no pueden convertirse en oro mediante conjuros, pero la gente puede enriquecerse en los mercados financieros y adquirir poder en la política proponiendo teorías falsas o profecías que acarrean su propio cumplimiento. Por otra parte, sus posibilidades de éxito aumentan si pueden presentarse con aspecto científico. Es de señalar que tanto Marx como Freud fueron muy claros al reivindicar el estatus científico para sus teorías y basaron muchas de sus conclusiones en la autoridad derivada de ser «científicas». Una vez que se asume este punto, la misma expresión «ciencias sociales» se convierte en sospechosa. Es a menudo una expresión mágica que emplean los alquimistas sociales en su intento de imponer su voluntad a su materia de estudio mediante conjuros.

Los científicos sociales han puesto en realidad todo su empeño en imitar a las ciencias naturales, pero su éxito ha sido extraordinariamente escaso. Sus esfuerzos no producen a menudo sino poco más que una parodia de las ciencias naturales. Pero existe una diferencia fundamental entre los científicos sociales y los fracasos de los alquimistas. Aunque el fracaso de los alquimistas fue prácticamente total, los científicos sociales que han usurpado la autoridad de la ciencia natural han logrado causar un considerable impacto social y político. El comportamiento de las personas, exactamente porque no se rige por la realidad, puede ser influido fácilmente por las teorías. En el campo de los fenómenos naturales, el método científico sólo es eficaz cuando las teorías son válidas; pero en los asuntos sociales, políticos y económicos, las teorías pueden ser eficaces sin ser válidas. Aunque la alquimia fracasó como ciencia, la ciencia social puede triunfar como alquimia.

Karl Popper vio el peligro de que las ideologías políticas explotasen el prestigio de la ciencia para influir en el curso de la historia; el peligro era especialmente grave en el caso del marxismo. Para proteger el método científico de esta clase de abuso, Popper proclamó que las teorías que no pueden ser falsadas no alcanzan la categoría de científicas. Pero ni siquiera con la mejor voluntad del mundo podemos encajar los fenómenos reflexivos en el molde del modelo de Popper, y ni siquiera las teorías concebidas para que cumplan sus requisitos pueden aprovecharse con fines políticos. Por ejemplo, los economistas se han esforzado para no introducir juicios de valor, pero precisamente por esto los defensores del *laissez faire* se han apropiado de sus teorías y las han usado a modo de base del juicio de valor más omnipresente que cabe imaginar: que no es posible alcanzar mejores resultados sociales que los que ofrece la competencia del mercado.

Hay una forma mejor de proteger el método científico. Lo único que necesitamos hacer es declarar que las ciencias sociales no tienen derecho al estatus que concedemos a las ciencias naturales, y nunca podrán tenerlo, con independencia de los avances que puedan reivindicarse en la investigación social y estadística. De este modo se impediría que teorías sociales seudocientíficas se paseen con plumas prestadas; desalentaría también la imitación servil de la ciencia natural en áreas en lo que esto no es apropiado. No impediría los intentos de establecer leyes válidas universalmente que rijan el comportamiento humano, pero ayudaría a reducir gradualmente nuestras expectativas acerca de los resultados. Podría hacer algo más. Podría permitirnos aceptar las limitaciones de nuestro conocimiento y liberar la ciencia social de la camisa de fuerza que le ha puesto la ambición de sus defensores por alcanzar el estatus científico. Esto es lo que defendía en mi libro *The Alchemy of Finance* cuando decía que la ciencia social es una falsa metáfora. El modelo de Popper funciona con generalizaciones eternamente válidas. La reflexividad es un proceso temporal e irreversible: ¿por qué iba a encajar con el modelo de Popper?

Reconocer las limitaciones de las ciencias sociales no significa que debamos abandonar la búsqueda de la verdad en la exploración de los fenómenos sociales. Significa únicamente que la búsqueda de la verdad nos obliga a reconocer que algunos aspectos del comportamiento no se rigen por leyes válidas eternamente. Esto debería animarnos a explorar otros caminos del conocimiento. La búsqueda de la verdad nos obliga también a reconocer que los fenómenos sociales pueden ser influidos por las teorías expuestas para explicarlos. En consecuencia, el estudio de los fenómenos sociales puede estar motivado por objetivos distintos de la búsqueda de la verdad. La mejor manera de protegerse del abuso del método científico es reconocer que las teorías sociales pueden afectar al objeto al que se refieren.

La teoría económica es el intento más trascendental de emular a las ciencias naturales y hasta ahora ha sido el que ha tenido más éxito. Los economistas clásicos se inspiraron en la física newtoniana. Aspiraban a establecer leyes universalmente válidas que pudieran usarse para explicar y para predecir el comportamiento económico, y confiaban en alcanzar ese objetivo basándose en el concepto de equilibrio. Este concepto permitía que el análisis económico se centrase en el resultado último y que pasasen por alto las alteraciones temporales. Un péndulo se detiene en el mismo punto por muy amplia que sea su oscilación; fue este principio «ergódico» el que permitió a los teóricos de la economía establecer reglas válidas eternamente sobre el papel equilibrador de los mercados.

El concepto de equilibrio es muy útil, pero también puede ser muy engañoso. Está rodeado de la aureola de lo empírico. No es ése el caso. El equilibrio es algo que rara vez se ha observado en la vida real: los precios del mercado tienen una notoria costumbre de fluctuar. Se supone que el proceso que puede observarse se mueve hacia el equilibrio, pero el equilibrio no puede alcanzarse nunca. Es cierto que los actores del mercado se adaptan a los precios del mercado, pero puede que se ajusten a un objetivo que está en constante movimiento. En ese caso, decir que el comportamiento de los actores es un proceso de ajuste puede ser inexacto.

El equilibrio es producto de un sistema axiomático. La teoría económica se construye como la lógica o las matemáticas: se basa en ciertos postulados, y todas sus conclusiones se derivan de ellos mediante la manipulación lógica. La posibilidad de que el equilibrio no se alcance nunca no tiene por qué invalidar la construcción lógica, pero cuando un equilibrio hipotético se presenta como modelo de la realidad, se introduce una distorsión importante. La geometría euclidiana era y sigue siendo un sistema axiomático perfectamente válido, pero era susceptible de falsas interpretaciones de la realidad, como la creencia de que la Tierra era plana.

El equilibrio no es siempre un blanco móvil. Hay muchas situaciones rutinarias en las que la función cognitiva es constante y la intersección de las curvas de la demanda y la oferta no determina el punto de equilibrio. Pero también hay numerosos desarrollos que se excluyen de la consideración al tomar como algo dado las curvas de la oferta y la demanda. Se ha justificado la omisión por motivos metodológicos: se afirma que la economía no se ocupa ni de la oferta ni de la demanda por sí mismas, sino sólo de la relación entre una y otra[2]. Detrás de esta afirmación se halla un supuesto oculto, a saber, que el mecanismo de los precios funciona sólo en una dirección reflejando pasivamente las condiciones de la oferta y la demanda. Cuando los vendedores saben cuánto están dispuestos a ofrecer a cada precio y los compradores saben cuánto están dispuestos a comprar, lo único que tiene que ocurrir para alcanzar el equilibrio es que el mercado encuentre el precio único que se ajuste a la oferta y la demanda. Pero ¿qué sucede si los propios movimientos de precios cambian la disposición de compradores y vendedores para comerciar con sus productos a precios dados, por ejemplo, porque esperan que el precio suba más en un futuro próximo? Esta posibilidad, que es el hecho dominante de la vida de los mercados financieros y también en las industrias dotadas de tecnologías que experimentan rápidos avances, simplemente se descarta.

El supuesto según el cual las curvas de la oferta y la demanda están dadas independientemente es necesario para determinar los precios del mercado. Si no existieran curvas de la oferta y la demanda dadas independientemente, los precios dejarían de ser determinados de manera única. Los economistas quedarían privados de su capacidad de ofrecer generalizaciones comparables a las de las ciencias naturales. La idea de que las condiciones de la oferta y la demanda pueden ser en algunos aspectos interdependientes o depender de la evolución del mercado puede parecerles incongruentes a quienes se han nutrido de la teoría económica; pero eso es exactamente lo que supone el concepto de reflexividad y lo que demuestra el comportamiento de los mercados financieros.

El supuesto de las condiciones dadas independientemente de la oferta y la demanda elimina la posibilidad de cualquier interacción reflexiva. ¿Qué importancia tiene la omisión? ¿Qué importancia tiene la reflexividad en el comportamiento de los mercados y las eco-

---

[2] Lionel Robbins, *An Essay on the Nature and Significance of Economic Science,* Macmillan, Londres, 1969.

nomías? Examinemos la evidencia. En *The Alchemy of Finance* identifiqué y analicé varios casos de reflexividad que no pueden explicarse adecuadamente por la teoría del equilibrio. En el caso del mercado de valores, me centré en el fenómeno del apalancamiento de los valores. Cuando una empresa o sector están sobrevalorados, pueden emitir acciones y usar los beneficios para justificar hasta cierto punto las expectativas exageradas. A la inversa, cuando una empresa que experimenta un rápido crecimiento está infravalorada, puede que no sea capaz de aprovechar las oportunidades que se le presentan, lo que justifica la infravaloración, aunque también en este caso sólo hasta cierto punto. Basándome en estos ejemplos, he desarrollado una teoría de la expansión/depresión para el mercado de valores, que ha producido buenos resultados (y que analizo con más detalle en el capítulo siguiente).

Examinando los mercados monetarios descubrí la presencia de círculos viciosos y círculos virtuosos en los que los tipos de cambio y los llamados fundamentos que se supone que reflejan están interconectados de tal suerte que se refuerzan mutuamente, creando tendencias que se mantienen durante períodos prolongados hasta que se invierten finalmente. Identifiqué un círculo vicioso del dólar que culminó en 1980 y analicé un círculo virtuoso que se desarrolló en el período 1980-1985. Le puse el nombre de círculo imperial de Reagan. Si hubiera escrito el libro más tarde, podría haber analizado un círculo imperial semejante en Alemania, provocado por la reunificación alemana en 1990. Este círculo se desarrolló de manera distinta debido a sus efectos sobre el Mecanismo de Cambio del Sistema Monetario Europeo: condujo a la devaluación de la libra esterlina en 1992. La presencia de tales tendencias duraderas y perfectamente identificables fomenta la especulación seguidora de tendencias o seguidista, y la inestabilidad tiende a ser acumulativa.

Estudiando el sistema bancario y los mercados crediticios en general, observé una relación reflexiva entre el acto de prestar y el valor de la garantía que determina la solvencia crediticia del prestatario. Esto da origen a un modelo asimétrico expansión/depresión en la que la expansión del crédito y la actividad económica cobran velocidad gradualmente y pueden llegar a un brusco final. La relación reflexiva y la pauta simétrica fueron claramente visibles en la gran expansión internacional de los préstamos del decenio de 1970 que culminó en la crisis mexicana de 1982. Un proceso semejante se está desarrollando en 1998 mientras escribo estas líneas.

Estos ejemplos deberían bastar para demostrar la insuficiencia de la teoría del equilibrio y para justificar el intento de desarrollar una teoría general de la reflexividad en la que el equilibrio pase a ser un caso especial. Al fin y al cabo, un solo experimento con una mancha solar fue suficiente para demostrar la deficiencia de la física newtoniana y para establecer las credenciales de la teoría de la relatividad de Einstein. Pero hay una gran diferencia entre la teoría de Einstein y la mía. Einstein pudo predecir un acontecimiento específico: el experimento de Michelson-Morley, que demostró la invariancia de la velocidad de la luz, o el perihelio de Mercurio, que confirmó la relatividad general. No puedo predecir nada salvo la impredictibilidad. Debemos rebajar nuestras expectativas acerca de nuestra capacidad para explicar y predecir acontecimientos sociales e históricos antes de que la teoría de la reflexividad llegue a ser aceptable.

Antes de pasar a otra cuestión, deseo aclarar un par de cuestiones teóricas.

En primer lugar, sobre el equilibrio. Hay otros factores además de la reflexividad que pueden interferir en la tendencia al equilibrio. La innovación es uno de ellos. Brian Arthur y otros han desarrollado el concepto de rendimientos crecientes, que justifica la producción creciente más allá del equilibrio clásico con la esperanza de que los avances tecnológicos impulsen bruscamente a la baja los costes de producción y generen con ello grandes beneficios a partir del dominio del mercado. Esta teoría ha socavado una de las conclusiones normativas más sagradas de la teoría económica, a saber, la optimidad del libre comercio.

En segundo lugar, sobre la reflexividad. La reflexividad se manifiesta en los cambios en los valores y las expectativas de las personas. Pero no basta con que esas percepciones varíen; las percepciones deben tener también un efecto significativo sobre las condiciones reales o las variaciones podrían descartarse como simple ruido y el equilibrio final seguiría siendo el mismo. En términos generales, no creo que se cometa una gran violencia contra la realidad cuando el análisis microeconómico no tiene en cuenta la reflexividad. Una posible excepción es la publicidad y la mercadotecnia, que pretenden modificar la curva de la demanda en vez de satisfacer una demanda existente. Pero ni siquiera estas actividades son siempre reflexivas en el sentido en que he definido el término ni impiden que se establezca un equilibrio en el que las empresas destinen algunos recursos a reforzar la demanda y algunos a satisfacerla.

La situación es diferente en lo que se refiere a los mercados financieros y las cuestiones macroeconómicas. Las expectativas desempeñan un papel importante, y el papel que desempeñan es reflexivo. Los actores basan sus decisiones en sus expectativas, y el futuro que intentan prever depende, a su vez, de las decisiones que tomen hoy. Diferentes decisiones producen un futuro diferente. Así pues, las decisiones no guardan relación con algo dado independientemente. Esto da origen a un elemento de incertidumbre tanto en las decisiones como en sus consecuencias. La incertidumbre podría eliminarse, en teoría, introduciendo el supuesto heroico del conocimiento perfecto. Pero este postulado es insostenible porque ignora que la gente es libre de tomar decisiones. ¿Conocimiento perfecto de qué? ¿De todas las opciones de todos los actores? Esto es imposible cuando tales opciones se refieren a un resultado que, a su vez, depende de las opciones. Así pues, los actores no sólo deben saber cuál es el equilibrio final, sino que también deben desearlo; y deben saber que todos los demás lo saben y lo desean. Es un conjunto de supuestos ciertamente exagerado, pero ha sido propuesto con total seriedad.

Debemos reconocer que el conocimiento perfecto es inalcanzable y que un elemento de incertidumbre es inevitable. ¿Significa esto que el concepto de equilibrio es irrelevante para el mundo real? No necesariamente. Tiene que suceder algo más para que el equilibrio se convierta en un blanco móvil: las expectativas deben influir en el futuro al que se refieren. Por otra parte, la influencia debe ser tal que produzca cambios en las expectativas que, a su vez, alteren el futuro. Estos mecanismos de retroalimentación que se refieren y afectan a sí mismos no se ponen en marcha en todas las ocasiones, pero se producen lo bastante a menudo como para que no los pasemos por alto. Son endémicos en los mercados financieros, donde los cambios en los precios actuales pueden cambiar el futuro que los precios actuales se supone que descuentan. Son también característicos de la política macroeconómica, que está influida por hechos que tienen lugar en los mercados financieros y que, a su vez, ejerce su influencia a través de los mercados financieros. Así pues, parece equivocado tratar de explicar el comportamiento de los mercados financieros y los hechos macroeconómicos mediante el análisis del equilibrio. Pero eso es exactamente lo que la teoría económica ha intentado hacer al atribuir todas las manifestaciones del equilibrio a las llamadas conmociones exógenas. Este empeño me recuerda los intentos de Tolomeo de explicar el movimiento de los cuerpos celestes trazando círculos adicionales cuando los planetas no seguían el curso prescrito.

En la práctica, tanto los practicantes como los reguladores del mercado son conscientes de que el equilibrio es una ilusión. No es frecuente encontrar un campo en el que teoría y práctica estén tan alejadas, lo que deja un amplio margen para la alquimia y otras clases de magia. Sé, porque se me ha dotado de la reputación de mago, sobre todo en países asiáticos, cuáles me permitirían manipular los mercados a menos que lo evitase deliberadamente. Los testimonios del presidente de la Reserva Federal, Alan Greenspan, en particular su advertencia sobre la «exuberancia irracional de los mercados» invocaba la reflexividad en todo menos en el nombre. Los mayores practicantes de la alquimia de la reflexividad en el pasado se encontraban en el Ministerio de Finanzas de Japón; actualmente su reserva de trucos está vacía.

He de confesar que no estoy familiarizado con las teorías dominantes acerca de los mercados eficientes y las expectativas racionales. Las considero irrelevantes y nunca me he molestado en estudiarlas porque me ha parecido que me las arreglaba bastante bien sin ellas, quizá igual de bien, a juzgar por el reciente desplome de Long-Term Capital Management, un fondo de cobertura cuyos gestores pretendían aprovecharse de la aplicación de la moderna teoría del equilibrio y cuyas estrategias de arbitraje se inspiraban, en parte, en los ganadores conjuntos del Premio Nobel de economía de 1997, concedido por su trabajo teórico sobre la fijación de precios de opciones. El hecho de que algunos actores que intervienen con éxito en los mercados financieros hayan encontrado totalmente inútiles las modernas teorías que explican supuestamente cómo funcionan los mercados financieros puede considerarse una crítica mordaz en sí misma, pero no equivale totalmente a una demostración formal de su insuficiencia. El fracaso de Long-Term Capital Management es mucho más concluyente.

Considero que el concepto de equilibrio es muy útil para ilustrar las deficiencias del mundo real. No podríamos construir una teoría del desequilibrio dinámico si no dispusiéramos del concepto de equilibrio como complemento. No tengo nada en contra de la economía, en la medida en que funcione, salvo que no funciona demasiado bien. Deja sin explicar las relaciones reflexivas entre los hechos del mercado y las condiciones de la oferta y la demanda.

Para comprender los mercados financieros y los hechos macroeconómicos es necesario un nuevo paradigma. Necesitamos complementar el concepto de equilibrio con el concepto de reflexividad. La reflexividad no invalida las conclusiones de la teoría del equilibrio como sistema axiomático, pero añade una dimensión que la teoría del equilibrio ha dejado sin explicar. Es como combinar la geometría plana con la idea de que la Tierra es redonda. La teoría del equilibrio pretende proporcionar generalizaciones válidas eternamente. La reflexividad añade una dimensión histórica. La flecha del tiempo introduce un proceso histórico que puede tender o no al equilibrio. Esto marca toda la diferencia en el mundo real.

En el capítulo siguiente expondré una interpretación reflexiva e histórica de los mercados financieros, pero primero deseo completar mi crítica de la teoría económica examinando la cuestión de los valores.

La cuestión de los valores

La teoría económica da por hechos los valores y las preferencias de los actores de los mercados. Bajo capa de esta convención metodológica, introduce tácitamente ciertas aseveraciones sobre los valores. La más importante de ellas es que sólo los valores del mercado deben tenerse en cuenta; es decir, sólo las consideraciones que entran en la mente de un actor del mercado cuando decide lo que está dispuesto a pagar a otro actor en un intercambio libre. Esta aseveración está justificada cuando el objetivo es determinar el precio del mercado, pero pasa por alto una amplia gama de valores individuales y sociales que no se expresan a través del comportamiento del mercado. No deberían ignorarse al decidir sobre cuestiones distintas del precio del mercado. Cómo debe organizarse la sociedad; cómo debe vivir la gente su vida: estas cuestiones no deberían responderse sobre la base de los valores del mercado.

Si embargo, esto sucede actualmente. El alcance y la influencia de la teoría económica se ha extendido más allá de los confines que los postulados de un sistema axiomático deben imponer. Los fundamentalistas del mercado han transformado una teoría axiomática y neutra en relación con los valores en una ideología, lo que ha influido de manera poderosa y peligrosa en el comportamiento político y económico. Una de las cuestiones fundamentales que deseo abordar en este libro es cómo los valores del mercado penetran en áreas de la sociedad a las que no pertenecen propiamente.

Los valores que la teoría económica da por sentados suponen siempre una elección entre alternativas: tanto de una cosa puede equipararse a tanto de otra. La idea de que algunos valores pueden no ser negociables no se reconoce o, más exactamente, tales valores se excluyen del ámbito de la economía. En términos generales, sólo se incluyen las preferencias individuales, mientras que las necesidades colectivas se pasan por alto. Esto significa que toda la esfera social y política queda sin explicar. Si fuera válido el argumento de los fundamentalistas del mercado según el cual la mejor manera de servir al interés común es tratar de satisfacer el interés propio, no se causaría un gran perjuicio. Pero el que se llegue a esa conclusión ignorando las necesidades colectivas elude el problema.

Estudios empíricos sobre la toma de decisiones han revelado que aun en asuntos de preferencia individual el comportamiento de las personas no se ajusta a los requisitos de la teoría económica. La evidencia indica que en vez de ser coherentes y constantes, las preferencias de la gente varían dependiendo de cómo formule sus problemas de decisión. Por ejemplo, la teoría económica ha dado por supuesto desde los tiempos de Bernoulli (hacia 1738) que los agentes económicos evalúan los resultados de sus elecciones en función de los estados de riqueza finales. De hecho, los agentes formulan generalmente los resultados como pérdidas y ganancias en relación con algún punto de referencia. Por otra parte, estas variaciones de formulación pueden tener una repercusión profunda en las decisiones: los agentes que formulan sus resultados en función de la riqueza tenderán a ser menos reacios al riesgo que los agentes que piensan en función de las pérdidas[3].

Voy más lejos. Sostengo que las personas se comportan de manera diferente dependiendo del marco de referencia que emplean. Aunque haya alguna coherencia en la elección de los marcos, está lejos de ser fiable y a menudo se observa una discontinuidad notable entre los distintos marcos. Puedo hablar por experiencia personal. A menudo me he sentido como si tuviera múltiples personalidades: una para los negocios, otra para la responsabilidad social y otra (o más) para uso privado. A menudo los papeles se confunden, causándome un interminable bochorno. He realizado un esfuerzo consciente para integrar los diversos aspectos de mi existencia, y me complace informar que he tenido éxito. Cuando digo que me complace informarlo, lo que de verdad quiero decir es: integrar las diversas facetas de mi personalidad ha sido una fuente de gran satisfacción para mí. Debo confesar, sin embargo, que no podría haberlo logrado si hubiera seguido siendo un actor activo de los mercados financieros. La gestión del dinero requiere una dedicación inquebrantable a la causa de ganar dinero, y todas las demás consideraciones deben subordinarse a ella. A diferencia de otras formas de empleo, la gestión de un fondo de cobertura puede producir pérdidas además de beneficios; no puede uno permitirse el lujo de apartar la vista de la pelota. Debo señalar que los valores que me han orientado en mis actividades para ganar dinero se asemejaban a los valores postulados por la teoría económica: suponían un sopesar cuidadoso de las alternativas, tenían un carácter cardinal en vez de ordinal[4], eran continuos y graduales, y estaban dirigidos resueltamente a optimizar la propor-

---

[3] Daniel Kahneman y Amos Tversky, «Prospect theory: An analysis of decision under risk», *Econometrica,* vol. 47, 1979, págs. 263-291.

[4] Este punto es importante. A diferencia de la mayoría de los gestores de fondos,

77

ción entre riesgo y recompensa, incluida la aceptación de mayores riesgos en los momentos en que la proporción era favorable.

Estoy dispuesto a generalizar a partir de mi experiencia personal y admitir que los valores postulados por la teoría económica son, de hecho, relevantes para las actividades económicas en general y para el comportamiento de los actores del mercado en particular. La generalización se justifica en parte porque los actores del mercado que no acatan esos valores son probablemente eliminados o reducidos a términos insignificantes por las presiones de la competencia.

Del mismo modo, la actividad económica sólo representa una faceta de la existencia humana. Indudablemente es muy importante, pero hay otros aspectos que no pueden ignorarse. A los efectos que ahora nos ocupan, distingo entre las esferas económica, política, social e individual, pero no deseo atribuir gran importancia a estas categorías. Sería fácil introducir otras. Podría mencionar, por ejemplo, la presión de los iguales, las influencias familiares o la opinión pública; o podría distinguir entre lo sagrado y lo profano. Lo que quiero decir es que el comportamiento económico sólo es una clase de comportamiento y los valores que la teoría económica da por sentados no son la única clase de valores que predominan en la sociedad. Es difícil entender cómo los valores pertenecientes a estas otras esferas podrían someterse al cálculo diferencial como las curvas de indiferencia.

¿Qué relación guardan los valores económicos con otras clases de valores? No es una pregunta que pueda contestarse de manera eterna y universalmente válida, salvo decir que los valores económicos por sí mismos, no pueden ser suficientes para sostener a la sociedad. Los valores económicos sólo expresan lo que un actor del mercado concreto está dispuesto a pagar a otro por otra cosa en un libre intercambio. Estos valores presuponen que cada actor es un centro de beneficio empeñado en maximizar sus beneficios excluyendo cualquier otra consideración. Aunque la descripción puede ser apro-

---

a quienes les interesa el rendimiento relativo, a mí me guiaba y me recompensaba el rendimiento absoluto. La búsqueda del rendimiento relativo es una fuente de inestabilidad en los mercados financieros que la teoría económica no ha identificado.

piada para el comportamiento del mercado, deben actuar otros valores para sostener la sociedad, de hecho para sostener la vida humana. ¿Cuáles son esos otros valores y cómo pueden conciliarse con los valores del mercado? Esta es una cuestión que me preocupa. Más que eso, me desconcierta. Estudiar economía no es una buena preparación para habérselas con ella; debemos ir más allá de la teoría económica. En vez de dar por sentados los valores, debemos considerarlos reflexivos. Esto significa que diferentes valores dominan en diferentes condiciones y que no existe un mecanismo de retroalimentación bidireccional que los conecte con las condiciones reales, creando un camino histórico único. Debemos considerar también los valores como algo falible. Esto significa que los valores que dominan en un momento determinado de la historia resultarán probablemente inadecuados e inapropiados en otro. Sostengo que los valores del mercado han adquirido en el momento actual de la historia una importancia que dista mucho de ser apropiada y sostenible.

Para seguir un orden, debo señalar que si deseamos aplicar el concepto de reflexividad a los valores además de a las expectativas, debemos aplicar el concepto de manera distinta. En el caso de las expectativas, el resultado actúa como una prueba de realidad; en el caso de los valores no es así. Los mártires cristianos no abandonaron su fe ni siquiera cuando fueron arrojados a los leones. En vez de hablar de la función cognitiva, necesitaría probablemente otro nombre, más emocional, para la retroalimentación desde la realidad hasta el pensamiento, aunque no sé cuál puede ser. Pero más adelante volveremos sobre este asunto.

Capítulo 3

La reflexividad en los mercados financieros

Como hemos visto en el capítulo anterior, la teoría económica clásica se basaba en el supuesto del conocimiento perfecto y en el concepto de equilibrio. Deseo acercar el análisis a la realidad reconociendo que los actores de los mercados financieros no pueden evitar introducir un sesgo en su proceso de toma de decisiones. Empleo el término «sesgo» para designar el elemento de juicio que entra en las expectativas de los actores del mercado. Cada actor del mercado se enfrenta a la tarea de poner un valor actual en un curso futuro de los acontecimientos, pero ese curso está supeditado a los valores actuales que todos los actores del mercado tomados en conjunto le atribuyen. Por eso los actores del mercado están obligados a basarse en un elemento de juicio. La característica importante del sesgo es que no es puramente pasivo: afecta al curso de los acontecimientos que se supone que refleja. Este componente activo falta en el concepto de equilibrio que emplea la teoría económica.

No es fácil trabajar con el concepto de sesgo. No puede medirse adecuadamente, porque no podemos saber cómo sería un mundo no sesgado. Diferentes personas trabajan con diferentes sesgos, pero es imposible trabajar sin un sesgo. Esto es válido aun en el caso límite en que un actor prevea con exactitud el futuro. Afortunadamente, en el mundo exterior existe una norma que ofrece una indicación —pero no una medida— del sesgo de los actores, a saber, el verdadero curso de los acontecimientos. Aunque no existe una realidad independiente del pensamiento de los actores, existe una realidad que depende de él. En otras palabras, existe una secuencia de acontecimientos que suceden realmente, y esa secuencia incorpora la repercusión del sesgo de los actores. El verdadero curso de los acontecimientos diferirá probablemente de las expectativas de los actores, y esa divergencia puede tomarse por una indicación del sesgo que está presente. Lamentablemente, sólo puede tomarse por una indicación —no la plena medida del sesgo— porque el curso real de los acontecimientos contiene ya los efectos del sesgo de los actores. Un fenómeno parcialmente observable y parcialmente sumergido en el curso de los acontecimientos tiene un valor limitado como instrumento de investigación científica. No podemos apreciar ahora por qué los economistas estaban tan deseosos de eliminarlo de su universo. Considero, sin embargo, que es la clave para comprender los mercados financieros.

El curso de los acontecimientos que intentan prever los actores de los mercados financieros está integrado por los precios del mercado. Éstos son fácilmente observables pero no pueden revelar, por sí mismos, nada acerca del sesgo de los actores. Para identificar el sesgo, es necesaria otra variable que no esté contaminada por el sesgo. La interpretación convencional de los mercados financieros postula esa variable: consiste en los principios fundamentales o fundamentos que se supone que los precios del mercado reflejan. Para simplificar, me atendré al mercado de valores. Las empresas tienen balances y beneficios y pagan dividendos. Se supone que los precios del mercado expresan las expectativas dominantes acerca de esos principios fundamentales. Disiento de esta interpretación, pero ofrece un excelente punto de partida para estudiar el sesgo de los actores.

Para los fines de este análisis, defino el equilibrio como la correspondencia entre las ideas de los actores y los principios fundamentales. Creo que esto concuerda con el concepto tal como se usa en la teoría económica. Los principios fundamentales que importan están en el futuro. No son los beneficios, los balances y los dividendos del último año lo que se supone que las cotizaciones de las acciones reflejan, sino la corriente futura de beneficios, dividendos y valores de activos. Esa corriente no está dada, y por tanto no es un objeto del conocimiento sino de la conjetura. Lo importante es que el futuro, cuando tenga lugar, habrá sido influido por la conjetura que lo ha precedido. La conjetura se expresa a través de los precios de las acciones, y los precios de las acciones tienen formas de afectar a los principios fundamentales. Argumentos semejantes pueden aplicarse a las monedas, el crédito y las mercancías, como veremos más adelante. (Para simplificar, centro el análisis inicial en el mercado bursátil.) Una empresa puede recaudar capital vendiendo acciones, y el precio al que las venda influirá en los beneficios por acción. El precio de las acciones ejerce también una influencia en los términos en que la empresa puede endeudarse. La empresa puede motivar también su gestión emitiendo opciones. La imagen de la empresa tal como está representada por el precio de sus acciones puede afectar de otras formas a lo esencial. Siempre que esto sucede, surge la posibilidad de una interacción reflexiva bidireccional y el equilibrio se convierte en un concepto engañoso porque los principios fundamentales dejan de ofrecer una variable independiente con la que el precio de las acciones pueda corresponderse. El equilibrio se convierte en un blanco móvil y la interacción reflexiva puede transformarlo en algo totalmente esquivo porque el movimiento del precio de las acciones puede impulsar a los principios fundamentales en la misma dirección en que se mueven las acciones.

El futuro que los actores del mercado intentan prever consiste principalmente en los precios de las acciones, no en los principios fundamentales. Los principios fundamentales sólo importan en la medida en que afectan a los precios de las acciones. Cuando los precios de las acciones encuentran una vía para afectar a los principios fundamentales, puede ponerse en marcha un proceso de autorreforzamiento que puede llevar tanto a los principios fundamentales como a los precios de las acciones muy lejos de lo que sería el equilibrio convencional. Esto justificaría el comportamiento seguidista que puede llevar a los mercados financieros a lo que denomino territorio lejos del equilibrio. La divergencia entre imagen y realidad, expectativas y resultados, se hace finalmente insostenible y el proceso se invierte. Lo importante es comprender que el comportamiento seguidista no es necesariamente irracional. Del mismo modo que ciertos animales tienen buenas razones para integrarse en manadas, así también los inversores. Sólo en los puntos de inflexión los seguidistas inconscientes resultan malparados, y si están lo bastante alerta es probable que sobrevivan. De igual modo, los inversores solitarios que vinculan su fortuna con los principios fundamentales, pueden ser arrollados por la manada.

Sólo ocasionalmente el precio de las acciones de una compañía en concreto puede afectar a los fundamentos de esa compañía como un perro que intenta morderse la cola. Es necesario examinar el cuadro más amplio para encontrar interacciones reflexivas que tengan lugar como regla y no como excepción. Por ejemplo, los movimientos monetarios tienden a validarse a sí mismos; la expansión y contracción del crédito tiende a seguir una pauta cíclica. Los procesos que se refuerzan a sí mismos —pero que finalmente son contraproducentes— son endémicos en los mercados financieros, pero no es frecuente que puedan documentarse adecuadamente.

Deseo usar a modo de ilustración un caso concreto tomado de *The Alchemy of Finance:* el llamado auge de los conglomerados, que alcanzó su apogeo a finales del decenio de 1960. En aquella época, los inversores estaban dispuestos a pagar un alto múltiplo de los beneficios por compañías que pudieran producir un rápido crecimiento de los beneficios por acción. Esta consideración, el crecimiento de los beneficios, pesó más en la mente de los inversores que los otros supuestos fundamentos, como los dividendos o los balances, y los inversores no discernían terriblemente acerca del modo en que se lograba el crecimiento de los beneficios por acción. Ciertas compañías lograron aprovechar este sesgo. Típicamente, los conglomerados eran compañías de defensa de alta tecnología que habían disfrutado de un rápido crecimiento de los beneficios en el pasado reciente y un múltiplo de beneficios consiguientemente elevado. Decidieron usar sus acciones de alta cotización para adquirir otras compañías cuyas acciones se vendían a un múltiplo inferior de los beneficios, lo que resultó en beneficios por acción más altos. Los inversores se dieron cuenta del crecimiento de los beneficios y concedieron múltiplos elevados a las acciones, lo que permitió a las empresas continuar el proceso. No tardó en haber muchos imitadores. Incluso empresas cuyas acciones comenzaban con un múltiplo de beneficios bajo podían alcanzar un múltiplo más alto con sólo anunciar su intención de convertirse en conglomerado. El auge había sido lanzado.

Al principio, el historial de cada empresa se juzgó según sus propios méritos, pero gradualmente los conglomerados pasaron a reconocerse como grupo. Surgió un nuevo tipo de inversor, los llamados gestores de fondos especulativos, o pistoleros, que desarrollaron una afinidad especial con las gestiones de conglomerados. Se abrieron líneas de comunicación directas entre ellos, y los conglomerados aprendieron a gestionar sus precios de las acciones además de sus beneficios. Las acciones subieron, pero la realidad no pudo finalmente sostener las expectativas. Las adquisiciones habían de ser cada vez más cuantiosas para mantener el impulso, y al final llegaron a sus límites de tamaño. El hecho culminante fue el intento de Saul Steinberg de adquirir el Chemical Bank: fue combatido y derrotado por el sistema.

Cuando las cotizaciones de las acciones comenzaron a bajar, el declive se alimentó de sí mismo. Los problemas internos que se habían barrido debajo de la alfombra durante el período de rápido crecimiento externo comenzaron a aflorar. Los informes sobre beneficios revelaron desagradables sorpresas. Los inversores se desilusionaron y, después de los momentos de expansión del éxito basado en las adquisiciones, pocos gestores estuvieron dispuestos a ponerse a trabajar en serio hasta soportar la carga de dirigir sus compañías. La situación se agravó debido a una recesión, y muchos conglomerados pujantes se desintegraron literalmente. Para entonces los inversores estaban dispuestos a creer en lo peor, y en algunos casos lo peor sucedió realmente. Pero en otros casos, la realidad resultó mejor que las expectativas y la situación se estabilizó finalmente, y las compañías supervivientes, a menudo con nuevos directivos, lograron salir lentamente de debajo de los escombros[1].

Usando el auge de los conglomerados a modo de paradigma, ideé un tipo ideal de secuencia expansión/depresión. La secuencia comienza con un sesgo dominante y una tendencia dominante. En el caso del auge de los conglomerados, el sesgo dominante era la preferencia por el rápido crecimiento de los beneficios por acción sin prestar mucha atención a cómo se lograba; la tendencia dominante

---

[1] *The Alchemy of Finance: Reading the Mind of the Market,* John Wiley & Sons, Nueva York, 1987, pág. 57.

era la capacidad de las compañías para generar un alto crecimiento de los beneficios por acción usando sus acciones para adquirir otras compañías en venta a un múltiplo inferior a los beneficios. En la etapa inicial (1), la tendencia no se reconoce todavía. A continuación viene el período de aceleración (2), en el que la tendencia se reconoce y se refuerza merced al sesgo dominante. Un período de corroboración (3) puede intervenir cuando los precios experimentan un retroceso. Si el sesgo y la tendencia se mantienen, ambos emergen más fuertes que nunca (4). Después viene el momento de la verdad (5), en el que la realidad no puede sostener ya las expectativas exageradas, seguido de un período de decadencia (6) en el que la gente continúa jugando el juego aunque ya no cree en él. Finalmente, se llega a un punto de inflexión (7) en el que la tendencia baja y el sesgo se invierte, lo que conduce a una aceleración catastrófica en dirección opuesta (8) llamada habitualmente «crack».

Gráfico 3.1

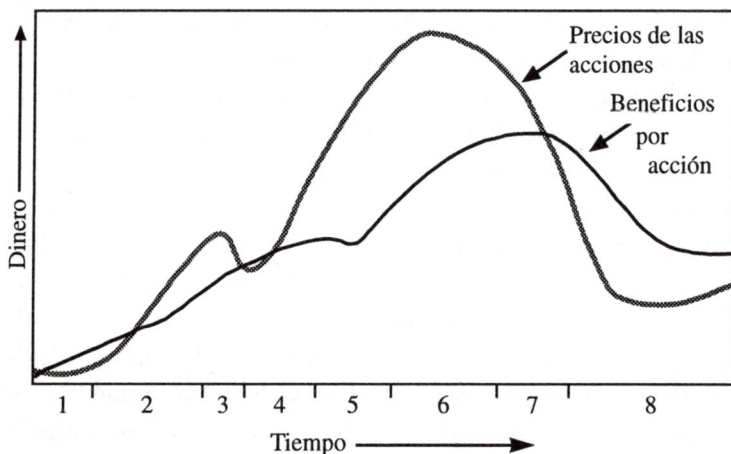

Esto se ilustra en el Gráfico 3.1, que presenta un caso ideal, aunque los diagramas de diversos conglomerados se ajustaban a él con bastante exactitud. No todos los procesos de expansión/depresión siguen el mismo modelo. En *The Alchemy of Finance,* describí otro caso ideal en el que el arriba y el abajo son más simétricos. Es típico de los mercados monetarios, en los que el arriba y abajo son más o menos reversibles. En realidad, interactúan diversos procesos reflexivos, que crean una pauta extraña y única. Cada caso es diferente y las curvas tienen tantas formas como casos hay. El súbito hundimiento de la confianza en los mercados financieros del Lejano Oriente en 1997, que transformó los fundamentos en toda Asia e incluso en el resto del mundo, es un ejemplo obvio, que analizaré más adelante.

El caso ideal que acabo de exponer no tiene nada de determinado. Las diversas etapas pueden tener diversas amplitudes y duraciones. Parece haber algo lógico en la secuencia de las diversas etapas: sería extraño encontrarse con un período de aceleración después del momento de la verdad o un punto de inflexión antes del momento de la verdad. Pero el proceso puede abortarse en cualquier momento; de hecho, puede no comenzar nunca. Tiene lugar merced a una interacción que se refuerza mutuamente entre el sesgo y la tendencia, el pensamiento y la realidad. En la mayoría de los casos, el mecanismo de retroalimentación reflexiva se autocorrige más que autorreforzarse. Una secuencia expansión/depresión con todas las de la ley es la excepción y no la regla, pero la reflexividad —ya sea autorreforzadora o autocorrectora— *sí* es la regla y es ignorada por el saber dominante. Por ejemplo, existe un elemento reflexivo en el auge actual de las acciones de Internet: la popularidad de Internet y de las acciones de Internet se reforzaban mutuamente. Existe una relación reflexiva semejante entre los beneficios empresariales y el uso de opciones de acciones para recompensar a los directivos. Es especialmente fuerte en el sector bancario.

De hecho, para comprender los mercados financieros, el concepto de reflexividad es mucho más apropiado que el concepto de equilibrio. Pero el concepto de equilibrio tiene su utilidad. De hecho, como hemos visto, sería difícil proyectar mucha luz sobre el mecanismo de retroalimentación sin invocar el concepto. El equilibrio, como los fundamentos, es una falacia fértil. Al fin y al cabo, no podríamos decir gran cosa sobre el sesgo de los actores sin introducir los fundamentos, aun cuando sostengo que los llamados fundamentos pueden ser influidos por el sesgo de los actores. El gráfico del auge de los conglomerados no tendría mucho sentido sin una línea que indicase los beneficios por acción (es decir, «los fundamentos»), aun cuando éstos estén influidos por los precios del mercado.

¿Qué es, pues, el equilibrio? Yo lo defino como el estado en que hay una correspondencia entre las expectativas y los resultados. El equilibrio es inalcanzable en los mercados financieros, pero tal vez sea posible establecer si una tendencia dominante conduce al equilibrio o aleja de él. Conocer ese extremo sería un gran avance en nuestra comprensión. Si podemos identificar una tendencia dominante y una divergencia entre las expectativas y los resultados, esto puede permitirnos predecir si la tendencia es hacia el equilibrio o desde el equilibrio. No es fácil hacerlo y no puede hacerse científicamente, aunque he descubierto que puede ser de utilidad adaptar la teoría del método científico de Popper. Para ello establezco una hipótesis (o tesis, para abreviar) como base de mis expectativas y las corroboro con el curso futuro de los acontecimientos. En mis tiempos de gestión activa del dinero, solía excitarme especialmente cuando captaba el aroma de un proceso que inicialmente se reforzaba a sí mismo pero finalmente se derrotaba a sí mismo. La boca comenzaba a hacérseme agua como si fuera un perro de Pavlov. Del mismo modo que se ha dicho que los economistas han predicho diez de las últimas tres recesiones, hice lo mismo con las secuencias expansión/depresión. Me equivocaba las más de las veces, porque no todas las situaciones se prestan a la formación de una tesis reflexiva, pero las contadas ocasiones en que tenía razón hacían que el esfuerzo mereciera la pena porque el potencial de beneficios era mucho mayor que en las situaciones cercanas al equilibrio. Así actuaba cuando era gestor de fondos. Se necesitaba imaginación, intuición y una actitud implacablemente crítica.

En *The Alchemy of Finance* documenté un ejemplo concreto: el caso de las sociedades de inversión en propiedad inmobiliaria (SIPI) a comienzos del decenio de 1970. El caso era extraordinario en varios aspectos. Publiqué un informe de corretaje que preveía un proceso de expansión/depresión, y después el guión se desarrolló, como una tragedia griega, exactamente como lo había previsto. Yo también era un jugador importante, que se beneficiaba plenamente del guión tanto en un sentido como en otro. Convencido por mi propio análisis de que la mayoría de los SIPI terminarían en la banca rota, continué vendiendo las acciones al descubierto a medida que descendían, para terminar ganando al final más del cien por cien con respecto a mis posiciones iniciales, una proeza aparentemente imposible.

Aun en las ocasiones en que mi tesis resultó ser falsa, pude salir a menudo con un beneficio porque mi actitud práctica me permitía identificar antes que otros los fallos de mi tesis. Cuando encontré el rastro, seguí la regla de invertir primero e investigar después. Cuando la tesis era verosímil, esto solía darme la oportunidad de volver con un beneficio porque había otras personas dispuestas a creer en ello. Reconocer un fallo en una tesis me reconfortaba; no conocer todos los puntos débiles en potencia me mantenía alerta, pues creía firmemente que todas las tesis deben ser intrínsecamente defectuosas.

Basándome en mi propia experiencia, establecí una hipótesis bastante interesante acerca del mercado de valores: postulé que el mercado de valores interpreta una adaptación de la teoría del método científico de Popper siguiendo unas líneas muy parecidas a las mías, con la diferencia de que no sabe que lo está haciendo. En otras palabras, adopta una tesis y la pone a prueba; cuando fracasa, como suele suceder, prueba con otra. Eso es lo que produce las fluctuaciones del mercado. Sucede en diversos niveles de significación y las pautas producidas son recursivas, de modo muy parecido a los fractales de Mandelbrot[2].

La tesis adoptada por el mercado es a menudo trivial; puede no equivaler a mucho más que decir que los precios de ciertas compañías, grupos o mercados enteros deberían subir o bajar. En estos casos, cuando un actor entiende por qué el mercado ha adoptado cierta tesis puede ser demasiado tarde: la tesis ha sido desechada ya. Es mucho mejor prever las fluctuaciones estudiando las pautas del mercado. Esto es lo que hacen los analistas técnicos. Nunca me ha interesado especialmente esto, y he preferido esperar una tesis no trivial, es decir, reflexiva. Naturalmente, el mercado había comenzado a desarrollarla antes de que yo pudiera formular esa tesis, pero aun así podía ir por delante del mercado al formularla. Estas tesis históricas reflexivas sólo se presentarían sin regularidad y habría largos períodos intermedios en los que lo mejor que podía hacer era no hacer nada.

---

[2] Estructuras recursivas en las que las configuraciones irregulares se repiten a todas las escalas.

No estoy seguro de mantener todavía una ventaja competitiva a la hora de reconocer las tesis históricas más generales, porque los actores del mercado son ya conscientes del potencial que atesora la reflexividad. Se ha producido un cambio perceptible, por ejemplo, para pasar de los fundamentos a las consideraciones técnicas. A medida que disminuye la creencia de los actores en la importancia de los fundamentos, el análisis técnico adquiere más importancia. Esto tiene algunas repercusiones para la estabilidad de los mercados, pero antes de examinarlas debo introducir una distinción que desempeña un papel fundamental en mi marco conceptual.

Deseo distinguir entre condiciones de casi equilibrio y lejos del equilibrio. He tomado prestados estos términos de la teoría del caos, con la que mi enfoque tiene ciertas afinidades. En condiciones de casi equilibrio, el mercado actúa con tesis triviales, por lo que un distanciamiento del equilibrio provocará probablemente un contramovimiento que lleve de nuevo a los precios hacia la posición en la que comenzaron. Estas fluctuaciones se asemejan a las ondas que se agitan en una piscina.

En cambio, si una tesis reflexiva logra consolidarse, afectará no sólo a los precios sino también a los fundamentos, y una inversión no tendrá como resultado la vuelta a la posición de partida. Se parecerá más a un terremoto que a un alud. Las secuencias expansión/ depresión en toda regla penetran en territorio lejos del equilibrio. Esto es lo que les da su significación histórica. ¿Dónde está la línea de demarcación?

El umbral del desequilibrio dinámico se cruza cuando una tendencia dominante en el mundo real comienza a depender de un sesgo dominante en las mentes de los actores, y viceversa. La tendencia y el sesgo se desarrollan entonces más allá de lo que habría sido posible en ausencia de una doble relación de retroalimentación y reflexiva. Por ejemplo, en el decenio de 1990 el entusiasmo de los inversores financieros y banqueros internacionales por las acciones y los activos asiáticos produjo expansiones de ámbito nacional espoleadas por altas valoraciones y créditos fáciles. Estas expansiones aceleraron el crecimiento en la zona e hicieron aumentar las valoraciones, lo que a su vez validó y fomentó nuevas entradas de capital desde el extranjero. Había, sin embargo, una pega: el auge no podría haberse desarrollado hasta donde lo hizo sin el apoyo informal del dólar que permitió a los países mantener un déficit comercial durante mucho más tiempo del que deberían haberlo hecho. Volveremos sobre este tema más adelante.

Un sesgo dominante no basta por sí mismo; debe hallar una forma de validarse estableciendo o validando una tendencia en el mundo real. Me doy cuenta de que lo que digo es tautológico: cuando está en marcha una doble retroalimentación, podemos hablar de un desequilibrio dinámico. Pero merece la pena hacer la observación: el pensamiento de los actores siempre está sesgado, pero no siempre se traduce en una secuencia expansión/depresión. Por ejemplo, el auge de los conglomerados podría haberse interrumpido si los inversores hubieran caído en la cuenta de que su concepto de los beneficios por acción estaba viciado en cuanto las empresas de conglomerado comenzaron a explotarlo. El auge asiático podría haberse reducido si los inversores y los prestamistas hubieran caído en la cuenta de que aunque las entradas de capital y los déficits de cuenta corriente de la región financiaban «inversiones productivas», estas inversiones sólo habrían seguido siendo productivas en la medida en que las entradas de capital pudieran sostenerse.

La historia no termina aquí. ¿Qué sucede cuando los actores del mercado reconocen la relación reflexiva entre los fundamentos y las valoraciones? Eso puede llegar a ser también un apunte de inestabilidad. Puede conducir al énfasis en los llamados factores técnicos para desatender los fundamentos y generar especulación seguidora de tendencias. ¿Cómo puede mantenerse la estabilidad? Sólo si se continúan basando en los fundamentos, a pesar de que están supeditados a nuestras valoraciones. Esto puede lograrse mediante la ignorancia. Si los actores del mercado no conocen la reflexividad, los mercados permanecen estables en la medida en que alguna laguna no permita el desarrollo de un proceso de expansión/depresión. ¿Cómo puede conservarse la estabilidad cuando los actores del mercado son conscientes de la reflexividad? La respuesta es que no puede ser obra de los actores del mercado exclusivamente; la conservación de la estabilidad debe convertirse en un objetivo de la política pública.

Puede comprobarse que el concepto de reflexividad es también reflexivo. La teoría económica ha promovido realmente la tendencia al equilibrio ignorando la reflexividad y potenciando la importancia de los fundamentos. En cambio, mi razonamiento conduce a la conclusión de que los mercados no pueden dejarse a sus propios recursos. La conciencia de la reflexividad sólo sirve para aumentar la reflexividad a menos que las autoridades sean igualmente conscientes e intervengan cuando la inestabilidad amenace con irse de la mano.

El problema de la inestabilidad se agudiza. La creencia en los fundamentos se está erosionando y el comportamiento seguidista está en alza. Es fomentado por la creciente influencia de los inversores institucionales cuyo rendimiento se mide por su rendimiento relativo y no por el absoluto, y por los grandes bancos centrales monetarios que actúan como creadores de mercado en divisas y derivados: se benefician de la mayor inestabilidad tanto como creadores de mercado como en cuanto mecanismos de cobertura. El papel de los fondos de cobertura es más ambivalente: en cuanto usuarios del apalancamiento, contribuyen a la inestabilidad, pero en la medida en que están motivados por el rendimiento absoluto y no por el rendimiento relativo, a menudo van contra la corriente. Dado que los mercados financieros se desarrollan también de manera histórica, el peligro del aumento de la inestabilidad no debe tomarse a la ligera. Me ocupo de ello en los capítulos que tratan del sistema capitalista global, pero antes es necesario examinar con un poco más de detenimiento la reflexividad y las pautas históricas.

Capítulo 4

La reflexividad en la historia

Interpreto los mercados financieros como un proceso histórico. Creo que mi interpretación tiene también cierta relevancia para la historia en general, por lo que entiendo no sólo la historia del género humano, sino todas las formas de interacción humana. Las personas actúan sobre la base de un conocimiento imperfecto y su interacción con las demás es reflexiva.

Como ya he señalado, podríamos clasificar los acontecimientos en dos categorías: acontecimientos rutinarios, cotidianos que no provocan un cambio en las percepciones, y acontecimientos únicos, históricos que afectan al sesgo de los actores y conducen a nuevos cambios en la situación del momento. La distinción es tautológica pero útil. La primera clase de acontecimiento es susceptible de un análisis de equilibrio, la segunda no: sólo puede entenderse como parte de un proceso histórico.

En los acontecimientos cotidianos, ni la función participativa ni la función cognitiva experimentan cambios significativos. En el caso de los hechos únicos, históricos, ambas funciones actúan simultáneamente de tal modo que ni las opiniones de los actores ni la situación a la que se refieren siguen siendo las mismas que antes. Esto es lo que justifica la descripción de tales acontecimientos como históricos.

El proceso histórico, tal como yo lo entiendo, es abierto. Cuando en una situación intervienen actores pensantes, la secuencia de acontecimientos no conduce directamente de un conjunto de hechos al siguiente, sino que conecta los hechos con las percepciones y las percepciones con los hechos según una pauta de lazada. Pero la historia es una clase muy peculiar de lazada. Los dos lados del zapato no están hechos del mismo material; de hecho, sólo un lado es material, mientras que el otro está formado por las ideas de los actores. Los dos lados no pasan y las divergencias entre ellos determinan la forma de los acontecimientos que los mantienen unidos. Los nudos que se han atado ya tienen una forma determinada, pero el futuro es abierto. Esto es muy distinto de los fenómenos naturales para los cuales pueden usarse las mismas leyes universalmente válidas para explicar el pasado y predecir el futuro.

Debe reconocerse que esta teoría de la historia como cordón de zapato es una especie de dialéctica entre nuestros pensamientos y la realidad. Puede interpretarse como una síntesis de la dialéctica de las ideas de Hegel y el materialismo dialéctico de Marx. Hegel propuso la dialéctica de una idea que conduce finalmente al fin de la historia: la libertad. Marx, o más exactamente Engels, ofrecieron la antítesis al afirmar que las condiciones y las relaciones de producción determinan la superestructura ideológica. La teoría del cordón de zapato podría considerarse una síntesis. En vez de que los pensamientos o las condiciones materiales evolucionen de manera dialéctica por sí solos, es la interacción entre las dos lo que produce un proceso dialéctico. La única razón por la que no uso el término dialéctica de manera más destacada es que no deseo ser entorpecido por el exceso de equipaje que conlleva. Al fin y al cabo, Marx propuso una teoría determinista de la historia que es diametralmente opuesta a mi posición. La interacción entre lo material y lo ideal es interesante exactamente porque estos dos conceptos *no* se corresponden ni se determinan el uno al otro. La falta de correspondencia hace que el sesgo de los actores sea una fuerza causal en la historia. Las equivocaciones, las interpretaciones incorrectas y los errores de los actores desempeñan el mismo papel en los acontecimientos históricos que las mutaciones genéticas en los acontecimientos biológicos: hacen la historia.

Expansión/depresión

Sostengo que el proceso de expansión/depresión es tan pertinente para la historia en general como para los mercados financieros. Huelga decir que no es el único camino que la historia puede seguir. También es posible que el sesgo dominante y la tendencia dominante sean inicialmente autocorrectoras, de tal modo que el proceso de expansión/depresión no llegue a empezar siquiera. Alternativamente, el sesgo puede corregirse en una etapa temprana. Este proceso de autocorrección es menos espectacular pero más frecuente. La mayoría de los hechos históricos no tienen una forma o pauta regulares. Esto se debe a que la realidad es infinitamente compleja y cualquier proceso al que prestemos atención interactúa con varios procesos más.

El proceso de expansión/depresión adquiere una significación especial porque vincula las condiciones de casi equilibrio con las de lejos del equilibrio. Puedo demostrar su presencia en la historia mediante un ejemplo concreto: el ascenso y la caída del sistema soviético. Intervine activamente en los últimos coletazos del proceso y me guiaba la teoría de la historia que aquí expongo. Desarrollé una interpretación de la expansión/depresión, que publiqué en *Opening the Soviet System* en 1990. He aquí lo que decía:

> El sesgo inicial y la tendencia inicial condujeron hacia una sociedad cerrada. Hubo una relación que se reforzaba mutuamente entre la rigidez del dogma y la rigidez social dominante. El sistema alcanzó su cenit en los últimos años del régimen de Stalin. Lo abarcaba todo: era una forma de gobierno, un sistema económico, un imperio territorial y una ideología. El sistema era integral, aislado del mundo exterior y rígido. Pero la brecha entre la situación real y su interpretación oficial era lo bastante amplia para hablar de un caso de desequilibrio estático.
>
> Tras la muerte de Stalin hubo un breve momento, el momento de la verdad, cuando Jruschov reveló parte de la verdad sobre el régimen de Stalin, pero finalmente la jerarquía se reafirmó. Comenzó un período de ocaso, en el que el dogma se conservó por métodos administrativos pero ya no se reforzó por la fe en la validez. Es interesante señalar que la rigidez del sistema aumentó aún

más. Mientras había habido un totalitario vivo al timón, la línea del partido comunista pudo cambiar a su antojo. Pero ahora que el régimen era conducido por burócratas, esa flexibilidad se había perdido. Al mismo tiempo, el terror que obligó a la gente a aceptar el dogma comunista también se mitigó, y comenzó un sutil proceso de descomposición. Las instituciones comenzaron a competir para colocarse. Puesto que ninguna de ellas gozaba de verdadera autonomía, hubieron de emprender una especie de trueque con las demás instituciones. Un complejo sistema de regateo institucional sustituyó gradualmente a lo que se suponía que era la planificación central. Al mismo tiempo, se desarrolló una economía informal que complementó y cubrió las lagunas que dejaba el sistema formal. Este período de ocaso es lo que ahora se llama período de estancamiento. La insuficiencia del sistema se hizo cada vez más evidente y la presión por las reformas aumentó.

Las reformas aceleraron el proceso de desintegración, porque introdujeron o legitimaron alternativas, en tanto que la supervivencia del sistema dependía de la ausencia de alternativas. Las reformas económicas disfrutaron dc un período de éxito inicial en todos los países comunistas, con la notable excepción de la propia Unión Soviética. Los reformadores chinos dieron a esta fase el nombre de «período dorado», durante el cual la masa de capital existente se reorientó para satisfacer las necesidades de los consumidores. Pero todos los movimientos reformistas se basan en un error: no se puede reformar el sistema porque no permite la asignación económica de capital. Cuando se ha orientado la capacidad existente, el proceso de reforma comienza a tener dificultades.

Puede entenderse porqué esto debía ser así. El comunismo pretendía ser un antídoto para el capitalismo, que había alienado al obrero de los medios de producción. Todos los bienes pasaron a manos del Estado, y el Estado era una encarnación del interés colectivo tal como era definido por el Partido. Así pues, el Partido se ponía al mando de la asignación del capital. Esto significaba que el capital se asignaba no por razones económicas, sino por razones de un dogma político, casi religioso. La mejor analogía es con la construcción de las pirámides de los faraones: la proporción de recursos destinados a la inversión se maximizaba, mientras el beneficio económico derivado de ella permanecía en un valor mínimo. Otra semejanza era que las inversiones adoptaban la forma de proyectos monumentales. Podemos contemplar las gigantescas presas hidroeléctricas, las acerías, las salas de mármol del metro de Moscú y los rascacielos de la arquitectura estalinista como otras tantas pirámides construidas por un moderno faraón. Las centrales hidroeléctricas producen energía, y las acerías producen acero, pero si el acero y la energía se usan para producir más presas y más acerías, el efecto sobre la economía no es muy distinto del de la construcción de pirámides.

Nuestro marco teórico nos dice que en condiciones lejanas al equilibrio de una sociedad cerrada debe haber distorsiones que sería inconcebible en una sociedad abierta. ¿Qué mejor demostración podría pedirse que la economía soviética? El sistema comunista no atribuye valor alguno al capital; más exactamente, no reconoce el concepto de propiedad. En consecuencia, la actividad económica en el sistema soviético simplemente no es económica. Para que esto ocurra, es necesario privar al Partido de su papel de guardián y asignador del capital. Fue en este punto donde todos los intentos de reforma se fueron necesariamente al traste.

Es interesante señalar que el fracaso de los intentos de reforma económica sirvieron para acelerar el proceso de desintegración porque demostraron la necesidad de reformas políticas. Con la llegada de la *perestroika* en la Unión Soviética, el proceso de desintegración entró en su fase terminal porque la reforma era principalmente política, y como ya he observado, no estaba ya el período dorado, por lo que la reforma reportó escasos o nulos beneficios económicos. A medida que el nivel de vida comenzó a descender, la opinión pública se volvió contra el régimen, lo que condujo a una desintegración catastrófica que culminó en el desmoronamiento total de la Unión Soviética.

La pauta es casi idéntica a la que podemos observar en los mercados financieros, con una diferencia fundamental: en los mercados financieros, el proceso de expansión/depresión parece manifestarse como un proceso de aceleración, mientras que en el caso de la Unión Soviética el ciclo completo comprendía dos fases, la primera un proceso de ralentización que culminó en el punto muerto del régimen de Stalin y la segunda un proceso de aceleración que condujo a un proceso de desmoronamiento catastrófico[1].

Pasaba después a explicar que un proceso semejante de expansión/depresión en dos fases puede hallarse en los mercados financieros. Citaba el caso del sistema bancario de Estados Unidos, que pasó a estar rígidamente regulado tras su hundimiento en 1933, tras lo cual tardó unos 35 años en cobrar vida. Tras la crisis del petróleo y la expansión del decenio de 1970, durante el cual los bancos sirvieron para reciclar los excedentes de los países productores de petróleo, el sistema bancario osciló hasta el desequilibrio dinámico. Lo importante de esta comparación exagerada entre el ascenso y la decadencia del sistema soviético y el ascenso y la decadencia del sistema bancario estadounidense era mostrar que las condiciones de distancia del equilibrio pueden prevalecer en cualquiera de los dos sistemas del cambio y el inmovilismo. La sociedad cerrada es el anverso de la revolución y el caos; un proceso reflexivo está presente en ambos extremos, y la diferencia pertenece a la escala temporal. En una sociedad cerrada, sucede poco durante un largo período, en una revolución suceden muchas cosas durante un breve período. En cualquiera de estos casos, las percepciones están muy lejos de la realidad.

Ésta es una idea importante. Cuando se examinan los procesos de expansión/depresión en el contexto de los mercados financieros, nos vemos inducidos normalmente a pensar en términos de aceleración. Pero la tendencia puede expresarse también en forma de desaceleración o ausencia de cambio. Una vez que adquiriésemos conciencia de esta posibilidad, podríamos encontrar incluso un ejemplo real en el mercado de valores: los valores bancarios en la gran depresión de 1972[2]. En la historia, los casos de inmovilismo o desequilibrio estático son mucho más habituales.

---

[1] Condensado del Capítulo 4 de George Soros, *Opening the Soviet System,* Weidenfeld & Nicolson, Londres, 1990.

[2] Me encontré con un caso semejante en Suecia en 1960, y tuve el privilegio de desempeñar el papel de Príncipe Azul que despierta a la Bella Durmiente. El mer-

Un marco conceptual

Esta idea sobre las situaciones de desequilibrio es útil para establecer un marco conceptual que divide las situaciones históricas en tres categorías: desequilibrio estático, casi equilibrio y desequilibrio dinámico. La posibilidad de un equilibrio estático ha sido descartada por el hecho de que los actores siempre basan sus decisiones en una interpretación sesgada de la realidad. Esto deja tres posibilidades.

La primera es que la interacción reflexiva entre las funciones cognitiva y participativa impida que el pensamiento y la realidad se distancien demasiado. La gente aprende de la experiencia; actúa basándose en ideas sesgadas, pero interviene un proceso decisivo que tiende a corregir el sesgo. El conocimiento perfecto sigue siendo inalcanzable, pero al menos hay una tendencia al equilibrio. La función participativa garantiza que el mundo real, tal como lo experimentan los actores, esté cambiando constantemente, y sin embargo la gente posee una base suficientemente adecuada en una serie de valores fundamentales que el sesgo de los actores no puede alejarse demasiado de la línea de los acontecimientos reales. Por eso hablo de casi equilibrio. Esta situación es característica de una sociedad abierta como el mundo occidental moderno. Esa sociedad está estrechamente relacionada con un modo de pensamiento crítico. Podríamos decir que ésta es la relación «normal» ente el pensamiento y la realidad, porque estamos familiarizados con ella a partir de nuestra propia experiencia.

---

cado de valores sueco estaba totalmente aislado del resto del mundo; había que vender las acciones suecas que se tenían en el extranjero para comprar acciones suecas en Suecia. Las compañías podían retener sus beneficios sin pagar impuestos creando diversas reservas, pero no podían usar estas reservas para aumentar sus dividendos. Las acciones se valoraban sobre la base de la rentabilidad de sus dividendos. En consecuencia, había tremendas divergencias en los ratios cotización/beneficios y las mejores compañías estaban excesivamente infravaloradas hasta que llegó el Príncipe Azul. Las acciones suecas que se retenían en el extranjero subieron hasta una alta prima, pero debido a las restricciones sobre el comercio, el interés que desperté no pudo ser satisfecho y el mercado volvió finalmente a su sueño hasta que se cambiaron las normas.

Podemos encontrarnos también con situaciones en las que las ideas de los actores estén muy lejos de la manera en que las cosas realmente son, y unas y otras no muestren tendencia alguna a acercarse; en algunas circunstancias pueden incluso alejarse más. En un extremo hay regímenes que actúan con un sesgo ideológico y no están dispuestos a adaptarlo a las circunstancias cambiantes. Intentan forzar la realidad para que se ajuste a su marco conceptual aun cuando no sea posible tener éxito. Bajo la presión del dogma dominante, las condiciones sociales pueden llegar a ser también bastante rígidas, pero es probable que la realidad continúe bastante alejada de su interpretación autorizada. De hecho, en ausencia de un mecanismo corrector, una y otra pueden separarse aún más porque ninguna dosis de coacción puede impedir los cambios en el mundo real. Esta situación es característica de una sociedad cerrada como el Egipto de la antigüedad o la Unión Soviética. Puede describirse como desequilibrio estático.

En el otro extremo, los acontecimientos pueden desarrollarse con tal rapidez que la comprensión de los actores no pueda mantenerse a su altura y la situación quede fuera de control. La divergencia entre las ideas dominantes y las condiciones reales puede llegar a ser insostenible, precipitando alguna revolución o algún otro tipo de crisis. Una vez más, hay una amplia divergencia entre el pensamiento y la realidad, pero será forzosamente transitoria. El antiguo régimen que ha sido barrido será sustituido finalmente por un nuevo régimen. Esto puede describirse como un caso de cambio de régimen, o desequilibrio dinámico.

La división tripartita que he introducido puede compararse con los tres estados en que se encuentra el agua en la naturaleza: líquido, sólido y gaseoso. La analogía puede ser exagerada, pero es fascinante. Para que tenga sentido, es necesario identificar las dos líneas de demarcación que separan las situaciones de casi equilibrio y de lejanía de equilibrio. En el caso del agua, las líneas de demarcación se expresan en grados de temperatura. En el caso de la historia, las líneas de demarcación no pueden ser tan precisas y cuantitativas, pero deben proporcionar una distinción observable; de otro modo, todo el marco se convierte en una simple fantasía.

Regímenes

Para establecer lo que Popper habría llamado criterio de demarcación, debemos examinar primero qué es lo que se delimita. Introduzco para tal fin el concepto de régimen. Un régimen es un conjunto de condiciones sociales que coinciden lo suficiente para poder decir que coexisten en la realidad, aunque de acuerdo con mi hipótesis de trabajo habrá forzosamente algo deficiente o ausente en su relación, de tal modo que portarán las semillas de su propia destrucción. El término régimen es impreciso pero no obstante útil. Puede aplicarse a una amplia gama de situaciones. Puede haber regímenes políticos que dominen en países concretos o países concretos pueden unirse en regímenes más amplios como la guerra fría. Puede haber regímenes en la vida de las instituciones y en la vida de los individuos. Un matrimonio puede considerarse un régimen. Los regímenes no tienen fronteras fijas; se superponen y suceden. Son diferentes de las máquinas, que son sistemas auténticamente cerrados. Un régimen puede considerarse un intento de introducir algún tipo de cierre en lo que es un sistema intrínsecamente abierto, algún conjunto de reglas que prevalece en una relación en concreto sobre un período de tiempo lo bastante prolongado para ser perceptible. El régimen tiene que ver con la reglamentación y las reglas. Los regímenes tienen dos aspectos: la manera en que la gente piensa y la manera en que las cosas son realmente. Los dos aspectos interactúan de manera reflexiva: el modo de pensar influye en la situación real, y viceversa, sin que se alcance nunca una correspondencia entre ambos.

Tipos ideales

Hace unos cuarenta años, a comienzos de 1960, construí modelos teóricos de sociedad, a los que ahora llamaría regímenes, basados en diferentes actitudes hacia el cambio histórico. Distinguía entre un modo de pensamiento tradicional, que ignoraba la posibilidad de cambio y aceptaba la situación dominante como la única posible; un modo crítico, que exploraba al máximo las posibilidades de cambio; y un modo dogmático, que no podía tolerar la incertidumbre. Sostenía que diferentes formas de organización social se corresponden con estos modos de pensamiento; las llamaba sociedad orgánica, sociedad abierta y sociedad cerrada. Huelga decir que la correspondencia entre los modos de pensamientos y las estructuras sociales no era en modo alguno perfecta. Tanto la sociedad abierta como la sociedad cerrada dejaban algo que desear en la relación entre la realidad y el pensamiento que sólo podía hallarse en la otra. La sociedad abierta ofrecía la certidumbre y la permanencia que faltaban en una sociedad abierta, y la sociedad abierta ofrecía la libertad que se le negaba al individuo en una sociedad cerrada. En consecuencia, los dos principios de la organización social se oponían. La sociedad abierta reconoce nuestra falibilidad; la sociedad cerrada la niega. Es imposible decir cuál tiene razón. Sólo se puede juzgar por las consecuencias, pero dada la ubicuidad de las consecuencias no buscadas incluso ese criterio es poco fiable. Se trata de una elección auténtica, y me decanté firmemente del lado de la sociedad abierta[3].

La sociedad abierta

Cuando fundé el Open Society Fund en 1979, su misión, tal como la formulé en aquel entonces, era ayudar a abrir las sociedades cerradas, ayudar a hacer más viables las sociedades abiertas y fomentar un modo de pensamiento crítico. Tras un comienzo frustrado en Suráfrica, me concentré en los países que estaban bajo el régimen comunista, especialmente mi país natal, Hungría. Mi fórmula era sencilla: cualquier actividad o asociación que no estuviera bajo la supervisión o el control de las autoridades creaba alternativas y, por tanto, debilitaba el monopolio del dogma. Mi fundación en Hungría, creada en 1984 en forma de empresa conjunta con la Academia de

---

[3] Sociedad abierta y sociedad cerrada constituyen tipos ideales. La confección de modelos de tipos ideales es un método legítimo para el estudio de la sociedad. Fue legitimado por Max Weber y empleado por profesionales tan actuales como Ernest Gellner. Tiene la ventaja —o el inconveniente— de que puede desempeñar no sólo un papel informativo sino también normativo. La competencia perfecta tal como la postula la teoría económica es uno de esos tipos ideales.

Ciencias húngara, actuó como patrocinadora de la sociedad civil. No sólo respaldó a la sociedad civil, sino que la sociedad civil la apoyó a ella; en consecuencia, estuvo exenta de muchas de las consecuencias desfavorables no buscadas que las fundaciones pueden sufrir. Atraído por su éxito, me convertí en filántropo a pesar de mi actitud crítica hacia la filantropía. Cuando el imperio soviético comenzó a desmoronarse, me lancé a la palestra. Me di cuenta de que en un período revolucionario es posible hacer cosas que serían inconcebibles en otros momentos. Pensé que con la ayuda de mi teoría de la expansión/depresión entendía la situación mejor que la mayoría de los demás, tenía claros mis objetivos y disponía de los medios financieros. Esto me situaba en una posición única y no regateé esfuerzos. Multipliqué por cien el tamaño de mis fundaciones en el lapso de unos años.

Sólo en el transcurso del desplome soviético descubrí un defecto en mi marco conceptual. Trataba la sociedad abierta y la sociedad cerrada como alternativas. La dicotomía podría haber sido apropiada durante la guerra fría, cuando dos principios de organización social diametralmente opuestos se enfrentaban en un conflicto encarnizado, pero no encajaba en las condiciones que han reinado desde el fin de la guerra fría.

Me vi obligado a caer en la cuenta de que el desplome de una sociedad cerrada no conduce automáticamente al establecimiento de una sociedad abierta; por el contrario, puede conducir a la crisis de autoridad y a la desintegración de la sociedad. Un Estado débil puede constituir una amenaza tan grande para la sociedad abierta como un Estado autoritario [4]. En vez de una dicotomía entre sociedad abierta y cerrada, la sociedad abierta se convierte en una idea que está amenazada desde más de un flanco.

El surgimiento de un sistema capitalista cada vez más global en el decenio de 1990 confirmó esa conclusión. Me sentí obligado a emprender un minucioso reexamen, y el marco que presento en estas páginas es el resultado de ese proceso. Imagino ahora que la sociedad abierta ocupa un precario terreno intermedio en el que está

_____

[4] Stephen Holmes, «What Russia Teaches Us Now: How Weak States Threaten Freedom», *The American Prospect,* julio-agosto de 1997, págs. 30-39.

amenazada por creencias dogmáticas de todas clases, unas que impondrían una sociedad cerrada, otras que conducen a la desintegración de la sociedad. La sociedad abierta representa una situación de casi equilibrio; las alternativas no sólo incluyen el desequilibrio estático de la sociedad cerrada sino también un desequilibrio dinámico. Era consciente de ciertas deficiencias en las sociedades abiertas que podían conducir a su crisis, pero suponía que la crisis conduciría a la formación de una sociedad cerrada. No me daba cuenta de que las condiciones de desequilibrio dinámico podían persistir indefinidamente o, más exactamente, que una sociedad podía estar al borde del caos sin ir realmente más allá. Había sido un curioso descuido por mi parte, pues era consciente de la afirmación de la teoría de los sistemas evolutivos según la cual la vida se produce al borde del caos. El marco que presento aquí pretende corregir el error de mi anterior formulación.

Líneas de demarcación

Estamos preparados ya para volver a la cuestión principal que planteé más atrás: ¿qué separa las condiciones de casi equilibrio y lejanía del equilibrio? ¿Cuándo una secuencia de expansión/depresión o algún otro proceso de desequilibrio destruye las condiciones de casi equilibrio de sociedad abierta? Hemos visto que la interacción bidireccional entre el pensamiento y la realidad puede conducir fácilmente a excesos en la dirección tanto de la rigidez como del caos. Debe haber un ancla que impida que el pensamiento de los actores sea arrastrado demasiado lejos de la realidad para que prevalezca una sociedad abierta. ¿Cuál es esa ancla?

Para responder a esta pregunta, debemos distinguir entre expectativas y valores. Al fin y al cabo, las decisiones se basan no sólo en las percepciones de la realidad de las personas sino también en los valores que producen. En el caso de las expectativas, es fácil identificar el ancla: es la propia realidad. En la medida en que las personas se dan cuenta de que hay una diferencia entre el pensamiento y la realidad, los hechos proporcionan un criterio para juzgar la validez de las expectativas de las personas. La reflexividad puede convertir los hechos en impredecibles, pero una vez que han pasado, se convierten en algo singularmente determinado, de tal manera que pueden usarse para decidir si nuestras predicciones fueron correctas.

En condiciones de desequilibrio estático, el pensamiento y la realidad están muy separados entre sí y no muestran tendencia alguna a acercarse. En una sociedad cerrada, las expectativas no pueden anclarse a la realidad, porque las expectativas que se desvían del dogma oficial no pueden ni siquiera expresarse. Existe una distancia entre la versión oficial de la realidad y los hechos; su eliminación lleva un inmenso alivio y una sensación de liberación.

En condiciones de desequilibrio dinámico, tenemos la situación opuesta; la situación cambia con demasiada rapidez para ser comprendida por la gente, haciendo que aparezca una distancia entre el pensamiento y la realidad. La interpretación de los acontecimientos no puede mantener el ritmo de los acontecimientos; la gente se desorienta y los acontecimientos quedan fuera de control. Así pues, la realidad no puede actuar ya como ancla para las expectativas. Esto es lo que sucedió durante la desintegración del sistema soviético. Tal como argumento en el Capítulo 7, creo que el sistema capitalista global ha pasado ya al desequilibrio dinámico. Pero primero debemos pasar de las expectativas a la otra posible ancla para la sociedad abierta, a saber, el ancla de los valores éticos y morales.

La cuestión de los valores

¿Podemos distinguir entre el papel de los valores en situaciones de casi desequilibrio y de desequilibrio? Me muevo aquí de nuevo en terrenos resbaladizos, por razones tanto subjetivas como objetivas, y mi razonamiento es más provisional. He mencionado ya la consideración subjetiva: mi formación ha sido de economista y siempre he luchado para entender qué relación guardan los valores del mercado con los valores que guían las decisiones en otras esferas de la existencia, sociales, políticas o personales. A menudo me siento realmente desconcertado y sospecho que no soy el único que lo está. Parece que hay mucha confusión en la sociedad contemporánea en relación con los valores en general y con la relación entre los valores del mercado y los valores sociales en particular. Así pues, la dificultad subjetiva se funde con la objetiva. Permítaseme enunciar el problema tal como lo veo, primero en el nivel teórico y después en el práctico.

En el nivel teórico, la cognición tiene un criterio objetivo, a saber, la realidad, por el que puede ser juzgada. Como hemos visto, el criterio no es totalmente independiente, pero es lo bastante independiente para poder llamarlo objetivo: ningún actor está en condiciones de imponer su voluntad sobre el curso de los acontecimientos. En cambio, los valores no pueden juzgarse de acuerdo con ningún criterio objetivo porque no se supone que se correspondan con la realidad: los criterios por los que se les juzga están contenidos en los propios valores.

Puesto que los valores no están construidos por la realidad, pueden variar de acuerdo con una gama mucho más amplia que las ideas cognitivas. Esto es lo que hace que cualquier examen de los valores sea tan difícil. La teoría económica hizo bien en tomarlos como algo dado. Con la ayuda de ese mecanismo metodológico, la teoría económica estableció el concepto de equilibrio. Aunque me he mostrado crítico en relación con el concepto, ha sido indispensable para mi análisis. He podido mostrar cómo las condiciones distantes del equilibrio podían surgir en los mercados financieros sólo porque el concepto de equilibrio del que la realidad podía divergir estaba bien desarrollado. No se dispone de ningún concepto semejante para el sector no mercado de la sociedad.

En el nivel práctico, nuestra sociedad contemporánea parece sufrir una deficiencia aguda de valores sociales. Naturalmente, la gente se ha quejado del descenso de la moralidad a lo largo de la historia, pero hay un factor en juego que hace que el presente sea distinto de épocas anteriores. No es otro que la difusión de los valores del mercado. Los valores del mercado han penetrado en áreas de la sociedad que antes estaban regidas por consideraciones ajenas al mercado. Tengo en mente las relaciones personales, la política y profesiones como el derecho y la medicina. Por otra parte, se ha producido una transformación sutil y gradual, pero no obstante profunda, en la manera en que actúa el mecanismo del mercado. En primer lugar, las relaciones duraderas han sido sustituidas por transacciones individuales. El almacén donde propietario y cliente se conocen se ha rendido ante el supermercado y más recientemente ante Internet. En segundo lugar, las economías nacionales han sido sustituidas por una economía internacional, pero la comunidad internacional, en la medida en que exista, comparte pocos valores sociales.

La sociedad transaccional

La sustitución de las relaciones por transacciones es un proceso histórico en curso que nunca se llevará hasta su conclusión lógica pero que está bien avanzado, mucho más avanzado que a comienzos del decenio de 1960 cuando llegué a Estados Unidos y pensé por primera vez en él. Llegaba de Inglaterra y me sorprendió la diferencia: en Estados Unidos era mucho más fácil entablar y abandonar las relaciones. La tendencia ha avanzado considerablemente desde aquellos tiempos. Sigue habiendo matrimonios y familias, pero en la banca de inversión, por ejemplo, las transacciones han sustituido casi por completo a las relaciones. Esto ofrece el ejemplo más claro posible de los cambios que tienen lugar en otras muchas otras instituciones sociales.

En la City de Londres en la década de 1950, era prácticamente imposible concertar negocio alguno sin tener previamente una relación. No se trataba de lo que se conocía sino de a quién se conocía. Esa fue la principal razón por la que me marché de Londres: puesto que no estaba bien relacionado en Londres, mis posibilidades eran mucho mejores en Nueva York. En un breve período, entablé contactos comerciales regulares con destacadas empresas aunque trabajaba en una casa de corretaje relativamente desconocida. Nunca podría haberlo hecho en Londres. Pero incluso en Nueva York, la suscripción en firme de emisiones seguía regida totalmente por las relaciones: las empresas participaban en agrupaciones según cierta jerarquía, y era un acontecimiento importante el que una empresa subiera o bajara un segmento. Todo esto ha cambiado. Cada transacción tiene valor en sí misma y los bancos de inversión compiten por cada fragmento de negocio.

La diferencia entre transacciones y relaciones ha sido bien analizada por la teoría del juego en forma del llamado dilema del prisionero. Dos pillos han sido capturados y están siendo interrogados. Si uno proporciona pruebas contra el otro, puede obtener la reducción de la condena pero es más seguro que el otro sea condenado. Les irá mejor a los dos unidos si se mantienen leales el uno hacia el otro, pero cada uno de ellos por separado puede obtener beneficios a costa del otro. En el caso de una transacción individual, puede ser racional traicionar; en una relación duradera reporta beneficios ser leal. El análisis muestra cómo el comportamiento cooperativo puede desarrollarse con el paso del tiempo pero también puede usarse para mostrar que la cooperación y la lealtad pueden ser socavadas al sustituirse las relaciones por transacciones[5].

Todo esto tiene que ver con la pregunta original acerca de las líneas de demarcación que definen el desequilibrio social y el papel afianzador de los valores. Tenemos tendencia a dar por supuestos los valores sociales o morales. Nos referimos a ellos como algo intrínseco o fundamental, con lo que queremos decir que su validez es de alguna manera independiente de la situación dominante. Como he señalado más arriba, nada puede estar más lejos de la verdad. Los valores son reflexivos. Están influidos por las condiciones sociales y, a su vez, desempeñan un papel en hacer que las condiciones sociales sean las que son. La gente puede creer que Dios entregó los diez mandamientos y la sociedad será más justa y estable si así lo cree. A la inversa, la ausencia de limitaciones morales puede generar inestabilidad.

Una sociedad transaccional debilita los valores sociales y atenúa las limitaciones morales. Los valores sociales expresan una preocupación por los demás. Suponen que el individuo pertenece a una comunidad, ya sea una familia, una tribu, una nación o la humanidad, cuyos intereses deben tener prioridad sobre los intereses personales del individuo. Pero una economía de mercado transaccional, es cualquier cosa menos una comunidad. Todo el mundo debe defender sus intereses, y los escrúpulos morales pueden llegar a ser un estor-

---

[5] Anatol Rapoport y Albert M. Chammah, con la colaboración de Carol J. Orwant, *Prisoner's Dilemma: A Study in Conflict and Cooperation,* University of Michigan Press, Ann Arbor, MI, 1965.

bo en un mundo caracterizado por una competencia brutal. En una sociedad puramente transaccional, las personas que no se sientan abrumadas por alguna consideración por los demás pueden moverse con más facilidad, y es probable que tomen ventaja.

Debe señalarse, sin embargo, que ni siquiera esa sociedad estará totalmente desprovista de consideraciones éticas y morales. Las limitaciones externas pueden ser eliminadas, pero es probable que permanezcan algunas limitaciones internas. Aun cuando las personas hayan sido transformadas en competidores decididos, la transformación ha tenido lugar en fechas relativamente recientes. Por otra parte, las personas no nacen así: asimilan los valores sociales a medida que crecen. Así pues, la cuestión de los valores sociales sigue siendo relevante. Una sociedad puramente transaccional no podría existir nunca, y sin embargo estamos más cerca de ella que en cualquier otro momento de la historia. Como veremos, esto es especialmente cierto a escala global.

Dos clases de valores

¿Qué podemos decir de la línea de demarcación entre las condiciones de casi equilibrio y de distancia del equilibrio y el papel de los valores sociales? A los efectos que ahora nos ocupan, podemos distinguir entre dos clases de valores: principios fundamentales que las personas defienden independientemente de las consecuencias, y conveniencia por la que las personas se guían totalmente por las consecuencias previstas de sus acciones. Las personas que creen en los valores fundamentales suelen pensar que tienen su origen en una fuente distinta de su propio pensamiento, por lo que la validez de los valores no depende de la aprobación de la persona. Típicamente, los valores fundamentales se asocian con las creencias religiosas, aunque la Ilustración ha convertido la razón y la ciencia en fuentes de autoridad independiente. La conveniencia no tiene el respaldo de una autoridad externa; por el contrario, está a menudo en conflicto con los preceptos sociales dominantes y, por tanto, tiende a asociarse con una sensación de inferioridad o incluso culpabilidad. Las personas que actúan por conveniencia buscan constantemente respaldo social. Si el curso de actuación no es aprobado por aquellos a quienes importa, es improbable que se encuentre conveniente. (Sería un caso extremo cuando nadie más importara.) Cuando la búsqueda del interés personal sin trabas es aprobada ampliamente se convierte en conveniente.

La dicotomía entre principios fundamentales y conveniencia es evidentemente artificial, pero eso es precisamente lo que la hace útil. Las dos categorías son obviamente extremos: debe haber algo entre ellas. De hecho, entre estos dos extremos de fundamentalismo y pura conveniencia se hayan las condiciones de casi equilibrio de la sociedad abierta que estoy intentando identificar. Necesitamos dos líneas divisorias: una que separe el casi equilibrio del desequilibrio estático y otra que lo separe del desequilibrio dinámico. La primera tiene que ver con los principios fundamentales, la segunda con la conveniencia.

Principios fundamentales

La sociedad abierta requiere algún acuerdo básico sobre qué está bien y qué está mal, y las personas deben estar dispuestas a hacer lo que está bien aun cuando tenga consecuencias desagradables: correr en defensa de la patria o levantarse para defender la libertad. Esto no se da por sentado. En una sociedad transaccional en la que la conveniencia domina, las personas tienden a eludir las consecuencias desagradables. Pero un compromiso incondicional con los valores fundamentales puede poner en peligro también a la sociedad abierta si la gente pasa por alto el hecho de que las acciones tienen consecuencias no buscadas. El camino al infierno está pavimentado con buenas intenciones. Debemos estar dispuestos a adaptar nuestros principios a la luz de la experiencia. Esto requiere una actitud crítica. Debemos reconocer que nadie está en posesión de la verdad última.

El no reconocer las consecuencias no buscadas genera teorías de la conspiración: cuando algo desagradable sucede, alguien debe ser responsable de ello. La insistencia en los valores absolutos da origen a lo que denomino síndrome de o/o: si un principio concreto resulta tener consecuencias negativas, la solución última debe estar en su contrario. Esta línea de razonamiento es bastante absurda pero sorprendentemente generalizada. Es el signo distintivo del pensamiento fundamentalista (como algo opuesto a los principios fundamentales). Puede conducir fácilmente a posiciones extremas y muy alejadas de la realidad. Es característica del fundamentalismo religioso y moral.

Antes de abandonar la esperanza de definir un término medio en el que la sociedad abierta pueda coexistir con valores fundamentales firmes, debemos recordar que no es necesario que todos los actores adopten una actitud crítica para que prevalezca un modo de pensamiento crítico. El modo crítico es lo bastante fuerte para dar cabida al pensamiento fundamentalista en la medida en que permanezca en sus límites. De hecho, el modo de pensamiento crítico dispone de una forma de suavizar las creencias fundamentales para que tengan en cuenta la existencia de alternativas: las religiones han mostrado una tendencia a hacerse más tolerantes con otras creencias cuando sus defensores deben competir con la lealtad de la gente. Pero esto no es siempre así. Algunos movimientos religiosos y políticos consiguen adeptos debido a su intolerancia extrema. Si sus progresos son excesivos, como fue el caso de los nazis y los comunistas en la República de Weimar, la sociedad abierta está en peligro, pero sólo cuando uno de ellos alcanza una posición de monopolio reprimiendo las alternativas podemos hablar de un modo de pensamiento dogmático o de una sociedad cerrada.

Conveniencia

La segunda línea divisoria —entre una sociedad estable y una sociedad abierta en desequilibrio dinámico— es más problemática, si bien más relevante para la situación en la que nos encontramos. Si la gente abandona su creencia en los principios fundamentales e intenta ser guiada exclusivamente por los resultados de sus acciones, la sociedad se hace inestable. El porqué esto debe ser así no resulta inmediatamente evidente, pero es importante que se comprenda. Nuestra capacidad para prever las consecuencias de nuestras acciones es deficiente, por tanto, si siempre nos basásemos en las consecuencias para conformar nuestras intenciones, nuestros valores cambiarían constantemente. Esto no sería tan malo por sí mismo; lo que hace que una situación sea inestable es que los resultados de nuestras acciones no sean una guía fiable de la validez del pensamiento que se haya tras esas acciones.

La relación reflexiva entre el pensamiento y la realidad tiene una manera de validar los resultados más allá del punto en que son sostenibles. Por ejemplo, la demanda de impuestos más bajos puede hacer que la gente se sienta más rica y fomente, por tanto, nuevas reducciones de impuestos, pero este proceso puede continuar más allá del punto en que comiencen a estar en peligro servicios sociales fundamentales y quizá incluso la sociedad misma. La relación reflexiva puede funcionar también en dirección contraria: cuando se alcanza un objetivo, deja de parecer tan deseable como lo era cuando sólo era un objetivo lejano; el éxito se echa a perder tras un estallido inicial de entusiasmo, dando origen a modas efímeras. Por ejemplo, el éxito de una generación en el logro de una riqueza material da a sus hijos el lujo de rechazar la ética del trabajo. El mercado financiero está lleno de ejemplos en los que el comportamiento seguidor de tendencias es causa de inestabilidad. Lo mismo puede decirse de la sociedad en general. Cuando los principios fundamentales se ignoran ampliamente en el nombre de la conveniencia y todo vale, las personas se desorientan y el anhelo de reglas firmes y disciplina estricta se refuerza. La estabilidad no se puede mantener a menos que la gente se adhiera a algunos principios fundamentales independientemente de las consecuencias. Cuando el éxito es el único criterio para juzgar las acciones, nada impide que la interacción reflexiva vaya demasiado lejos y llegue hasta el territorio lejos del equilibrio.

¿Cómo impide la disposición a aceptar algunos valores fundamentales que un proceso social de expansión/depresión desestabilizador se vaya de las manos? Es en este punto donde la experiencia adquirida en los laboratorios de los mercados financieros puede resultar útil. La respuesta es: impidiendo el comportamiento seguidista, que constituye una amenaza para la estabilidad en la sociedad en la misma medida que en los mercados financieros.

Esto es importante, pero es quizá demasiado abstracto. Puede ha-

112

cerse más gráfico examinando algunos ejemplos de los mercados financieros. He demostrado en *The Alchemy of Finance* que los movimientos monetarios tienden a excederse debido a la especulación seguidista, y podemos observar un comportamiento seguidista semejante en los mercados de valores, materias primas y propiedades inmobiliarias, cuyo prototipo fue la «tulipmanía» holandesa. Estas iniciativas no podrían llevarse a la exageración si los actores del mercado se comprometiesen de manera más firme con la valoración de los llamados fundamentos. El problema es que la creencia en los llamados fundamentos, al menos en los mercados financieros, es una falsedad demostrable. He señalado que lo que se consideran valores fundamentales o criterios objetivos son a menudo reflexivos, y es el no reconocer este hecho lo que pone en peligro el proceso de expansión/depresión. Así sucedió en el auge de los conglomerados de finales del decenio de 1960, en el auge internacional de los créditos a finales de la década de 1970 y en la actual crisis financiera global. Así pues, estamos listos si no creemos en los llamados fundamentos y nos permitimos seguir un comportamiento seguidista, pero también estamos arreglados si creemos en los llamados fundamentos porque es probable que los mercados demuestren que estamos equivocados. No hay mucha esperanza de estabilidad.

En este punto, debemos procurar observar la distinción entre los valores que guían el comportamiento económico y los valores que predominan en la sociedad. He podido mostrar que las secuencias expansión/depresión en los mercados financieros están impulsadas por la creencia en los llamados fundamentos, cuya falsedad resulta demostrable. Pero esto no guarda relación alguna con los valores fundamentales en general. Equiparar los llamados fundamentos en los mercados financieros con los valores fundamentales equivaldría a basar mi argumentación en un juego de palabras. Es posible encontrar una base más sólida: se puede demostrar que en una sociedad transaccional los valores fundamentales se asientan siempre en cimientos poco estables. Esto es menos fuerte que afirmar que los valores fundamentales son de una falsedad demostrable, pero es lo bastante fuerte como para suscitar dudas acerca de la estabilidad de la sociedad abierta.

¿Por qué, al fin y al cabo, debe orientarse la gente por el sentido de lo correcto y lo incorrecto, independientemente de las consecuencias? ¿Por qué no debe perseguir el éxito por cualquier medio que funcione mejor? Son preguntas legítimas que no se prestan a una respuesta sencilla. Pueden parecerles terribles a las personas que hayan sido criadas para ser ciudadanos moralmente correctos, pero esto sólo significa que esas personas no se dan cuenta de que el sentido de la moralidad es un sentido adquirido. Es inculcado en las personas por la sociedad —padres, escuelas, leyes, tradiciones— y es necesario para sostener a la sociedad. En una sociedad transaccional perfectamente cambiable, el individuo es primordial. Desde el punto de vista del individuo, no es necesario ser moralmente recto para tener éxito; de hecho puede ser un estorbo. Cuantas más personas adopten el éxito como criterio para juzgar a otras, menos necesario será que sean rectas. Para obrar de acuerdo con un código moral, es preciso anteponer el interés común al interés personal individual. En una sociedad en que prevalezcan las relaciones estables, este problema es mucho menor porque es difícil tener éxito si se transgreden las normas sociales dominantes. Pero cuando existe la posibilidad de moverse libremente, las normas sociales pierden poder vinculante, y cuando la conveniencia se consolida como norma social, la sociedad se vuelve inestable.

El precario término medio

Puede comprobarse que las condiciones de casi equilibrio de la sociedad abierta están amenazadas desde ambos bandos; la sociedad abierta está encaramada precariamente entre el desequilibrio estático de la sociedad cerrada y el desequilibrio dinámico de una sociedad puramente transaccional. Esto es muy diferente de mi marco original, en el que reconocía solamente una dicotomía entre sociedad abierta y cerrada. Aunque la dicotomía era adecuada para la situación de la guerra fría, la idea de una sociedad abierta que ocupe un espacio intermedio entre las ideologías fundamentalistas, por una parte, y la ausencia de valores fundamentales compartidos por otra, parece ajustarse mucho mejor a la situación actual.

Se puede cuestionar, naturalmente, el valor de un marco conceptual universalmente válido que pueda ajustarse con tal facilidad a las circunstancias cambiantes, pero los marcos conceptuales no son perfectos ni atemporales. Como ya he señalado, nunca pueden equivaler a algo más que una falacia fértil. Esto no nos exime, sin embargo, de la obligación de corregir los errores, que es lo que he hecho aquí. La deficiencia de los valores estaba ya presente en mi modelo original de sociedad abierta, pero en aquella época preveía la aparición de una sociedad cerrada como única alternativa a la sociedad abierta. La historia contemporánea nos enseña que hay al menos otra alternativa: la inestabilidad y el caos que conducen a una posible ruptura de la sociedad. Esto es especialmente cierto fuera de las sociedades relativamente estables de Europa y América del Norte.

Examinemos algunos ejemplos contemporáneos concretos. La desintegración de la Unión Soviética ha creado un vacío de poder del Estado y una crisis de ley y orden que puede constituir una amenaza para la libertad en la misma medida en que lo era la represión soviética [6]. Hemos experimentado rupturas y crisis semejantes del poder del Estado en la década de 1990 en la antigua Yugoslavia y Albania, en distintas partes de África (Somalia, Ruanda, Burundi, Congo, etc.) y en Asia (Afganistán, Tayikistán, Camboya). Cuando miramos al mundo en general, encontramos una situación inestable: percibimos la presencia de un sistema económico global pero la ausencia de un sistema político global. Estoy seguro de que al describir la inestabilidad como *una* alternativa más vuelvo a simplificar en exceso, porque la inestabilidad puede adoptar muchas formas, pero debemos simplificar para entender algo de un mundo por lo demás confuso. En la medida en que seamos conscientes de lo que hacemos, el marco conceptual que desarrollo aquí puede ser útil no sólo para ilustrar la situación actual sino también para ayudar a hacerla más estable.

La sociedad abierta está siempre en peligro, pero la amenaza en este momento de la historia proviene más de la inestabilidad que del gobierno totalitario, más de la deficiencia de valores sociales compartidos que de una ideología represiva. El comunismo e incluso el socialismo han sido desacreditados mientras que la creencia en el

---

[6] Holmes, «What Russia Teaches Us...», *The American Prospect*.

laissez faire capitalista ha elevado la deficiencia de valores sociales a la categoría de principio moral. ¿Cómo puede defenderse la sociedad abierta? Sólo por parte de personas que aprendan (o recuerden) a distinguir entre lo que está bien y lo que es conveniencia y que hagan lo que está bien aun cuando no sea conveniente. Se trata de una gran exigencia. No puede justificarse por un cálculo de interés personal estrecho. El interés personal dictaría decir, pensar y hacer lo que es conveniente. De hecho, son cada vez más las personas que han efectuado el cálculo y se han decantado a favor de la conveniencia. De ahí pueden pasar a profesar su devoción por los principios morales, pero sólo porque es conveniente. Su posición se ha simplificado en gran medida gracias al sesgo dominante de reconocer los intereses personales como principio moral. El sesgo se manifiesta, como hemos visto en el Capítulo 2, en el fundamentalismo del mercado, en el realismo geopolítico, en una interpretación simplista del darwinismo y en varias disciplinas nuevas como «derecho y economía». Todo esto ha permitido al mecanismo del mercado penetrar en aspectos de la sociedad que estaban fuera de su dominio hasta fechas recientes.

El sesgo y la tendencia se refuerzan mutuamente. No hay ya necesidad alguna de profesar principios morales distintos del interés personal. El éxito es admirado por encima de todas las demás consideraciones. Los políticos obtienen reconocimiento por ser elegidos, no por los principios que representan. Las personas de negocios son estimadas por su riqueza, no por su probidad o la contribución de su negocio al bienestar social y económico. Lo correcto ha sido subordinado a lo efectivo, y esto ha hecho que sea más fácil tener éxito sin tomar en cuenta en lo más mínimo lo que es correcto. Huelga decir que veo en ello un grave peligro para la estabilidad de nuestra sociedad[7].

---

[7] La persecución y el posible procesamiento de Bill Clinton aparecen, en este contexto, como reacciones violentas en la dirección contraria. En mi opinión, tanto Clinton como el fiscal independiente Kenneth W. Starr están equivocados, pero el comportamiento de Starr representa un peligro mayor para la constitución que el de Clinton.

Capítulo 5

La sociedad abierta

La sociedad abierta como ideal

El mayor desafío de nuestra época es el establecimiento de un conjunto de valores fundamentales que pueda aplicarse a una sociedad en gran medida transaccional y global. Los principios fundamentales han tenido su origen tradicionalmente en una autoridad externa como la religión o la ciencia. Pero en el momento actual de la historia, ninguna autoridad externa sigue siendo indiscutible. La única fuente posible es interna. Un cimiento firme sobre el cual podemos construir nuestros principios es el reconocimiento de nuestra falibilidad. La falibilidad es una condición humana universal, y por tanto es aplicable a una sociedad global. La falibilidad da origen a la reflexividad y la reflexividad puede crear condiciones de desequilibrio inestable, o hablando sin rodeos, de crisis política y económica. Es conveniente para nuestro interés común evitar tales condiciones. He aquí el término medio sobre el que puede construirse una sociedad global. Significa aceptar la sociedad abierta como una forma deseable de organización social.

Lamentablemente, la gente no es consciente siquiera del concepto de sociedad abierta; está muy lejos de considerarlo un ideal. Pero sin un esfuerzo decidido para conservarla, la sociedad abierta no puede sobrevivir. Esta afirmación es negada, naturalmente, en la ideología liberal, para la cual la búsqueda sin trabas del interés personal produce el mejor de los mundos posibles. Pero esta ideología es refutada todos los días por los hechos. Debería ser evidente ya

117

que los mercados financieros no son autosuficientes y que la conservación del mecanismo del mercado debería tener prioridad como objetivo común sobre los intereses personales de actores del mercado individuales. A menos que la gente crea en la sociedad abierta como forma deseable de organización social y esté dispuesta a limitar sus intereses personales para sostenerla, la sociedad abierta no sobrevivirá.

La sociedad abierta en la que las personas puedan creer debe ser diferente de la situación actual. Tiene que actuar como ideal. Una sociedad transaccional padece una deficiencia de valores sociales. En cuanto a ideal, la sociedad abierta subsanaría esa deficiencia. Pero no podría subsanar todas las deficiencias; si lo hiciera, contradiría o negaría el principio de falibilidad en el que se basa. Así pues, la sociedad abierta debe ser una clase especial de ideal, un ideal conscientemente imperfecto. Esto es muy diferente de los ideales que suelen avivar la imaginación de la gente. La falibilidad supone que la perfección es inalcanzable y que debemos conformarnos con la segunda opción: una sociedad imperfecta que siempre es susceptible de mejora. Esa es mi definición de sociedad abierta. ¿Podrá alcanzar una aceptación general?

La relevancia de las ideas universales

El mayor obstáculo para la adopción de la sociedad abierta como ideal es quizá el rechazo bastante generalizado de las ideas universales. Descubrí este extremo después de crear mi red de fundaciones y, francamente, me sorprendió. Durante el régimen comunista y después, en los emocionantes momentos de la revolución, no tuve dificultad alguna en encontrar personas que se inspirasen en los principios de la sociedad abierta aun cuando no utilizaban el mismo marco conceptual. No me tomé la molestia de explicar qué entendía por sociedad abierta: entendía lo contrario de la sociedad cerrada en la que vivían y todos sabían qué significaba eso. Pero la actitud de Occidente me decepcionó y desconcertó. Al principio pensé que las personas de las sociedades abiertas de Occidente simplemente tardaban en reconocer una oportunidad histórica; al final tuve que llegar a la conclusión de que de verdad no les importaba lo suficiente la sociedad abierta como idea universal como para hacer un gran esfuerzo para ayudar a los países que habían sido comunistas. Toda aquella palabrería acerca de la libertad y la democracia había sido sólo eso: propaganda.

Después del hundimiento del sistema soviético, el atractivo de la sociedad abierta como ideal comenzó a desvanecerse, incluso en las sociedades antes cerradas. La gente quedó atrapada en la lucha por la supervivencia, y quienes continuaron preocupándose por el bien común tuvieron que preguntarse si se aferraban a los valores de una época pasada, y a menudo ese era el caso. La gente comenzó a desconfiar de las ideas fundamentales. El comunismo era una idea universal y miren dónde había llevado.

Esto me indujo a reconsiderar el concepto de sociedad abierta. Al final, sin embargo, llegué a la conclusión de que el concepto es más relevante que nunca. No podemos prescindir de las ideas universales. (La consecución del interés personal es también una idea universal, aun cuando no se la reconozca como tal.) Las ideas universales pueden ser muy peligrosas, especialmente si se llevan hasta su conclusión lógica. Del mismo modo, no podemos renunciar al pensamiento, y el mundo en que vivimos es demasiado complejo para entenderlo sin algunos principios orientadores. Esta línea de pensamiento me condujo al concepto de falibilidad como idea universal y al concepto de sociedad abierta, que se basa en el reconocimiento de nuestra falibilidad. Como ya he señalado, en mi nueva formulación la sociedad abierta no se opone ya a la sociedad cerrada sino que ocupa un término medio precario en el que está amenazada desde todos los flancos por ideas universales que han sido llevadas a sus conclusiones lógicas, toda clase de extremismos, incluido el fundamentalismo del mercado.

Si el lector piensa que el concepto de sociedad abierta es paradójico, tiene toda la razón. La idea universal de que las ideas universales llevadas hasta su conclusión lógica son peligrosas es otro ejemplo de la paradoja del mentiroso. Es la base sobre la que se construye el concepto de falibilidad. Si llevamos el razonamiento hasta su conclusión lógica, nos vemos enfrentados a una auténtica elección: no podemos ni aceptar nuestra falibilidad ni negarla. La aceptación conduce a los principios de la sociedad abierta.

La Ilustración

Intentaré derivar los principios de la sociedad abierta del reconocimiento de nuestra falibilidad. Soy consciente de las dificultades. Todos los razonamientos filosóficos son susceptibles de suscitar interminables cuestiones nuevas. Si intentase comenzar desde cero, mi tarea sería prácticamente imposible. La falibilidad supone que los principios políticos y morales no pueden derivarse de principios anteriores; que Immanuel Kant descanse en paz. Afortunadamente, no tengo que empezar desde cero. Los filósofos de la Ilustración, Kant el primero de ellos, intentaron deducir imperativos universalmente válidos a partir de los dictados de la razón. Su éxito muy limitado e imperfecto corrobora nuestra falibilidad y ofrece una base para establecer los principios de la sociedad abierta.

La Ilustración constituyó un paso de gigante en el distanciamiento de los principios morales y políticos que dominaban anteriormente. Hasta esa época, la autoridad moral y política tenía su origen en fuentes externas, tanto divinas como temporales. Permitir que la razón decidiera lo que es verdadero y falso, lo que está bien o está mal, era una tremenda innovación que marcó el comienzo de la modernidad. Tanto si lo reconocemos como si no, la Ilustración ha proporcionado los cimientos de nuestras ideas sobre la política y la economía; del hecho, de toda nuestra visión del mundo. Los filósofos de la Ilustración no se leen ya —de hecho, pueden resultarnos ilegibles— pero sus ideas han arraigado en nuestra forma de pensar. El dominio de la razón, la supremacía de la ciencia, la fraternidad universal del hombre: estos fueron algunos de sus temas principales. Los valores políticos, sociales y morales de la Ilustración fueron enunciados admirablemente en la Declaración de Independencia de Estados Unidos, y ese documento sigue siendo una inspiración para personas de todo el mundo.

La Ilustración no nació de la nada: tenía sus raíces en el cristianismo, que a su vez se basó en la tradición monoteísta del Antiguo

Testamento y en la filosofía griega. Debe señalarse que todas estas ideas fueron formuladas en términos universales, con la excepción del Antiguo Testamento, en el que una buena dosis de historia tribal se mezcla con el monoteísmo. En vez de aceptar la tradición como autoridad última, la Ilustración la sometió a un examen crítico. Los resultados fueron apasionantes. Las energías creadoras del intelecto humano se liberaron. No es de extrañar que el nuevo enfoque se llevara al exceso. En la Revolución francesa, la autoridad tradicional fue derrocada y la razón fue ungida como árbitro supremo. La razón no estuvo a la altura de su cometido, y el fervor de 1789 se deterioró hasta convertirse en el terror de 1793. Pero los principios básicos de la Ilustración no fueron repudiados; por el contrario, los ejércitos de Napoleón difundieron las ideas de la modernidad por todo el continente europeo.

Los logros de la modernidad son incomparables. El método científico produjo asombrosos descubrimientos y la tecnología permitió su conversión para usos productivos. La humanidad llegó a dominar la naturaleza. Las empresas económicas aprovecharon las oportunidades, los mercados sirvieron para igualar oferta y demanda y la producción y el nivel de vida subieron hasta alturas que habrían sido inimaginables en cualquier época anterior.

A pesar de estos impresionantes logros, la razón no pudo estar a la altura de las expectativas que había suscitado, sobre todo en el campo social y político. La distancia entre intenciones y resultados no pudo salvarse; de hecho, cuanto más radicales eran las intenciones, más decepcionantes eran los resultados. Esto puede aplicarse, en mi opinión, tanto al comunismo como al fundamentalismo del mercado. Deseo resaltar un caso en particular de consecuencias no buscadas porque es relevante para la situación en que nos encontramos. Cuando las ideas políticas originales de la Ilustración se llevaron a la práctica, dieron origen al estado-nación. Al tratar de establecer el dominio de la razón, el pueblo se alzó contra sus gobernantes, y el poder que tomó era el poder del soberano. Así nació el estado-nación, en el que la soberanía pertenece al pueblo. Con independencia de cuáles sean sus méritos, dista mucho de su inspiración universalista.

En la cultura, la demolición de la autoridad tradicional dio origen a un fermento intelectual que produjo grandes obras de arte y literatura, pero después de un largo período de apasionante experimentación, en el que toda autoridad había sido demolida al iniciarse la segunda mitad del siglo XX, gran parte de la inspiración pareció disiparse. La gama de posibilidades se ha ampliado demasiado para ofrecer la disciplina necesaria para la creación artística. Algunos artistas y escritores logran establecer su propio lenguaje privado, pero el término medio parece haberse desintegrado.

El mismo tipo de malestar parece afectar a la sociedad en general. Los filósofos de la Ilustración, Kant a la cabeza, intentaron establecer principios de moralidad dotados de validez universal y basados en los atributos universales de la razón. La tarea que el propio Kant se fijó fue demostrar que la razón ofrece una base mejor para la moralidad que la autoridad externa tradicional. Pero en nuestra sociedad moderna transaccional, se ha puesto en entredicho la razón para tener cualquier clase de moralidad. La necesidad de algún tipo de orientación moral sobrevive; de hecho, se percibe quizá con mayor intensidad que en el pasado porque no se satisface. Pero los principios y preceptos que podrían ofrecer esa orientación están en duda. ¿Por qué molestarse por la verdad cuando una proposición no necesita ser verdadera para ser eficaz? ¿Por qué ser honesto cuando es el éxito, no la honestidad o la virtud, lo que merece el respeto de la gente? Aunque los valores sociales y lo preceptos morales están en tela de juicio, no cabe duda alguna acerca del valor del dinero. Es así como el dinero ha llegado a usurpar el papel de los valores intrínsecos. Las ideas de la Ilustración impregnan nuestra visión del mundo y sus nobles aspiraciones continúan configurando nuestras expectativas, pero el estado de ánimo dominante es de desencanto.

Ha llegado el momento de someter a la razón, tal como fue construida por la Ilustración, al mismo tipo de examen crítico que la Ilustración aplicó a las autoridades externas dominantes, tanto divinas como temporales. Llevamos ya doscientos años viviendo en la Era de la Razón; tiempo más que suficiente para descubrir que la razón tiene sus limitaciones. Estamos dispuestos a entrar en la Era de la Falibilidad. Los resultados pueden ser igualmente excitantes y, habiendo aprendido de la experiencia pasada, podríamos ser capaces de evitar algunos de los excesos característicos del amanecer de una nueva era.

Debemos comenzar la reconstrucción de la moralidad y los valores sociales aceptando su carácter reflexivo. Esto conducirá directamente al concepto de sociedad abierta como forma deseable de organización social. Como la falibilidad y la reflexividad son conceptos universales, deben ofrecer el punto medio para todas las personas que viven en el mundo. Confío en que podamos evitar algunos de los obstáculos asociados a los conceptos universales. Naturalmente, la sociedad abierta no carece de defectos, pero su deficiencia consiste en ofrecer demasiado poco en vez de demasiado mucho. Más exactamente, el concepto es demasiado general para ofrecer una receta para decisiones específicas. Esto es coherente en sí mismo y deja un amplio margen para el ensayo y el error. Será una base sólida para el tipo de sociedad global que necesitamos.

Filosofía moral

Kant derivó sus imperativos categóricos de la existencia de un agente moral que se guía por los dictados de la razón excluyendo el interés personal y el deseo. Este agente goza de libertad trascendental y de autonomía de la voluntad, a diferencia de la «heteronomía» del agente cuya voluntad está sometida a causas externas [1]. Este agente puede reconocer imperativos morales no condicionales, que son objetivos en el sentido de que se aplican universalmente a todos los seres racionales. La regla de oro que dice que debemos actuar como nos gustaría que los demás actuaran es uno de tales imperativos categóricos. La autoridad incondicional de los imperativos se deriva de la idea de que las personas son seres racionales.

El problema es que el agente racional descrito por Kant no existe. Es una ilusión creada por un proceso de abstracción. A los filósofos de la Ilustración les gustaba pensar en sí mismos como algo desprendido y sin trabas, pero en realidad estaban profundamente arraigados en su sociedad, con su moralidad cristiana y su arraigado

---

[1] Roger Scruton, *Kant,* Oxford University Press, Oxford, 1989.

sentido de las obligaciones sociales. Deseaban cambiar su sociedad. Para tal fin inventaron el individuo sin ataduras y dotado de razón que obedecía los dictados de su propia conciencia, no los dictados de una autoridad externa. No se dieron cuenta de que un individuo verdaderamente sin ataduras no estaría dotado de su sentido del deber. Los valores sociales pueden ser interiorizados, pero no se basan en el individuo independiente dotado de razón; están arraigados en la comunidad a la que el individuo pertenece. La investigación neurológica moderna ha ido más allá y ha identificado individuos cuyo cerebro ha sido dañado de una manera peculiar que ha dejado intactas sus facultades de observación independiente pero que ha dañado, sin embargo, su sentido de identidad. Su juicio estaba obstaculizado y su comportamiento se volvía inestable e irresponsable.

Así pues, parece claro que la moralidad se basa en el sentido de pertenecer a una comunidad, ya sea familia, amigos, tribu, nación o humanidad. Pero una economía de mercado no constituye una comunidad, especialmente cuando actúa a escala global; trabajar para una gran empresa no es lo mismo que pertenecer a una comunidad, especialmente cuando la dirección otorga prioridad al afán de lucro sobre todas las demás consideraciones y el individuo puede ser despedido en cualquier momento. Las personas de la sociedad transaccional de hoy día no se comportan como si se rigieran por imperativos categóricos; el dilema del prisionero parece arrojar más luz sobre su comportamiento [2]. La metafísica de la moral de Kant era apropiada para una época en que la razón tenía que competir con la autoridad externa pero parece extrañamente irrelevante hoy, cuando falta esa autoridad. Se pone en entredicho la necesidad misma de distinguir entre lo correcto y lo incorrecto. ¿Por qué preocuparse, en la medida en que un curso de acción logre el resultado deseado? ¿Por qué aspirar a la verdad? ¿Por qué ser honesto? ¿Por qué preocuparse por los demás? ¿Quiénes son los «nosotros» que constituyen la sociedad global y cuáles son los valores que deberían mantenernos unidos? Estas son las preguntas que hoy requieren una respuesta.

Sería un error, sin embargo, desechar la filosofía moral y políti-

---

[2] Rapoport y otros, *Prisoner's Dilemma*.

ca de la Ilustración en su totalidad sólo porque no estuvo a la altura de sus grandiosas ambiciones. Con el espíritu de la falibilidad, debemos corregir los excesos en el pensamiento, no oscilar hasta el extremo opuesto. Una sociedad sin valores sociales no puede sobrevivir, y una sociedad global necesita valores universales para mantenerse unida. La Ilustración ofreció un conjunto de valores universales y su recuerdo continúa vivo aun cuando parezca un tanto desvaído. En vez de desecharla, deberíamos actualizarla.

El individuo hipotecado

Los valores de la Ilustración pueden ser relevantes para la época actual sustituyendo la razón por la falibilidad y cambiando el individuo sin trabas de los filósofos de la Ilustración por el «individuo hipotecado». Por individuos hipotecados entiendo aquellos individuos que necesitan a la sociedad, individuos que no pueden existir en espléndido aislamiento pero que están privados del sentido de pertenencia que formaba parte en tal grado de la vida de las personas en la época de la Ilustración que no eran ni siquiera conscientes de ello. El pensamiento de los individuos hipotecados se forma merced a su marco social, sus vínculos familiares y de otro tipo, la cultura en la que se crían. No ocupan una posición atemporal y sin perspectivas. No están dotados de un conocimiento perfecto y no están desprovistos de intereses personales. Están dispuestos a luchar por la supervivencia pero no son autosuficientes; por muy bien que compitan, no sobrevivirán porque no son inmortales. Necesitan pertenecer a algo más grande y más duradero, aunque, al ser falibles, pueden no reconocer esa necesidad. En otras palabras, son personas de verdad, agentes pensantes cuyo pensamiento es falible, no personificaciones de la razón abstracta.

Al proponer la idea del individuo hipotecado, caigo, naturalmente, en el mismo tipo de pensamiento abstracto que los filósofos de la Ilustración. Propongo otra abstracción basada en nuestra experiencia con su formulación. La realidad es siempre más compleja que nuestra interpretación. La variedad de personas vivas en el mundo puede variar desde aquellas que no están muy lejos del ideal de la Ilustración hasta aquellas que apenas actúan como individuos, con la curva de distribución claramente desviada hacia los segundos. Lo que deseo señalar es que una sociedad globalizada nunca podría satisfacer la necesidad de pertenencia de los individuos hipotecados. Nunca podría llegar a ser una comunidad. Es demasiado grande y abigarrada para ello, con demasiadas culturas y tradiciones diferentes. Quienes deseen pertenecer a una comunidad deben buscarla en otra parte. Una sociedad global debe seguir siendo siempre algo abstracto, una idea universal. Debe respetar las necesidades del individuo hipotecado, debe reconocer que esas necesidades no son satisfechas, pero no debe tratar de satisfacerlas en su totalidad, porque ninguna forma de organización social podría hacerlo de una vez por todas.

Una sociedad global debe ser consciente de sus propias limitaciones. Es una idea universal, y las ideas universales pueden ser peligrosas si se llevan demasiado lejos. Específicamente, un Estado global llevaría demasiado lejos la idea de sociedad global. Lo único que la idea universal podría hacer es servir de base para las reglas e instituciones que son necesarias para la coexistencia de la multiplicidad de comunidades que componen una sociedad global. No podría proporcionar la comunidad que satisficiera la necesidad de pertenencia de los individuos. Sin embargo, la idea de sociedad global debe representar algo más que una mera aglomeración de fuerzas del mercado y transacciones económicas.

Los principios de la sociedad abierta

¿Cómo puede vincularse el individuo hipotecado con la sociedad abierta o, dicho de manera menos abstracta, cómo puede un mundo compuesto por individuos hipotecados cooperar para formar una sociedad abierta global? El reconocimiento de nuestra falibilidad es necesario pero no suficiente. Es imprescindible un vínculo adicional.

La falibilidad establece las limitaciones que la toma de decisiones colectivas debe respetar a fin de proteger la libertad del individuo, pero la falibilidad debe ir acompañada de un impulso positivo para cooperar. La creencia en la sociedad abierta como forma deseable de organización social podría proporcionar ese impulso. En la situación actual, en la que estamos ya estrechamente interrelacionados en una economía global, el impulso debe actuar a nivel global. No es difícil identificar objetivos compartidos. La evitación de devastadores conflictos armados, en particular la guerra nuclear; la protección del medio ambiente; la conservación del sistema financiero y comercial global: pocas personas no estarían de acuerdo con estos objetivos. La dificultad estriba en decidir qué hay que hacer y en establecer un mecanismo para hacerlo.

La cooperación a escala global es sumamente difícil de alcanzar. La vida sería mucho más sencilla si Friedrich Hayek tuviera razón y el interés común pudiera tratarse como subproducto no buscado de personas que actúan en defensa de sus propios intereses. Lo mismo se puede decir de la prescripción comunista: de cada uno según sus medios, a cada uno según sus necesidades. Lamentablemente, ninguno de estos preceptos es válido. La vida es más compleja. Hay intereses comunes, incluida la conservación de libres mercados, que no se consiguen mediante libres mercados. En caso de conflicto, los intereses comunes deben tener prioridad sobre los intereses personales individuales. Pero en ausencia de un criterio independiente, es imposible saber cuáles son los intereses comunes. De esto se sigue que el interés común debe perseguirse con gran cautela, mediante un proceso de ensayo y error. Afirmar el conocimiento del interés común es tan erróneo como negar su existencia.

La democracia participativa y la economía de mercado son ingredientes esenciales de una sociedad abierta, como también lo es un mecanismo para regular los mercados, en particular los mercados financieros, así como algunos acuerdos para conservar la paz y la ley y el orden a escala global. La forma exacta de estos acuerdos no puede derivarse de primeros principios. Rediseñar la realidad de arriba abajo violaría los principios de la sociedad abierta. Aquí es donde la falibilidad se diferencia de la racionalidad. La falibilidad significa que nadie tiene el monopolio de la verdad. De hecho, los principios de la sociedad abierta están admirablemente enunciados en la Declaración de Independencia de Estados Unidos. Lo único que hay que hacer es sustituir, en la primera frase, «estas verdades son evidentes por sí mismas», por «hemos decidido adoptar estos principios como verdades evidentes en sí mismas». Esto significa que no obedecemos los dictados de la razón sino que hacemos una elección deliberada. En el fondo, las verdades de la Declaración de Independencia no son evidentes en sí mismas sino reflexivas en el sentido de que todos los valores son reflexivos.

Hay otras razones por las que creo que la falibilidad y el individuo hipotecado ofrecen una base mejor para establecer una sociedad abierta global. La pura razón y un código moral basado en el valor del individuo son invenciones de la cultura occidental; su resonancia es escasa en otras culturas. Por ejemplo, la ética confuciana se basa en la familia y las relaciones y no encaja bien con los conceptos universales importados de Occidente. La falibilidad permite una amplia gama de divergencias culturales. La tradición cultural occidental no debe imponerse indiscriminadamente al resto del mundo en nombre de valores universales. La forma occidental de democracia representativa puede no ser la única forma de gobierno compatible con una sociedad abierta.

Debe haber, sin embargo, algunos valores universales que sean generalmente aceptados. La sociedad abierta puede ser pluralista por concepción, pero no puede ir tan lejos en la búsqueda del pluralismo que no distinga entre el bien y el mal. La tolerancia y la moderación también pueden llevarse a extremos. Sólo se puede descubrir exactamente qué es correcto mediante un proceso de ensayo y error. La definición variará probablemente con el tiempo y el lugar, pero debe haber una definición en todo momento y lugar. Mientras que la Ilustración defendía la perspectiva de la verdades eternas, la sociedad abierta reconoce que los valores son reflexivos y están sometidos a cambios en el curso de la historia. Las decisiones colectivas no pueden basarse en los dictados de la razón, pero no podemos prescindir de las decisiones colectivas. Necesitamos el imperio de la ley exactamente porque no podemos estar seguros de qué es correcto e incorrecto. Necesitamos instituciones que reconozcan su propia falibilidad y proporcionen un mecanismo para corregir sus propios errores.

Una sociedad abierta global no puede formarse sin que la gente suscriba sus principios básicos. Con esto no quiero decir toda la gente, naturalmente, porque muchas personas no piensan demasiado en tales cuestiones y sería contrario a los principios de la sociedad abierta que quienes sí lo hacen pudieran llegar a un acuerdo universal sobre la materia, pero debe haber una preponderancia de la opinión en su favor para que la sociedad abierta prevalezca.

¿Por qué debemos aceptar la sociedad abierta como ideal? La respuesta debería ser ya evidente. No podemos vivir como individuos aislados. En cuanto actores del mercado, defendemos nuestros intereses personales, pero no actúa en favor de nuestros intereses personales el que no seamos otra cosa que actores del mercado. Debemos preocuparnos por la sociedad en que vivimos, y en lo que se refiere a las decisiones colectivas, deberíamos guiarnos por los intereses de la sociedad en su conjunto y no por nuestros intereses personales estrechos. La incorporación de éstos a través de los mecanismos del mercado reporta consecuencias negativas no buscadas. La más grave, en el momentos actual de la historia, es quizá la inestabilidad de los mercados financieros.

SEGUNDA PARTE

EL MOMENTO ACTUAL DE LA HISTORIA

Capítulo 6

El sistema capitalista global

Hemos llegado ya al quid de la cuestión: ¿cómo puede el marco teórico abstracto que he elaborado con tal extensión arrojar alguna luz sobre el momento actual de la historia?

Vivimos en una economía global que se caracteriza no sólo por el libre comercio de bienes y servicios sino más aún, por la libre circulación de capitales. Los tipos de interés, los tipos de cambio y las cotizaciones bursátiles en diversos países están íntimamente interrelacionados y los mercados financieros globales ejercen una gran influencia sobre las condiciones económicas. Dado el decisivo papel que desempeña el capital financiero internacional en la fortuna de algunos países, no es inoportuno hablar de un sistema capitalista global.

El sistema es muy favorable al capital financiero, que es libre de ir allí donde obtenga mejores recompensas, lo que a su vez ha conducido al rápido crecimiento de mercados financieros globales. El resultado es un gigantesco sistema circulatorio, que toma capital en los mercados financieros y las instituciones financieras del centro y después lo bombea a la periferia directamente en forma de créditos e inversiones de cartera o indirectamente a través de corporaciones multinacionales. En tanto en cuanto el sistema financiero sea vigoroso, se impone a la mayoría de las demás influencias. El capital reporta muchos beneficios, no sólo el aumento de la capacidad productiva sino también mejoras en los métodos de producción y otras innovaciones; no sólo un aumento en la riqueza sino también un aumento en la libertad. Así pues, los países compiten por atraer y retener el capital, y preparar condiciones atractivas para el capital tiene prioridad sobre otros objetivos sociales.

Pero el sistema está profundamente viciado. Mientras el capitalismo continúe triunfante, la búsqueda de dinero anula todas las demás consideraciones sociales. Los mecanismos económicos y políticos quedan desbaratados. El desarrollo de una economía global no ha ido a la par que el desarrollo de una sociedad global. La unidad básica de la vida política y social sigue siendo el estado-nación. La relación entre el centro y la periferia es también profundamente desigual. Si la economía global llega a tambalearse, es probable que las presiones políticas la destroce.

Mi crítica del sistema capitalista global se inscribe en dos apartados principales. El primero tiene que ver con los defectos del mecanismo del mercado. Me refiero aquí principalmente a las inestabilidades incorporadas a los mercados financieros internacionales. El segundo se refiere a las deficiencias de lo que he llamado, a falta de una nombre mejor, sector no mercado. Entiendo por este término principalmente el fracaso de la política, tanto en el nivel nacional como en el internacional.

En los tres capítulos que siguen me ocupo principalmente de los defectos del mecanismo del mercado, aunque también tengo en cuenta la ausencia de mecanismos reguladores y políticos adecuados. Después de un examen analítico de los principales rasgos del sistema capitalista global, propongo una interpretación basada en mi análisis de la expansión/depresión. Identifico un sesgo dominante, el fundamentalismo del mercado, y una tendencia dominante, la competencia internacional por el capital. El análisis de la expansión/depresión ocupará este capítulo. En el Capítulo 7 llego a una conclusión mucho más definitiva sobre el futuro que en el capítulo actual. Lo que predigo es la desintegración inminente del sistema capitalista global[1].

---

[1] El problema de intentar analizar una secuencia expansión/depresión es que no es inmóvil. Como ya he dicho en la Introducción, comencé a escribir este libro como continuación de mi artículo «The Capitalist Threat», publicado en febrero de 1997 en *The Atlantic Monthly*. La primera versión de este capítulo fue escrita en la primavera de 1998. El capítulo siguiente incorpora acontecimientos más recientes.

Un imperio abstracto

La primera pregunta a la que debemos responder es si existe un sistema capitalista global. Mi respuesta es, sí, pero no es una cosa. Tenemos una tendencia innata a reificar o personificar los conceptos abstractos —está incorporada a nuestro lenguaje—, y esto puede tener consecuencias lamentables. Los conceptos abstractos cobran vida por sí mismos y es muy fácil partir por el camino equivocado y alejarse demasiado de la realidad; pero no podemos dejar de pensar en términos abstractos, porque la realidad es demasiado compleja para ser comprendida en su integridad. Por eso las ideas desempeñan un papel tan importante en la historia, mucho más de lo que pensamos. Esto es especialmente cierto en el momento actual de la historia.

El concepto de sistema capitalista global no es menos significativo porque sea un concepto abstracto. Gobierna nuestras vidas del mismo modo que cualquier régimen gobierna la vida de las personas. El sistema capitalista puede compararse con un imperio cuya cobertura es más global que la de cualquier imperio anterior. Gobierna toda una civilización y, como en otros imperios, quienes están fuera de sus murallas son considerados bárbaros. No es un imperio territorial porque carece de soberanía y del boato de la soberanía; de hecho, la soberanía de los estados que pertenecen a él es la principal limitación de su poder y su influencia. Es casi invisible porque no posee una estructura formal. La mayoría de sus súbditos ni siquiera saben que están sometidos a él o, dicho de forma más correcta, reconocen que están sometidos a fuerzas impersonales y a veces negativas pero no entienden qué son esas fuerzas.

La analogía del imperio está justificada porque el sistema capitalista global gobierna efectivamente a quienes pertenecen a él, y no es fácil abandonarlo. Por otra parte, tiene un centro y una periferia,

---

Cuando la crisis de Rusia llegó a su fase terminal, efectué un breve experimento en tiempo real llevando un diario desde el 9 de agosto hasta el 31 de agosto. El resto del análisis de la expansión/depresión se completó en septiembre. Esto explica por qué el capítulo siguiente contiene predicciones más firmes que éste.

exactamente igual que un imperio, y el centro se beneficia a costa de la periferia. Pero lo más importante es que el sistema capitalista global exhibe algunas tendencias imperialistas. Lejos de buscar el equilibrio, está empeñado en la expansión. No puede descansar en tanto en cuanto exista algún mercado o recurso que permanezca sin incorporar. En este sentido, presenta escasas diferencias con respecto a Alejandro Magno o Atila el huno, y sus tendencias expansionistas bien podrían dar como resultado su propio desmembramiento. Cuando hablo de expansión, no me refiero a términos geográficos sino a influencia sobre la vida de las personas.

A diferencia del siglo XIX, cuando el imperialismo halló una expresión literal y territorial en forma de colonias, la versión actual del sistema capitalista global tiene un carácter casi totalmente no territorial o incluso extraterritorial. Los territorios son gobernados por los estados, y los estados a menudo plantean obstáculos para la expansión del sistema capitalista. Esto se cumple incluso en el caso de Estados Unidos, que constituye el país más capitalista aunque el aislamiento y el proteccionismo sean temas recurrentes en su vida política.

El sistema capitalista global es de carácter puramente funcional, y la función que cumple es (como es lógico) económica: la producción, el consumo y el intercambio de bienes y servicios. Es importante señalar que el intercambio supone no sólo bienes y servicios sino los factores de producción. Marx y Engels señalaron ya hace 150 años que el sistema capitalista transforma la tierra, el trabajo y el capital en mercancías. A medida que el sistema se expande, la función económica llega a dominar las vidas de las personas y las sociedades. Penetra en áreas que antes no se consideraban económicas, como la cultura, la política y las profesiones.

A pesar de su naturaleza no territorial, el sistema tiene un centro y una periferia. El centro es el suministrador de capital; la periferia es la usuaria del capital. Las reglas del juego están sesgadas a favor del centro. Podría afirmarse que el centro está en Nueva York y Londres, porque ahí es donde están situados los mercados financieros internacionales, o en Washington, Frankfurt y Tokio, porque es allí donde se determina la oferta monetaria del mundo; asimismo, podría afirmarse que el centro está en un paraíso fiscal, porque es allí donde está domiciliada la parte más activa y móvil del capital financiero mundial.

Un régimen incompleto

El sistema capitalista global no es nuevo ni siquiera novedoso. Sus antecedentes se remontan a la Liga Hanseática y a las ciudades-estado italianas, en las que diferentes entidades políticas estaban vinculadas por lazos comerciales y financieros. El capitalismo pasó a ser dominante en el siglo XIX y lo siguió siendo hasta que fue trastocado por la primera guerra mundial. Pero el sistema capitalista global que prevalece hoy en día presenta algunas características novedosas que lo distinguen de anteriores encarnaciones. La velocidad de las comunicaciones es una de esas características, aunque su condición de novedosa es discutible: la invención de la telefonía y la telegrafía representaron en el siglo XIX una aceleración al menos tan grande como el desarrollo de las comunicaciones informáticas en nuestros días. Algunas otras características que intentaré identificar son más propias del momento actual.

Aunque podemos calificar al capitalismo global de régimen, es un régimen incompleto: sólo gobierna la función económica, aun cuando la función económica haya llegado a tener prioridad sobre otras funciones. El régimen actual tiene una historia pero no es un régimen bien definido. Es difícil incluso identificar cuándo nació. ¿Fue en 1989 tras el hundimiento del imperio soviético? ¿Hacia 1980 cuando Margaret Thatcher y Ronald Reagan llegaron al poder? ¿O en una fecha anterior? Quizá fue en el decenio de 1970, cuando se desarrolló el mercado extraterritorial en eurodólares.

El rasgo distintivo del sistema capitalista global es la libre circulación de capitales. El comercio internacional de bienes y servicios no es suficiente para crear una economía global; los factores de producción también deben ser intercambiables. Los recursos terrestres y otros recursos naturales no se mueven, y las personas se mueven con dificultad; es la movilidad del capital, de la información y el espíritu empresarial lo que explica la integración económica.

Al ser el capital financiero más móvil aún que la inversión física, ocupa una posición privilegiada: puede eludir los países en que está sometido a impuestos o normas onerosos. Una vez que se ha conseguido una planta productiva es difícil trasladarla. Por cierto, las grandes compañías multinacionales disfrutan de flexibilidad en la fijación de precios de transferencia y pueden ejercer presión en el momento en que toman decisiones de inversión, pero su flexibilidad no es comparable con la libertad de elección de que disfrutan los inversores de cartera internacionales. La variedad de oportunidades disponibles se ve reforzada también por el hecho de estar en el centro de la economía global en vez de en la periferia. Todos estos factores se unen para atraer capital al centro financiero y para asignarlo a través de los mercados financieros. Por eso el capital financiero desempeña un papel dominante en el mundo actual y por eso la influencia de los mercados financieros ha aumentado sin cesar en el seno del sistema capitalista global.

Lo cierto es que la libre circulación de capitales es un fenómeno relativamente reciente. Al término de la segunda guerra mundial, las economías tenían un carácter en gran medida nacional, el comercio internacional estaba de capa caída y tanto las inversiones directas como las transacciones financieras estaban prácticamente en un punto muerto. Las instituciones de Bretton Woods —el FMI y el Banco Mundial— fueron concebidas para hacer posible el comercio internacional en un mundo desprovisto de movimientos de capital internacional. El Banco Mundial fue concebido para compensar la ausencia de inversiones directas; el FMI, la ausencia de crédito financiero para contrarrestar los desequilibrios en el comercio. El capital internacional en países menos desarrollados se destinó fundamentalmente a la explotación de los recursos naturales y, lejos de fomentar la inversión internacional, los países afectados tendían más bien a expropiarla; por ejemplo, Anglo-Iranian Oil fue nacionalizada en 1951. La nacionalización de industrias estratégicas estuvo a la orden del día también en Europa. La mayor parte de la inversión en países menos desarrollados se produjo en forma de ayuda de gobierno a gobierno; por ejemplo, el infortunado programa británico para el cacahuete en África.

La inversión directa aprendió primero. Las empresas estadounidenses se trasladaron a Europa, y después al resto del mundo. Las empresas originarias de otros países se enteraron más tarde. Muchas industrias, como la automovilística, la química y la informática, llegaron a estar dominadas por grandes empresas multinacionales. Los mercados financieros internacionales tardaron más en desarrollarse porque muchas monedas no eran plenamente convertibles y muchos países mantuvieron controles sobre las transacciones de capitales. Los controles sobre los capitales no se levantaron sino gradualmente. Cuando comencé mi actividad empresarial en Londres en 1953, los mercados financieros y los bancos estaban estrictamente regulados a nivel nacional y un sistema de tipos de cambio fijo dominaba con muchas restricciones sobre la circulación de capital. Había un mercado en «libras esterlinas convertibles» y «dólares con prima», es decir, tipos de cambio especiales aplicables a grandes cantidades de capital. Después de mi traslado a Estados Unidos en 1956, el comercio internacional en valores se liberalizó gradualmente. Con la creación del Mercado Común los inversores estadounidenses comenzaron a comprar valores europeos, pero la contabilidad de las compañías afectadas y los mecanismos de liquidación dejaban mucho que desear. Las condiciones no eran muy distintas de las reinantes en algunos mercados emergentes actuales, si bien los analistas y los operadores eran menos cualificados. Yo era el tuerto en el país de los ciegos. Ya en 1963, el presidente Kennedy propuso el llamado impuesto de igualación de intereses para los inversores estadounidenses que comprasen valores extranjeros, propuesta que se convirtió en ley un año después y que prácticamente me expulsó del negocio.

La verdadera aparición del sistema capitalista global llegó en la década de 1970. Los países productores de petróleo se unieron en la Unión de Países Exportadores de Petróleo (OPEP) y elevaron el precio del crudo, primero en 1973 desde 1,90 dólares por barril hasta 9,76 dólares por barril, y después en 1979, como reacción a los acontecimientos políticos de Irán e Irak, desde 12,70 dólares hasta 28,76 dólares por barril. Los exportadores de petróleo disfrutaron de súbitos y cuantiosos superávits mientras que los países importadores tenían que financiar grandes déficits. La responsabilidad de reciclar los fondos le correspondió a los bancos comerciales con el aliento entre bastidores de los gobiernos occidentales. Se inventaron los eurodólares y se desarrollaron grandes mercados extraterritoriales. Los gobiernos comenzaron a hacer concesiones fiscales y de otro tipo al capital financiero internacional para atraerlo de nuevo al interior. Irónicamente, estas medidas dieron más margen de maniobra al capital extraterritorial. El auge internacional del préstamo terminó en una recesión en 1982, pero para entonces la libertad de circulación del capital financiero se había consolidado.

El desarrollo de los mercados financieros internacionales recibió un gran impulso hacia 1980, cuando Margaret Thatcher y Ronald Reagan llegaron al poder con un programa que propugnaba la separación del estado de la economía y dejar que los mecanismos del mercado hicieran su trabajo. Esto significaba imponer una estricta disciplina monetaria, que tuvo el efecto inicial de sumir al mundo en una recesión y de precipitar la crisis internacional de la deuda en 1982. Hubieron de transcurrir varios años hasta que la economía mundial se recuperó —en América Latina hablan de la década perdida— pero la recuperación se logró. A partir de 1983, la economía global ha disfrutado de un largo período de expansión prácticamente ininterrumpida. A pesar de las crisis periódicas, el desarrollo de los mercados de capital internacionales se ha acelerado hasta el punto en que pueden calificarse de verdaderamente globales. Los movimientos de los tipos de cambio, los tipos de interés y los precios de las acciones en diversos países están íntimamente interrelacionados. En este sentido, el carácter de los mercados financieros ha cambiado hasta hacerse irreconocible durante los cuarenta años que llevo interviniendo en ellos.

Capitalismo frente a democracia

La balanza de la ventaja ha oscilado tanto en favor del capital financiero que a menudo se dice que las grandes empresas multinacionales y los mercados financieros internacionales han sustituido en cierto modo o vulnerado la soberanía del Estado. No es este el caso. Los estados siguen siendo soberanos. Ejercen poderes legales que ningún individuo o gran empresa pueden poseer. Los tiempos de la Compañía de la India Oriental y de la Compañía de la Bahía de Hudson terminaron para siempre.

Aunque los gobiernos mantienen el poder de intervenir en la economía, han estado sometidos cada vez más a la fuerza de la competencia global. Si un gobierno impone condiciones desfavorables para el capital, éste intentará escapar. A la inversa, si un gobierno mantiene bajos los salarios y ofrece incentivos a empresas favorecidas, puede fomentar la acumulación de capital. Así pues, el sistema capitalista global está formado por muchos estados soberanos, cada uno de los cuales con sus propias políticas, pero todos ellos están sometidos a la competencia internacional no sólo por el comercio sino por el capital. Esta es una de las características que hacen que el sistema sea tan complejo: aunque podemos hablar de un régimen global en asuntos económicos y financieros, no hay un régimen global en la política. Cada Estado tiene su propio régimen.

Existe la creencia generalizada de que el capitalismo está asociado de algún modo con la democracia en la política. Es un hecho histórico que los países que constituyen el centro del sistema capitalista global son democráticos, pero no puede decirse lo mismo de todos los países capitalistas situados en la periferia. De hecho, muchos afirman que alguna clase de dictadura es necesaria para mantener en marcha el desarrollo económico, porque se requiere la acumulación de capital y eso, a su vez, requiere bajos salarios y altas tasas de ahorro. Esto se consigue más fácilmente con un gobierno autocrático que sea capaz de imponer su voluntad al pueblo que con un gobierno democrático que sea receptivo a los deseos del electorado.

Veamos el ejemplo de Asia, donde se encuentran los casos más prósperos de desarrollo económico. En el modelo asiático, el Estado se alía con los intereses mercantiles locales y les ayuda a acumular capital. Esta estrategia requiere el liderazgo gubernamental en la planificación industrial, un alto grado de apalancamiento financiero y cierto grado de protección de la economía nacional, así como la capacidad de controlar los salarios. El pionero de esta estrategia fue Japón, que contó con el beneficio de las instituciones democráticas, introducidas en la época de la ocupación de Estados Unidos. Corea intentó imitar a Japón de manera bastante servil pero sin instituciones democráticas. Todo lo contrario, la política era puesta en práctica por una dictadura militar que dominaba a un pequeño grupo de conglomerados industriales *(chaebol)*. Faltaban los mecanismos de control que dominaban en Japón. En Indonesia se daba una alianza semejante entre los militares y la clase empresarial principalmente china. En Singapur, el propio Estado se convirtió en capitalista al crear fondos de inversión bien gestionados y sumamente prósperos. En Malasia, el partido gobernante equilibró los favores a los intereses mercantiles con beneficios para la mayoría étnica malaya. En Tailandia es demasiado difícil para un extraño comprender los mecanismos políticos: la intromisión militar en los negocios y la intromisión financiera en las elecciones eran dos flagrantes puntos débiles del sistema. Sólo Hong Kong estaba libre de la mezcla de gobierno y negocios, debido a su situación colonial y su legalidad relativamente estricta. Taiwan también sobresale por haber completado con éxito la transición desde un régimen político opresivo a un régimen democrático.

Se afirma a menudo que los regímenes autocráticos que tienen éxito desembocan finalmente en el desarrollo de instituciones democráticas. El razonamiento tiene ciertas ventajas: una clase media emergente es muy útil en la creación de regímenes democráticos. Pero de ello no se sigue que la prosperidad económica conduzca necesariamente a la evolución de libertades democráticas. Los gobernantes son reacios a renunciar a su poder; deben ser empujados. Por ejemplo, Lee Kwan Yu, de Singapur, fue más estridente al presentar los méritos de la «vía asiática» después de décadas de prosperidad que antes.

Pero existe una dificultad más fundamental en el razonamiento que afirma que el capitalismo conduce a la democracia. Faltan las fuerzas dentro del sistema capitalista global que pudieran impulsar a países concretos en una dirección democrática. Los bancos internacionales y las grandes empresas multinacionales se sienten a menudo más cómodos con un régimen fuerte, y aún autocrático. La fuerza más poderosa en pro de la democracia es quizá la libre circulación de la información, que hace difícil que los gobiernos desinformen al pueblo. Pero no se debe sobrestimar la libertad de información. En Malasia, por ejemplo, el régimen tiene un control suficiente sobre los medios de comunicación para permitir que el primer ministro Mahathir Mohammed ponga impunemente su sello en los acontecimientos. La información está aún más restringida en China, donde el gobierno ejerce el control incluso sobre Internet. En cualquier caso, la libre circulación de información no impulsará necesariamente a la gente hacia la democracia, sobre todo cuando la gente que vive en democracias no cree en ella como principio universal.

A decir verdad, la relación entre el capitalismo y la democracia es endeble en el mejor de los casos. El capitalismo y la democracia obedecen a principios diferentes. Los intereseses son diferentes: en el capitalismo el objeto es la riqueza, en la democracia lo es la autoridad política. Los criterios por los que se miden los intereses son diferentes: en el capitalismo la unidad de cuenta es el dinero, en la democracia lo es el voto de los ciudadanos. Los intereses que se supone que se defienden son diferentes: en el capitalismo son intereses privados, en la democracia lo es el interés público. En Estados Unidos, esta tensión entre el capitalismo y la democracia está simbolizado por los proverbiales conflictos entre Wall Street y Main Street. En Europa, la extensión del derecho de voto condujo a la corrección de algunos de los peores excesos del capitalismo: las funestas predicciones del *Manifiesto comunista* fueron frustradas de hecho por la ampliación de la democracia.

Hoy en día, el poder del Estado para mantener el bienestar de sus ciudadanos se ha visto gravemente reducido por la capacidad del capital para eludir los impuestos y de las onerosas condiciones del empleo trasladándose a otro lugar. Los países que han revisado sus mecanismos de seguridad social y empleo —Estados Unidos y el Reino Unido los primeros— han florecido, mientras que otros que han intentado conservarlos —cuyo mejor ejemplo son Francia y Alemania— han quedado rezagados.

El desmantelamiento del estado de bienestar es un fenómeno relativamente nuevo, y sus efectos no se han dejado sentir aún en su integridad. Desde el fin de la segunda guerra mundial, la cuota del Estado en el producto nacional bruto (PNB) en los países industrializados tomados en conjunto casi se ha duplicado [2]. Sólo a partir de

1980 ha cambiado la corriente. Es interesante constatar que la cuota del estado en el PNB no se ha reducido de forma perceptible. Lo que ha sucedido es que los impuestos sobre el capital y el empleo se han reducido mientras otras formas de impuestos, en particular los que gravan el consumo, han seguido aumentando. En otras palabras, la carga de los impuestos ha pasado del capital a los ciudadanos. Esto no es exactamente lo que se había prometido, pero no se puede hablar siquiera de consecuencias no buscadas porque el resultado ha sido justo como pretendían los partidarios del libre mercado.

El papel del dinero

Un sistema económico global que no se corresponda con un sistema político global es muy difícil de analizar, sobre todo a la vista de la tortuosa relación entre el capitalismo y la democracia. Obviamente tengo que simplificar. Pero mi tarea es más fácil de lo que cabía esperar porque hay un principio unificador en el sistema capitalista global. No es un principio introducido en aras de la simplificación; es verdaderamente un principio dominante. Ese principio es el dinero. Hablar de principios del mercado confundiría la cuestión, porque el dinero puede amasarse de otras formas distintas de la competencia. Es indiscutible que al final todo se reduce a beneficios y riqueza medidos en términos de dinero.

Podemos avanzar un buen trecho en la comprensión del sistema capitalista global si comprendemos el papel que en él desempeña el dinero. El concepto de dinero no es fácil, pero es mucho lo que sabemos sobre él. Los libros de texto dicen que tiene tres funciones principales: sirve de unidad de cuenta, medio de intercambio y reserva de valor. Estas funciones son bien conocidas, aunque la tercera función, el dinero como depósito de valor, se presta a discusión. Según la interpretación clásica, el dinero es un medio para un fin, no un fin en sí mismo; representa un valor de cambio, no un valor intrínseco. Es decir, el valor del dinero depende del valor de los bienes y servi-

---

² Dani Rodrik, «Has Globalization Gone Too Far?», *Institute of International Economics,* Washington D.C., 1992.

cios por los que pueda cambiarse. Pero ¿cuáles son los valores intrínsecos para los que las actividades económicas se supone que sirven? Es una pregunta inquietante a la que nunca se ha respondido satisfactoriamente. Los economistas decidieron al final que no tienen por qué resolver la cuestión; pueden tomar por dados los valores de los agentes. Sus preferencias, cualesquiera que sean, pueden expresarse en forma de curvas de indiferencia y las curvas de indiferencia pueden usarse para determinar los precios.

El problema es que, en el mundo real, los valores no están dados. En una sociedad abierta, las personas son libres de elegir por sí mismas pero no saben necesariamente lo que desean. En condiciones de cambio acelerado, cuando las tradiciones han perdido su poder y las personas se ven acosadas por sugerencias desde todas partes, los valores de cambio podrían llegar a sustituir perfectamente a los valores intrínsecos. Esto es cierto especialmente en un régimen capitalista que hace hincapié en la competencia y mide el éxito en términos monetarios. En la medida en que otras personas deseen dinero y estén dispuestas a hacer prácticamente cualquier cosa para conseguirlo, el dinero es poder, y el poder puede ser un fin en sí mismo. Aquellos que triunfan pueden no saber qué hacer con su dinero, pero al menos pueden estar seguros de que otras personas envidian su éxito. Esto puede ser suficiente para tenerlas en marcha indefinidamente pese a la ausencia de cualquier otra motivación. Aquellos que siguen en marcha son los que terminan ejerciendo más poder e influencia en el sistema capitalista.

Aplazaré hasta el Capítulo 9 la consideración de la cuestión moral de si el dinero debe actuar como valor intrínseco. A los fines que ahora nos ocupan, doy por hecho que el valor dominante en el sistema capitalista global es la búsqueda de dinero. Puedo actuar así porque hay agentes económicos cuya única finalidad es ganar dinero y que dominan hoy la vida económica como nunca lo habían hecho. Hablo de grandes empresas que cotizan en bolsa. Estas grandes compañías son gestionadas por profesionales que aplican principios de gestión cuyo único objetivo es maximizar los beneficios. Estos principios pueden aplicarse de manera intercambiable a todos los campos de actividad y tienen como consecuencia que los gestores empresariales compran y venden negocios del mismo modo que los gestores de carteras compran y venden valores. Las grandes empresas, a su vez, son propiedad principalmente de gestores de carteras profesionales cuyo único objetivo al poseer los valores es ganar dinero con ellos.

En la teoría de la competencia perfecta, la empresa es una entidad que maximiza los beneficios, pero en la práctica los negocios no siempre se han realizado con el único fin de maximizar los beneficios. Los propietarios privados están guiados a menudo por otros fines. Incluso las grandes empresas de gestión pública tienen a menudo gestores que se sienten lo suficientemente bien afianzados para permitirse motivaciones distintas de los beneficios. Estas motivaciones pueden ir desde sus propias ventajas, beneficios y forma de vida hasta consideraciones altruistas o nacionalistas. Los gestores de las grandes multinacionales alemanas se han considerado tradicionalmente en deuda con sus trabajadores y con el público en general, además de con sus accionistas. La economía japonesa se ha caracterizado por el entrecruzamiento de accionariados, y las relaciones han tenido preferencia a menudo sobre los beneficios. Corea llevó el ejemplo japonés al extremo y se jugó el todo por el todo en un intento de captar cuota de mercado en industrias clave.

Pero en el sistema capitalista global de nuestros días, se ha producido un giro pronunciado en favor del comportamiento de maximización de beneficios y una elevación correspondiente de las presiones competitivas. A medida que los mercados se hacen globales, las empresas de propiedad privada están en desventaja a la hora de conservar o adquirir cuota de mercado; las empresas deben recaudar capital de accionistas exteriores para aprovechar las oportunidades que presenta la globalización. En consecuencia, las empresas de gestión pública han llegado a dominar la escena y están cada vez más decididas a buscar beneficios.

En Estados Unidos, los accionistas son ahora más firmes y el mercado de valores es más discriminador en favor de los gestores comprometidos con la maximización de beneficios. El éxito se mide por los resultados a corto plazo, y los gestores son recompensados con opciones de valores en vez de con ventajas personales. En Europa, las empresas solían reducir el énfasis en los beneficios, tanto en su imagen pública como en sus cuentas públicas. Esto se debía a que el aumento de los beneficios tendía a generar demandas de aumentos salariales, y se consideraba poco recomendable llamar la atención sobre la rentabilidad de la empresa. Pero la presión de la competencia global ha servido para moderar las demandas salariales y ha cambiado el énfasis a la necesidad de financiar la expansión. La creación de la Unión Europea como mercado único con una moneda única ha desencadenado una dura lucha por la cuota de mercado. El precio de las acciones ha adquirido una gran importancia, tanto para la recaudación de capital como en cuanto vehículo para adquisiciones (o, en el caso de una cotización baja, como señuelo para ser adquirida). Los objetivos sociales, como la provisión de empleo, deben ocupar un segundo lugar. La competencia ha obligado a la consolidación, la reducción de tamaño y el traslado de la producción a otros países. Estos son factores importantes en la creación de un nivel constantemente elevado de desempleo en Europa.

Así pues, el sello distintivo de la forma actual de capitalismo global, el rasgo que lo distingue de versiones anteriores, es su omnipresente éxito: la intensificación del afán de lucro y su penetración en áreas que antes se regían por otras consideraciones. Los valores no monetarios solían desempeñar un papel más importante en la vida de las personas; en particular, se suponía que la cultura y las profesiones se regían por valores personales y profesionales y no estaban construidas como empresas mercantiles. Para comprender cómo el régimen capitalista global actual se diferencia de regímenes anteriores, debemos reconocer el creciente papel del dinero como valor intrínseco. No es una exageración decir que el dinero regula la vida de las personas en mayor grado que nunca.

El crédito como causa de inestabilidad

El dinero está estrechamente relacionado con el crédito, pero el papel del crédito es menos conocido que el papel del dinero. Esto no debe sorprendernos porque el crédito es un fenómeno reflexivo. El crédito se emite previa prueba circunstancial o de otro tipo de la solvencia, y el valor del aval, así como la medida de la solvencia, tiene carácter reflexivo porque la solvencia está a la vista del acreedor. El valor de la fianza está incluido por la disponibilidad del crédito. Esto se cumple especialmente en el caso de los bienes raíces, una de las formas preferidas de fianza. Los bancos suelen estar dispuestos a prestar con la garantía de bienes raíces sin recurrir al prestatario, y la principal variable del valor de los bienes raíces es la cantidad que los bancos están dispuestos a prestar contra ellos. Por extraño que pueda parecer, la relación reflexiva no es reconocida en la teoría y se olvida a menudo en la práctica. La construcción es bien conocida por su carácter de expansión/depresión, y después de cada recesión los gestores bancarios se vuelven muy cautos y deciden no volver a exponerse tanto nunca más. Pero cuando están de nuevo rebosantes de liquidez y desesperan por poner a trabajar el dinero, comienza un nuevo ciclo. La misma pauta puede observarse en los préstamos internacionales. La solvencia de los prestatarios soberanos se mide en función de ciertos ratios: deuda y PNB, servicio de la deuda y exportaciones, etc. Estas medidas son reflexivas porque la prosperidad del país prestatario depende de su capacidad para endeudarse, pero la relación reflexiva se pasa por alto a menudo. Esto es lo que sucedió en el gran auge internacional del préstamo en el decenio de 1970. Después de la crisis de 1982, cabría pensar que el exceso de préstamos no se hubiera vuelto a repetir; sin embargo, sucedió de nuevo en México en 1994 y una vez más, como veremos, en la crisis asiática de 1997.

La mayoría de los teóricos económicos no reconocen la reflexividad. Intentan determinar las condiciones de equilibrio y la reflexividad es una fuente de desequilibrio. John Maynard Keynes era perfectamente consciente de los fenómenos reflexivos —definió los mercados financieros como un concurso de belleza en el que la gente tenía que adivinar cómo otras personas adivinaban cómo otras personas adivinaban—, pero incluso él presentó su teoría en términos de equilibrio para que fuera académicamente aceptable.

Una de las formas preferidas de evitar la reflexividad inherente al crédito es concentrarse en la oferta monetaria. La oferta monetaria puede cuantificarse para que su medición refleje presumiblemente las condiciones crediticias; de este modo pueden ignorarse los fenómenos reflexivos relacionados con la expansión y la contracción del crédito. Pero una oferta monetaria estable no crea una economía estable, como ha demostrado la experiencia con el patrón oro. Los excesos tal vez se corrijan por sí solos, pero ¿a qué coste? El siglo XIX estuvo salpicado de devastadores pánicos seguidos de depresiones económicas. Actualmente nos hallamos en el proceso de repetición de aquella experiencia.

Keynes desacreditó el monetarismo en el decenio de 1930, pero tras su muerte cayó en desgracia porque su prescripción para curar la deflación conducía a la aparición de tendencias inflacionarias. (Si Keynes hubiera vivido, habría cambiado probablemente su prescripción.) Por el contrario, la instauración y conservación de la estabilidad monetaria pasó a ser el objetivo fundamental. Esto condujo a la reinvención de la teoría monetarista de Milton Friedman. La teoría de Friedman está viciada ya que no tiene en cuenta el elemento reflexivo en la expansión y contracción del crédito. En la práctica, el monetarismo ha funcionado bastante bien aunque en gran medida desatendiendo la teoría. Los bancos centrales no se basan exclusivamente en mediciones monetarias sino que tienen en cuenta una gran variedad de factores —incluida la exuberancia irracional de los mercados— a la hora de decidir cómo se mantiene la estabilidad monetaria. El banco central de Alemania pone todo su empeño en mantener su ilusión de que se guía por agregados monetarios. La Reserva Federal de EE UU, en cambio, es más agnóstica y admite abiertamente que la política monetaria es una cuestión de juicio. Así es como la práctica se ha conciliado con una teoría que no reconoce la reflexividad. Pero en la crisis financiera global actual, tanto la teoría como la práctica están resultando insuficientes.

El crédito desempeña un papel importante en el crecimiento económico. La capacidad de endeudamiento potencia en gran medida la rentabilidad de las inversiones. La tasa de rentabilidad prevista suele ser más alta que la tasa de interés sin riesgo —de otro modo la inversión no llegaría a hacerse— y hay, por tanto, un margen de beneficio positivo sobre el endeudamiento. Cuanto más apalancada pueda ser una inversión, más atractiva llegará a ser, a condición de que el coste del dinero siga siendo el mismo. El coste y la disponibilidad de crédito se convierten, pues, en elementos importantes a la hora de influir en el nivel de actividad económica; de hecho, son probablemente los factores más importantes para determinar la forma asimétrica del ciclo expansión/depresión. Es posible que intervengan otros elementos, pero es la contracción del crédito lo que hace que la recesión sea mucho más brusca que la expansión que la precedió. En lo que se refiere a la liquidación forzada de deudas, la deuda de garantías hace bajar los valores de garantía, poniendo en marcha el proceso de autorreforzamiento que es mucho más comprimido en el tiempo que la fase expansionaria. Esto sigue siendo cierto tanto si el crédito fue proporcionado por los bancos como si lo fue por los mercados financieros y si el endeudamiento fue contra valores o contra activos materiales.

El crédito internacional es especialmente inestable porque no está ni mucho menos tan bien regulado como el crédito interno en los países económicamente avanzados. Desde el nacimiento mismo del capitalismo ha habido crisis financieras periódicas, a menudo con consecuencias devastadoras. Para impedir su repetición, los bancos y los mercados financieros han sido sometidos a regulaciones, pero las regulaciones se han ocupado normalmente de la última crisis y no de la siguiente, por lo que cada nueva crisis ha conducido a otro avance de las regulaciones. Así es como los bancos centrales, la supervisión bancaria y la supervisión de los mercados financieros se han desarrollado hasta su situación actual, sumamente compleja.

El desarrollo no ha sido lineal. La crisis de 1929 y el fracaso subsiguiente del sistema bancario estadounidense condujo a un entorno regulador muy restrictivo en Estados Unidos, tanto para el mercado de valores como para los bancos. Desde el fin de la segunda guerra mundial se ha producido un proceso de descongelación, muy lento al principio pero que se ha acelerado gradualmente. La separación entre bancos y otras instituciones financieras impuesta por la Ley Glass-Steegal no ha sido revocada aún, pero la regulación de bancos y mercados financieros se ha relajado en gran medida.

La desregulación y la globalización de los mercados financieros han ido de la mano de manera reflexiva. La mayoría de las regulaciones eran de ámbito nacional, por lo que la globalización de los mercados significaba menos regulación y viceversa. Pero no ha sido una calle de dirección única. Incluso cuando algunas regulaciones nacionales se relajaban, algunas regulaciones internacionales se introducían. Las dos instituciones de Bretton Woods, el FMI y el Banco Mundial, se adaptaron a las circunstancias cambiantes y adoptaron un papel más activo como organismos de control globales. Las autoridades monetarias de los principales países industriales crearon cauces para la cooperación y se introdujeron algunas regulaciones verdaderamente internacionales. Las más importantes son, con diferencia, los requisitos de capital para los bancos comerciales que se establecieron bajo la égida del Banco de Pagos Internacionales (BPI) en Basilea en 1988.

De hecho, sin la intervención de las autoridades monetarias el sistema financiero internacional se habría derrumbado al menos en cuatro ocasiones: 1982, 1987, 1994 y 1997. Si embargo, los controles internacionales siguen siendo bastante insuficientes en comparación con el entorno regulador que impera en los países avanzados. Por otra parte, los países del centro tienen más posibilidades de responder a las crisis que los afectan directamente que a aquellas cuyas víctimas principales se encuentran en la periferia. Es de señalar que la crisis del mercado de valores de Estados Unidos en 1987, que tuvo un origen puramente interno, condujo a cambios reguladores, a saber, la introducción de los llamados mecanismos de limitación del circuito; las alteraciones en los mercados financieros internacionales no provocaron una respuesta semejante. Aunque la introducción de las normas del BPI en 1988 fue una respuesta con retraso a la crisis de 1982, sigue siendo cierto que las regulaciones internacionales no han estado a la altura de la globalización de los mercados financieros.

Esta insuficiencia de las regulaciones internacionales puede atribuirse en parte a que no se ha comprendido el carácter reflexivo del crédito y en parte al estado de ánimo antirregulador dominante, pero principalmente a la ausencia de instituciones internacionales adecuadas. Los sistemas financieros nacionales son responsabilidad de los bancos centrales y otras autoridades financieras. En términos generales, hacen un buen trabajo; no se ha producido una crisis grave en los sistemas financieros de los principales países industriales desde hace varias décadas. Pero ¿quién está al mando del sistema financiero internacional? Las instituciones financieras internacionales y las autoridades monetarias nacionales cooperan en épocas de crisis, pero no existe un banco central internacional, ni una autoridad reguladora internacional comparables a las instituciones que existen a nivel nacional. Tampoco es fácil entender cómo podrían introducirse tales instituciones: tanto el dinero como el crédito están íntimamente relacionados con cuestiones relativas a la soberanía nacional y a la ventaja nacional, y los países no se sienten inclinados a abandonar su soberanía.

Asimetría, inestabilidad y cohesión

Por definición, el centro es el suministrador de capital, y la periferia el receptor. Un cambio brusco en la disposición del centro a suministrar capital a la periferia puede causar una gran alteración en los países receptores. La naturaleza de la alteración depende de la forma en que se haya suministrado el capital. Si se hizo en forma de instrumentos de deuda o créditos bancarios, puede causar bancarrotas y una crisis bancaria; si se hizo en valores, puede precipitar una crisis bursátil; si se hizo en forma de inversiones directas, no puede retirarse fácilmente, por lo que la alteración sólo se manifiesta en ausencia de nuevas inversiones. Todas las formas de capital suelen moverse en la misma dirección.

¿Qué sucede cuando un país no paga su deuda? La respuesta está envuelta en misterio porque los impagos formales suelen evitarse. Existe la impresión general de que el país afectado sufrirá daños irreparables, pero en realidad muchos países han incumplido sus obligaciones y se han hallado fórmulas para salir del paso. Tras la crisis internacional de la deuda de 1982, se creó el Club de París para ocuparse de la deuda oficial y el Club de Londres para la deuda comercial. Además, se emitieron los llamados bonos Brady para reducir la cantidad principal de la deuda pendiente. En el caso de los países africanos, algunas deudas han sido perdonadas totalmente para darles la oportunidad de empezar de nuevo. Las concesiones sólo se hacen en el contexto de negociaciones; el rechazo unilateral de las obligaciones no se tolerará (al menos ésta fue la visión oficial hasta que Rusia rechazó su deuda interna en agosto de 1998) y la ayuda de las instituciones financieras internacionales está supeditada al cumplimiento ordenado de las obligaciones. Aunque no se supone que el FMI sea parcial a favor de los bancos, su misión principal es conservar el sistema bancario internacional. Por otra parte, no dispone de suficientes recursos para actuar como prestamista de último recurso; por tanto, debe movilizar ayuda de los mercados financieros. Los bancos comerciales saben cómo utilizar su posición estratégica. En las contadas ocasiones en que se ha producido el repudio de la deuda —por ejemplo, en las revoluciones rusa y mexicana— los países afectados permanecieron enclaustrados financieramente durante muchos años. Los países enganchados al crédito exterior no pueden desengancharse fácilmente.

Por regla general, a los prestamistas les suele ir mejor en una crisis de deuda internacional que a los deudores. Tal vez tengan que refinanciar sus préstamos, prorrogar las fechas de vencimiento, o incluso otorgar tasas concesionarias, pero no abandonan sus reivindicaciones. A menudo pueden incluso convencer a los países deudores para que asuman una responsabilidad por los bancos comerciales, que de otro modo serían barridos (que es lo que sucedió en Chile en 1982, en México en 1994 y está sucediendo de nuevo, en grado limitado, en Corea, Indonesia y Tailandia en 1998). Naturalmente, los prestamistas tienen que crear reservas, pero finalmente tienden a recuperar una parte significativa de las deudas incobrables. Aunque los países deudores tal vez no puedan liquidar plenamente sus obligaciones, vendrán obligados a pagar hasta los límites de su capacidad. La carga que ello supone les abatirá normalmente durante muchos años.

Esto contrasta vivamente con las crisis de deuda interna en los países avanzados, donde los procedimientos de bancarrota tienden a proteger a los deudores. (Los bancos estadounidenses perdieron mucho más dinero en la crisis del ahorro y del crédito de 1985-1989 que en la crisis internacional de la deuda de 1982.) La inmunidad relativa de los prestamistas en el sistema internacional genera un peligroso riesgo moral: los riesgos no son lo bastante grandes para desincentivar las prácticas crediticias inadecuadas. Esta asimetría es una fuente importante de inestabilidad. Todas las crisis financieras están precedidas de una expansión insostenible del crédito. Si el crédito está disponible libremente, es esperar demasiado que los deudores ejerzan la autolimitación. Si el prestatario es el sector público, la deuda deberá ser saldada por gobiernos futuros, por lo que la acumulación de deuda es una maravillosa vía de escape para los regímenes débiles. Por ejemplo, el llamado régimen comunista reformista de Hungría intentó comprar la lealtad del pueblo con dinero prestado hasta que la crisis de 1982 puso fin a la situación. Pero no es sólo el sector público el que carece de compostura, y si es el sector privado el que incurre en deuda, las autoridades financieras podrían no ser siquiera conscientes de ello hasta que sea demasiado tarde. Este fue el caso en varios países asiáticos en la crisis de 1997.

Pero la asimetría es también una fuente de cohesión. Sobre los países deudores se ejercen toda clase de presiones financieras y políticas, lo que hace muy difícil que abandonen el sistema. Las presiones mantienen unido el sistema aun cuando a algunos países les resulte muy doloroso pertenecer a él. Por ejemplo, las primeras elecciones democráticas en Hungría en 1990 habrían brindado una excelente oportunidad para trazar una línea divisoria entre el endeudamiento pasado y las obligaciones contraídas por el nuevo régimen democrático. Intenté preparar ese programa, pero el futuro primer ministro, Joseph Antall, lo incumplió porque se sentía demasiado en deuda con Alemania, el mayor acreedor de Hungría. Podrían citarse otros ejemplos. Se me viene a la memoria el caso de Chile en 1982. Bajo la influencia de la escuela de economistas de Chicago, el sistema bancario había sido privatizado y las personas que habían comprado los bancos los habían pagado con dinero prestado por los propios bancos. En 1982, cuando los bancos no pudieron cumplir sus obligaciones internacionales, el Estado asumió la responsabilidad porque el régimen de Pinochet, carente de legitimidad en el interior, estaba deseoso de mantener su posición crediticia en el exterior.

Es preciso señalar otra asimetría. La emisión de dinero es una prerrogativa nacional, y los países cuya moneda es fácilmente aceptada en las transacciones financieras internacionales están mucho mejor situados que los que no pueden endeudarse fácilmente en su propia moneda. Esta es una de las principales ventajas de estar en el centro en vez de estar en la periferia. Los beneficios de la obtención de *señoreaje* (los intereses ahorrados mediante la emisión de billetes de banco en vez de letras del tesoro) son relativamente insignificantes en comparación con la ventaja de estar al mando de la política monetaria propia. Los países de la periferia deben seguir el ejemplo del centro, en primer lugar Estados Unidos. Como la política monetaria de los países del centro está guiada por consideraciones internas, los de la periferia tienen escaso control sobre su destino. En cierto sentido, el proceso recuerda el problema que hizo estallar la guerra de secesión estadounidense: impuestos sin representación.

La fluctuación entre sí de los tipos de cambio de las tres o cuatro monedas principales puede causar complicaciones adicionales. Los cambios en los tipos de interés y los tipos de cambio golpean a los países dependientes como conmociones exógenas, aunque en realidad son endógenos del sistema financiero internacional. La crisis internacional de la deuda de 1982 se precipitó debido a una drástica subida de los tipos de interés estadounidenses; la crisis asiática de 1997 fue provocada por la subida del dólar estadounidense; y la crisis monetaria intraeuropea de 1992 fue causada por una asimetría semejante entre Alemania y el resto de Europa.

Estas dos asimetrías son las causas de inestabilidad más importantes, aunque en modo alguno las únicas, del sistema financiero internacional. Históricamente, las inversiones transfronterizas solían ser especialmente inestables porque solían tener lugar en las etapas avanzadas de mercados alcistas cuando los valores internos se sobrevaloraron y sobreexplotaron y los inversores se hicieron más aventureros. Este súbito interés por un mercado exterior haría ponerse por las nubes los precios en ese mercado, para caer con idéntica rapidez cuando el mercado alcista interior llegase a su fin y los inversores se mostrasen ansiosos por recuperar su dinero. Esta fue mi área inicial de especialización y viví varios de estos episodios. La situación ha cambiado desde entonces. La inversión transfronteriza no es ya una actividad ocasional sino el ingrediente básico de los mercados financieros globales. Aunque el ritmo peculiar de la inversión extranjera al que me acostumbré en los primeros años de mi carrera puede haber pasado de moda, sería una estupidez pensar que los mercados de valores han dejado de ser susceptibles al desequilibrio dinámico.

En épocas de incertidumbre, el capital tiende a regresar a su lu-

155

gar de origen. Ésta es una de las razones por las que las alteraciones en el sistema capitalista global suelen producir efectos desproporcionadamente más grandes en la periferia que en el centro. Como dice el refrán, cuando Wall Street se resfría, el resto del mundo contrae una neumonía. En el caso de la crisis asiática, los problemas comenzaron en la periferia, pero una vez que Wall Street comenzó a moquear, el impulso de retirar fondos de la periferia fue abrumador.

A pesar de su asimetría e inestabilidad —o más bien por eso— el sistema capitalista global exhibe una considerable cohesión. Estar en la periferia tiene sus desventajas, pero es preferible a abandonar el sistema. Para los países pobres, la atracción de capital exterior es fundamental para el desarrollo económico. Para situar las cosas en su perspectiva, los logros materiales del sistema capitalista global no deberían subestimarse. Aunque las circunstancias son favorables al capital, los países que han podido atraer capital tampoco han salido demasiado mal. Asia está ahora en medio de una grave crisis, pero la crisis llega después de un período de crecimiento explosivo. América Latina, después de la década perdida de 1980 y del efecto tequila de la crisis mexicana de 1994, ha disfrutado de una fuerte entrada de capital para la compra de acciones, en particular en los sectores bancario y financiero, que comenzaba finalmente a traducirse en verdadero crecimiento. Incluso África ha dado algunas señales de vida. Así pues, además de su cohesión, el sistema también da muestras de una considerable capacidad de recuperación, contrarrestada en el lado negativo por su asimetría e inestabilidad.

El futuro del sistema capitalista global

¿Qué podemos decir del futuro del sistema capitalista global? El pasado podría ofrecer algunas pistas. En algunos aspectos, la versión decimonónica del sistema capitalista global era más estable que la actual. Tenía una moneda única, el oro; hoy hay tres monedas principales chocando entre sí como placas continentales. Ha habido potencias imperiales, Gran Bretaña la primera de ellas, que obtenían suficientes beneficios de estar en el centro del sistema capitalista global para justificar el envío de cañoneras a lugares lejanos para mantener la paz o recaudar deudas; Estados Unidos se niega hoy a actuar como fuerza policial del mundo. Pero lo más importante es que las personas estaban arraigadas con una firmeza mucho mayor en los valores fundamentales que la gente de nuestros días. La realidad se consideraba aún como algo externo, y el pensamiento se consideraba aún como un medio para alcanzar el conocimiento. Lo correcto y lo incorrecto, lo verdadero y lo falso se consideraban criterios objetivos en los que las personas podían basarse. La ciencia ofrecía explicaciones y predicciones deterministas. Había conflictos entre los preceptos de la religión y los de la ciencia, pero ambas abarcaban el mismo terreno: ofrecían una guía fiable del mundo. Juntas, crearon una cultura, que a pesar de sus contradicciones internas dominó el mundo.

Este sistema capitalista global llegó a su fin con la primera guerra mundial. Había experimentado varias crisis financieras antes de la guerra, algunas de las cuales fueron bastante graves y causaron varios años de trastorno y decadencia económicos. Pero no fueron las crisis financieras las que destruyeron el sistema, sino los acontecimientos políticos y militares.

Hubo otra encarnación del capitalismo internacional en el decenio de 1920, aunque su ámbito no fue demasiado global. Tocó a su fin debido a la crisis de 1929 y la posterior depresión. Tengo mis dudas acerca de si ese episodio concreto de la historia se repetirá. Dejar que el sistema bancario estadounidense se derrumbara fue un error político que no es probable que repitamos. Sin embargo, veo inestabilidad en el horizonte.

Expansión/depresión

Soy reacio a aplicar el modelo de expansión/depresión al sistema capitalista global porque considero que el sistema es demasiado abierto e incompleto para encajar con nitidez en el modelo. Sin embargo, casi sabiendo que caigo en un error —no quiero dar la impresión de que todo debería interpretarse como si fuera un fenómeno de expansión/depresión—, puedo identificar el potencial de un modelo expansión/depresión: una tendencia dominante, a saber, la competencia internacional por el capital, y un sesgo dominante, a saber, la creencia excesiva en el mecanismo del mercado. En la expansión, el sesgo y la tendencia se refuerzan mutuamente. En la recesión, se separan. ¿Qué causará la recesión? Creo que la respuesta se halla en la tensión entre el ámbito global de los mercados financieros y el ámbito nacional de la política. He descrito ya el sistema capitalista global como un gigantesco sistema circulatorio que absorbe capital del centro y lo expulsa hacia la periferia. Los estados soberanos actúan como válvulas dentro del sistema. Mientras los mercados financieros globales se expanden, las válvulas se abren, pero siempre que el flujo de fondos se invierta se trasforman en obstáculos, causando una avería del sistema.

Fundamentalismo del mercado

El sistema capitalista global está respaldado por una ideología arraigada en la teoría de la competencia perfecta. Según esta teoría, los mercados tienden al equilibrio y la posición de equilibrio representa la asignación de recursos más eficiente. Toda limitación a la libre competencia se interfiere con la eficiencia del mecanismo del mercado; por tanto, debe oponerles resistencia. En discusiones anteriores he descrito esta postura como ideología liberal, pero es mejor el término fundamentalismo del mercado. Y es mejor porque fundamentalismo supone cierta clase de creencia que se lleva fácilmente a extremos. Es una creencia en la perfección, una creencia en los valores absolutos, una creencia en que todo problema debe tener una solución. Postula una autoridad dotada de conocimiento perfecto aun cuando ese conocimiento no sea fácilmente accesible al común de los mortales. Dios es esa autoridad y en la época moderna la ciencia se ha convertido en un sustituto aceptable. El marxismo afirmaba tener una base científica; lo mismo sucede con el fundamentalismo del mercado. La base científica de ambas ideologías fue establecida en el siglo XIX, cuando la ciencia aún prometía ofrecer la verdad última. Hemos aprendido mucho desde entonces, tanto sobre las limitaciones del método científico como sobre las imperfecciones del mecanismo del mercado. Tanto la ideología marxista como

158

la liberal han sido totalmente desacreditadas. La ideología liberal fue la primera en ser desechada, como consecuencia de la gran depresión posterior a 1929 y el ascenso de la economía keynesiana. El marxismo sobrevivió a pesar de los excesos del régimen de Stalin pero, tras el desmoronamiento del sistema soviético, su situación actual es prácticamente de eclipse total.

En mis tiempos de estudiante a comienzos del decenio de 1950, el liberalismo era más aceptable aún de lo que lo es la intervención del Estado en la economía en nuestros días. La idea de que protagonizaría un regreso parecía inconcebible. Creo que la resurrección del fundamentalismo del mercado sólo puede explicarse por la fe en una cualidad mágica («la mano invisible») que es aún más importante que la base científica. No en vano el presidente Reagan hablaba de «la magia del mercado».

Una característica clave de las creencias fundamentalistas es que se basan en juicios o/o. Si una proposición es errónea se afirma que su contraria es correcta. Esta incoherencia lógica se halla en el centro del fundamentalismo del mercado. La intervención del Estado en la economía ha producido siempre algunos resultados negativos. Esto ha sido cierto no sólo en el caso de la planificación central sino también del estado de bienestar y de la gestión de la demanda keynesiana. A partir de esta observación trivial, los fundamentalistas del mercado saltan a una conclusión totalmente ilógica: si la intervención del Estado es defectuosa, los mercados libres deben de ser perfectos. No debe permitirse por tanto que el Estado intervenga en la economía. Apenas es necesario señalar que la lógica de este razonamiento es incorrecta.

En honor a la verdad, los argumentos en favor de mercados no regulados rara vez se presentan de manera tan burda. Por el contrario, personas como Milton Friedman han presentado voluminosas estadísticas, y los teóricos de las expectativas racionales han empleado crípticas matemáticas. Se me dice que algunos de ellos han incorporado información imperfecta y asimétrica a sus modelos, pero su propósito al someterse a tan ardua prueba ha sido generalmente establecer las condiciones de perfección, a saber, el equilibrio. Eso me recuerda las discusiones teológicas de la Edad Media sobre el número de ángeles que podían bailar en la cabeza de un alfiler.

El fundamentalismo del mercado desempeña un papel decisivo en el sistema capitalista global. Proporciona la ideología que no sólo motiva a muchos de los actores de más éxito sino que también impulsa la política. En su ausencia, no tendríamos justificación para hablar de régimen capitalista. El fundamentalismo del mercado llegó a dominar la política hacia 1980, cuando Ronald Reagan y Margaret Thatcher llegaron al poder más o menos al mismo tiempo. La tendencia dominante, la competencia internacional por el capital, había comenzado antes, con las dos crisis del petróleo de la década de 1970 y la creación de un mercado extraterritorial en eurodivisas. El sesgo y la tendencia se han reforzado mutuamente desde entonces. Es un proceso múltiple con varias facetas que resultan difíciles de desenmarañar.

El triunfo del capitalismo

Las compañías que cotizan en bolsa aumentan en número y tamaño y los intereses de los accionistas dominan aún más. A los gestores les preocupa tanto el mercado por sus acciones como el mercado por sus productos. Si se ha de elegir, las señales procedentes de los mercados financieros tienen prioridad sobre las que provienen de los mercados de productos: los gestores arbitrarán fácilmente divisiones o venderán la compañía entera si con ello potencian el valor accionarial; maximizarán los beneficios en vez de la cuota de mercado. Los gestores deben adquirir o ser adquiridos en un mercado global cada vez más integrado. En cualquier caso necesitan un precio elevado para sus acciones. Sus recompensas personales están también cada vez más vinculadas con la cotización de sus acciones. El cambio es especialmente pronunciado en el sector bancario, que experimenta una rápida consolidación. Las acciones bancarias se venden a varias veces su valor nominal, pero los gestores, conscientes de sus opciones de compra de acciones, continúan recomprando participaciones, reduciendo el número de participaciones pendientes y aumentando el valor de mercado de las participaciones.

La actividad de fusión y adquisición alcanza niveles sin precedentes a medida que las industrias se consolidan sobre una base global. Las transacciones transnacionales son cada vez más corrientes. La creación de una moneda única en Europa ha dado un tremendo impulso a la consolidación a nivel europeo. Esta reestructuración de compañías tiene lugar de forma mucho más rápida de lo que cabría imaginar. Comienzan a emerger monopolios y oligopolios globales. Sólo quedan en el mundo cuatro grandes empresas auditoras; una concentración semejante pero menos pronunciada tiene lugar en otras funciones financieras. Microsoft e Intel están al borde de ser monopolios mundiales.

Al mismo tiempo, el número de accionistas crece y la importancia de la propiedad de obligaciones en la riqueza familiar aumenta a un ritmo acelerado. Esto sucede en un marco de aumento sostenido y rápido de las cotizaciones de los valores. Hasta agosto de 1998, la última ruptura importante del mercado alcista que comenzó a comienzos del decenio de 1980 tuvo lugar en 1987, y el índice Standard y Poor (S & P) ha subido más de un 350 por 100 desde entonces. En Alemania, el mercado ha subido un 297 por 100 desde septiembre de 1992. El crecimiento de la actividad económica ha sido más moderado pero sostenido. La atención preferente a la rentabilidad ha conducido a reducciones en el número de empleados y a aumentos en la producción por empleado, al tiempo que los rápidos avances tecnológicos han contribuido a elevar la productividad. La globalización y explotación de fuentes de mano de obra más baratas han mantenido bajos los costes de producción, y los tipos de interés han mostrado, si bien se piensa, una tendencia a la baja desde comienzos de la década de 1980, lo que ha contribuido a la subida de las cotizaciones de los valores.

La difusión de la titularidad de acciones a través de fondos comunes de inversión ha introducido dos fuentes potenciales de inestabilidad, sobre todo en Estados Unidos. Una es el llamado efecto riqueza. El 38 por 100 de la riqueza familiar y el 56 por 100 de los fondos de pensiones se invierten en acciones. Los propietarios de acciones tienen grandes beneficios sobre el papel, se sienten ricos, y su propensión a ahorrar se ha reducido hasta el punto de fuga, como puede verse en el Gráfico 6.1. Este gráfico revela que los ahorros personales de las familias como porcentaje de la renta disponible ha descendido ya al 0,1 por 100 desde un máximo del 13 por 100 en

1975. Si se produjera un descenso sostenido en el mercado de valores, los sentimientos de los accionistas se invertirían, contribuyendo a una recesión y reforzando el declive del mercado.

Otra fuente de inestabilidad potencial proviene de los fondos comunes de inversión. Los gestores de fondos son juzgados sobre la base de sus resultados en relación con otros gestores de fondos, no

Gráfico 6.1
Estados Unidos: tasas de ahorro personal como porcentaje
de la renta disponible

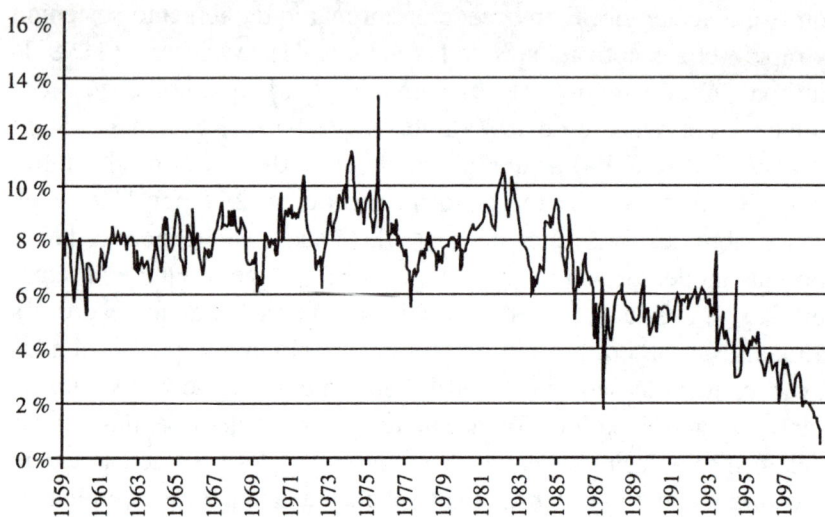

(Según información anual publicada en enero de cada año.)

en función de los resultados absolutos. Esta observación puede parecer críptica, pero tiene repercusiones trascendentales pues en la práctica obliga a los gestores de fondos a protagonizar un comportamiento seguidor de tendencias. En tanto en cuanto se mantengan con el rebaño, nada malo les ocurrirá aun cuando los inversores pierdan dinero, pero si intentan resistirse a la tendencia y sus resultados relativos se resienten aun cuando sea temporalmente, pueden perder su empleo. (Esto es precisamente lo que le sucedió a Jeff Vinik, el administrador del mayor fondo de Fidelity. Vinik ha tenido mucho éxito desde entonces por sí mismo, ganando una cuota de resultados basada en el resultado absoluto.) En el otoño de 1998, los fondos comunes de inversión, habiéndose acostumbrado a una entrada constante de nuevo dinero en efectivo, ofrecían las reservas de efectivo más bajas de la historia. En caso de invertirse la tendencia, se verán obligados a recaudar efectivo, contribuyendo a la presión a la baja.

Por inquietante que esto sea, las fuentes principales de inestabilidad están en la escena internacional. El sistema capitalista global experimenta actualmente la prueba más severa de su existencia: la crisis asiática y sus secuelas. La verificación constituye la tercera etapa del modelo de expansión/depresión. Como en todo ciclo expansión/depresión, no puede predecirse con certeza si una tendencia superará con éxito la prueba o se invertirá bruscamente. Es más provechoso exponer posibles hipótesis para una prueba superada o fracasada.

Si el sistema capitalista global sobrevive al actual período de prueba, a ese período le seguirá otro de nueva aceleración que llevará al sistema a un territorio lejos del equilibrio si es que no está allí ya. Una de las características de esta nueva y más extrema forma de capitalismo global será la eliminación de una alternativa viable a la ideología del libre mercado que surgió recientemente: el llamado modelo asiático o confuciano. Como consecuencia de la crisis actual, los chinos de ultramar y los capitalistas coreanos cuya riqueza se ha visto gravemente afectada tendrán que abandonar el control familiar. Los que estén dispuestos a hacerlo sobrevivirán; los demás perecerán. La crisis ha agravado también la situación de empresas fuertemente endeudadas en todos los países asiáticos. Las que tienen deuda externa han visto cómo su proporción entre deuda y acciones se deteriora aún más; las que tienen deuda interna han sido golpeadas por la combinación en el aumento de los tipos de interés y en el descenso de la ganancias. La única salida es convertir la deuda en activo neto o recaudar activos netos adicionales. Esto no puede hacerlo la familia; normalmente no se puede hacer siquiera a nivel local. No quedará otra alternativa que vender a extranjeros. El resultado neto será el fin del modelo asiático y el comienzo de una nueva era en la que los países afectados se integrarán aún más en el sistema capitalista global. Los bancos internacionales y las grandes empresas multinacionales se afianzarán en gran medida. En las compañías locales, una nueva generación de miembros de la familia o de gestores profesionales educados en el extranjero saltará al primer plano. El afán de lucro tendrá preferencia sobre la ética confuciana y el orgullo nacionalista y el sesgo del fundamentalismo del mercado se reforzarán aún más. Algunos países, como Malasia, podrían quedarse por el camino si persisten en sus políticas xenófobas y antimercado, pero otros lograrán su objetivo.

Así pues, si el sistema capitalista global emerge triunfante de la crisis actual, puede preverse que la economía mundial estará dominada más de lo que está hoy por grandes empresas de propiedad pública. La severa competencia no le permitirá prestar mucha atención a las preocupaciones sociales. Como es natural, defenderán de boquilla buenas causas como el medio ambiente, sobre todo si tienen tratos directos con el público en general, pero no podrán permitirse mantener el empleo en detrimento de los beneficios.

Por otra parte, es muy posible que el sistema capitalista global no sobreviva a la prueba actual. El declive económico no ha seguido aún su curso en los países de la periferia, y ese curso no se puede invertir sin no poco dolor. Los bancos y las empresas deberán reorganizarse; muchas personas han de perder aún su empleo. Las tensiones políticas son altas o continúan en ascenso. Los cambios políticos causados por la crisis financiera han conducido ya a la desaparición de los antiguos regímenes corruptos y autoritarios en varios países. Corea tuvo la suerte de elegir a un nuevo presidente, Kim Dae Jung, que durante toda su vida ha sido un abierto crítico de la relación incestuosa entre el gobierno y los negocios. El actual primer ministro de Tailandia es admirado generalmente por su honestidad y está rodeado de un gabinete de formación occidental y orientado al mercado. En Indonesia, Suharto fue barrido de su cargo por una revolución. En Malasia, Mahathir está sitiado. En China, los reformadores económicos están al mando, pero existe el peligro real de que si la situación económica continúa deteriorándose los reformadores pierdan poder. Se dice a menudo que las revoluciones devoran a sus hijos. El resentimiento antiestadounidense, anti-FMI, antiextranjero se acumula ya en toda Asia, incluido Japón. Las elecciones en Indonesia podrían producir un gobierno islámico nacionalista inspirado en las ideas de Mahathir.

Lo que suceda en el centro será decisivo. Hasta tiempos recientes, los problemas en la periferia han sido beneficiosos para el centro. Han contrarrestado incipientes presiones inflacionistas, inducido a las autoridades monetarias a no elevar los tipos de interés y permitido que los mercados de valores alcancen nuevos máximos. Pero los efectos positivos de la crisis asiática están dejando de ser una novedad y los negativos comienzan a aflorar. Los márgenes de beneficios sufren presiones crecientes. Algunas empresas están directamente afectadas por la reducción de la demanda o la competencia más dura en el exterior; otras de las industrias de servicios que no están directamente afectadas por la competencia internacional perciben la repercusión de la elevación de los costes laborales.

La expansión de los mercados de valores ha cedido también su curso. Si el mercado baja, es probable que el efecto riqueza traduzca un declive del mercado en un declive económico. Esto podría despertar resistencia a las importaciones, lo que, a su vez, podría avivar el resentimiento en la periferia.

Ya desde el comienzo de la crisis asiática, el capital ha huido de la periferia. Si los países de la periferia abandonan la esperanza de que el flujo se reanude, pueden comenzar a usar su soberanía para impedir la salida. Esto reforzará el flujo de salida y el sistema se desplomará. Estados Unidos mira cada vez más hacia el interior. La negativa del Congreso a facilitar fondos adicionales al FMI puede desempeñar hoy el mismo papel que los aranceles Smoot-Hawley en la Gran Depresión.

¿Cuál de las dos hipótesis tiene más posibilidades de imponerse? Me inclino a apostar por la segunda, pero en cuanto a actor del mercado debo mantener una mentalidad abierta. No tengo ninguna duda, sin embargo, al afirmar que el sistema capitalista global sucumbirá a sus defectos, si no en esta ocasión en la siguiente, a menos que reconozcamos que tiene defectos y actuemos a tiempo para corregir las deficiencias.

Puedo distinguir ya los ingredientes de la crisis definitiva. Tendrá carácter político. Es probable que surjan movimientos políticos autóctonos que intenten expropiar a las grandes empresas multinacionales y recapturar la «riqueza nacional». Puede que algunos de ellos triunfen de la manera en que lo hizo la rebelión de los bóxers o la revolución zapatista. Su éxito puede fracturar entonces la confianza de los mercados financieros generando el inconveniente de un proceso de autorreforzamiento. Si esto sucederá en esta ocasión o en la siguiente está abierto a debate.

En la medida en que un proceso de expansión/depresión sobrevive a la prueba, sale reforzado. Cuanto más rigurosa sea la prueba, mayor será el reforzamiento. Después de cada prueba superada con éxito viene un período de aceleración; después de un período de aceleración viene el momento de la verdad. Es imposible determinar exactamente en qué punto nos hallamos en esta secuencia salvo retrospectivamente.

Capítulo 7

La crisis financiera global

La crisis asiática

La crisis financiera que tuvo su origen en Tailandia en 1997 es especialmente inquietante debido a su alcance y severidad. Como ya he apuntado en el Prefacio, en el Soros Fund pudimos ver que se acercaba una crisis, y no fuimos los únicos, pero el alcance del trastorno fue una sorpresa para todos. Varios desequilibrios latentes y aparentemente no relacionados se activaron y su interacción desencadenó un proceso lejos del equilibrio cuyos resultados son totalmente desproporcionados con respecto a los ingredientes que intervinieron en su creación.

Los mercados financieros desempeñaron un papel muy diferente del que les asigna la teoría económica. Se supone que los mercados financieros oscilan como un péndulo: pueden fluctuar vivamente para responder a choques exógenos, pero se supone que finalmente reposan en un punto de equilibrio, y ese punto se supone que es el mismo con independencia de las fluctuaciones intermedias. Por el contrario, como afirmé ante el Congreso, los mercados financieros se comportaron de manera más parecida a una bola de demolición, oscilando de un país a otro y golpeando a los más débiles.

Es difícil eludir la conclusión de que el sistema financiero internacional constituye el principal ingrediente del proceso de crisis. Es cierto que desempeñó un papel activo en todos los países, aunque los otros ingredientes variaron de un país a otro. Esa conclusión es difícil de conciliar con la idea ampliamente sostenida de que los mercados financieros reflejan pasivamente los fundamentos. Si mi opinión es válida, el papel que los mercados financieros desempeñan en el mundo debe ser radicalmente reconsiderado. Para probar esta tesis sobre los mercados financieros, tomemos un inventario de los demás ingredientes que intervienen y veamos después lo que ha sucedido.

La causa más inmediata de los problemas fue una alineación incorrecta de las monedas. Los países del sureste de Asia mantenían un acuerdo informal que vinculaba sus monedas con el dólar de EE UU. La aparente estabilidad de la vinculación con el dólar alentó a los bancos y negocios locales a endeudarse en dólares y convertir los dólares en las monedas locales sin cobertura; después los bancos prestaron a proyectos locales o invirtieron en ellos, sobre todo bienes raíces. Ésta parecía una forma sin riesgos de ganar dinero en tanto en cuanto el asidero informal se mantuviera. Pero el acuerdo se vio sometido a presiones, en parte originadas en la infravaloración de la moneda china en 1996, y en parte en la apreciación del dólar de EE UU en relación con el yen. La balanza comercial de los países afectados se deterioró, aunque los déficits comerciales fueron contrarrestados al principio mediante la continuación de importantes entradas en las cuentas de capital. Sin embargo, a comienzos de 1997 en el Soros Fund teníamos claro que la discrepancia entre la cuenta comercial y la cuenta de capital se hacía insostenible. Vendimos el baht tailandés y el ringgit malasio a comienzos de 1997 con vencimientos que oscilaban entre seis meses y un año [1]. Posteriormente, el primer ministro de Malasia, Mahathir, me acusó de causar la crisis. La acusación era totalmente infundada. Nosotros no fuimos vendedores de la moneda durante la crisis ni varios meses antes de ella; por el contrario, fuimos compradores cuando las monedas comenzaron a caer; comprábamos ringgit para realizar los beneficios sobre nuestra anterior especulación (demasiado pronto, como más tarde se vio).

Si en enero de 1997 era evidente para nosotros que la situación era insostenible, debía de haberlo sido también para otros. Sin em-

---

[1] Concertamos contratos para entregar en fechas futuras baht tailandeses y ringgit malasios que no poseíamos en ese momento.

bargo, la crisis no estalló hasta julio de 1997, cuando las autoridades tailandesas abandonaron la vinculación y decretaron la flotación de la moneda. La crisis llegó más tarde de lo que nosotros esperábamos porque las autoridades monetarias locales siguieron apoyando sus monedas durante demasiado tiempo y los bancos internacionales continuaron extendiendo el crédito aunque debían haber visto las señales de aviso. El retraso ha contribuido indudablemente a la gravedad de la crisis. De Tailandia se propagó rápidamente a Malasia, Indonesia, Filipinas, Corea del Sur y otros países.

Lo que se debe tener en cuenta, sin embargo, es que algunos otros países que fueron engullidos por la crisis asiática *no* tenían una vinculación informal en forma de dólar. Es cierto que el won coreano estaba sobrevalorado, pero no era ese el caso de las monedas de China o Japón. Por el contrario, la ventaja competitiva de que disfrutaba China y la importante depreciación del yen japonés frente al dólar fueron factores que precipitaron la crisis. ¿Qué tenían, pues, en común las economías sacudidas por la crisis? Algunos afirman que el problema era su común dependencia de una forma distorsionada o inmadura del régimen capitalista que ahora recibe peyorativamente el nombre de «capitalismo de amigotes» pero que antes se ensalzaba con el nombre de capitalismo confuciano o modelo asiático. Hay algo de verdad en esta afirmación, como explico en los esbozos en miniatura que siguen. Pero atribuir la crisis a características específicamente asiáticas no permite ver obviamente el cuadro completo, pues la crisis se ha propagado a América Latina y Europa oriental y ahora comienza a afectar a los mercados financieros y las economías de Europa occidental y Estados Unidos. Después de un breve examen de lo sucedido en Asia, vuelvo, pues, al argumento principal de mi razonamiento: que la crisis global está causada por patologías inherentes al propio sistema financiero global.

La muerte del modelo asiático

Las economías asiáticas tenían muchas debilidades estructurales. La mayoría de los negocios eran de propiedad familiar y, de acuerdo con la tradición confuciana, las familias deseaban mantener su control. Si emitían acciones al público, tendían a ignorar los derechos de los accionistas minoritarios. En la medida en que no podían financiar su crecimiento a partir de las ganancias, preferían depender del crédito en vez de arriesgarse a perder el control. Al mismo tiempo, las autoridades gubernamentales usaban los bancos de crédito como una herramienta de política industrial; también solían recompensar a sus familiares y amigos. Había una relación incestuosa entre la empresa y el gobierno de la que esto sólo era una expresión. La combinación de estos factores tuvo como resultado unas proporciones muy altas entre la deuda y el activo patrimonial y un sector financiero que ni era transparente ni sano. La idea de que el «crédito bancario» controlaría a los accionistas de las empresas simplemente no procedía[2].

Por ejemplo, la economía de Corea del Sur estaba dominada por *chaebol* (conglomerados) controlados por familias. Los *chaebol* tenían un alto grado de apalancamiento. La proporción media entre deuda y activos propios de los treinta *chaebol* más grandes (que representaban indirectamente un 35 por 100 de la producción industrial de Corea) era del 388 por 100 en 1996, aunque algunos *chaebol* alcanzaban entre el 600 y el 700 por 100. A finales de marzo de 1998, la media había subido hasta el 593 por 100. Los propietarios usaron su control para establecer garantías cruzadas de la deuda de otros miembros del grupo, violando así los derechos de los accionistas minoritarios. Para empeorar la situación, las empresas coreanas operaban con márgenes de beneficio muy bajos: la cobertura del interés de los treinta mayores *chaebol* en 1996 era 1,3 veces, y sólo 0,94 veces en 1997. Esto significa que los cargos en concepto de intereses no estaban cubiertos por los beneficios. Los bancos coreanos ampliaron el crédito fácil como parte de la política industrial. El gobierno decidió fomentar ciertos sectores y los *chaebol* acudieron en masa, por miedo a quedarse fuera. Esto condujo a una expansión precipitada sin tener en cuenta los beneficios. En este sentido, Corea

---

[2] Muchos han afirmado que el préstamo bancario era un mecanismo clave para ejercer el control empresarial en Asia. Joseph E. Stiglitz, «Credit Markets and the Control of Capital», *Journal of Money, Credit and Banking,* vol. 17, nº 2, mayo de 1985, Ohio University Press, pág. 150.

imitaba conscientemente los tiempos anteriores de Japón, pero resultó una imitación burda de un modelo mucho más sutil. Como ya he señalado, Japón contaba con el beneficio de las instituciones democráticas, mientras que Corea del Sur tuvo una dictadura militar durante gran parte de su historia de posguerra. Faltaban la tradición consensual de Japón y los mecanismos de control que caracterizan a una democracia.

Cuando los créditos improductivos comenzaron a acumularse, los bancos coreanos intentaron salir del agujero endeudándose aún más en el extranjero e invirtiendo el dinero así obtenido en instrumentos de alta productividad y alto riesgo en países como Indonesia, Rusia, Ucrania y Brasil. Este fue un factor importante en la crisis de Corea.

Los bancos japoneses tampoco han salido mejor parados recientemente. Los problemas de Japón se remontan a la crisis de Wall Street de 1987. El sistema financiero japonés estaba férreamente controlado por el Ministerio de Finanzas. Los funcionarios de este ministerio constituían una élite intelectual, comparable a los inspectores de finanzas de Francia. Comprendían la reflexividad mejor que cualquier otro grupo con el que me haya encontrado, y concibieron la grandiosa idea de que Japón podía trasladar su poderío industrial al dominio financiero proporcionando liquidez al mundo. Recuerdo el momento en que este concepto me fue explicado tras la crisis de 1987 por un funcionario del Ministerio de Finanzas. Lamentablemente, los japoneses no tuvieron en cuenta un aspecto importante de la reflexividad, a saber, las consecuencias no buscadas. Su decisión ayudó al mundo a superar los efectos de la crisis pero dejó con grandes pérdidas a las instituciones financieras japonesas en el extranjero y generó una burbuja financiera en el interior que alcanzó su apogeo en 1991. Debido a su férreo control sobre las instituciones financieras, el Ministerio de Finanzas pudo deflactar la burbuja sin que se produjera una crisis, siendo la primera vez en la historia que se lograba tal proeza. Pero en los libros de balances quedaron muchos malos activos no digeridos enconados en los libros de balances de las instituciones financieras. El dinero de los contribuyentes no se podía usar para sacar de apuros a los bancos hasta que la necesidad se hiciera irresistible; aun entonces, la costumbre japonesa requería que rodaran las cabezas de los funcionarios del Ministerio de Finanzas, y así sucedió finalmente. No es de extrañar que el Ministerio de Finanzas se resistiera a la idea mientras le fue posible.

En el comienzo de la crisis asiática, Japón estaba inmerso en una política de reducción del déficit presupuestario. Era exactamente la política equivocada, y la crisis asiática llegó justo en el momento equivocado. Los bancos japoneses, que tenían grandes exposiciones en Tailandia, Indonesia y Corea, comenzaron a reducir sus balances, haciendo que el crédito se comprimiera en medio de una liquidez desbordante. Los consumidores, atemorizados por la crisis asiática y por algunas bancarrotas internas, aumentaron su propensión a ahorrar. Los bajos tipos de interés fomentaron la transformación del capital en el extranjero. El yen bajó y la economía se deslizó hacia la recesión. El gobierno se convenció finalmente de reducir los impuestos y usar el dinero público para recapitalizar los bancos, pero era demasiado poco y demasiado tarde. La recesión en Japón, segunda economía del mundo y socio comercial importante de los demás países asiáticos, agravó la severidad del revés económico en el resto de Asia.

Podemos identificar muchas deficiencias en el modelo asiático de desarrollo económico: debilidades estructurales en el sistema bancario y en la propiedad de empresas, la relación incestuosa entre actividad económica y política, la falta de transparencia y la ausencia de libertad política. Aunque estas deficiencias estaban presentes en muchos países afectados, ninguna estaba presente en todos. Hong Kong estaba exento de la mayoría de ellas. Japón y Taiwan han disfrutado de libertad política. La propiedad familiar de importantes empresas no es característica de Japón. Singapur tiene un sistema bancario fuerte. Por otra parte, el modelo asiático como tal era una estrategia de desarrollo económico de extraordinario éxito y era ampliamente admirado en círculos mercantiles. El modelo asiático produjo un espectacular aumento del nivel de vida, con un 5,5 por 100 anual por término medio de la renta per cápita durante un período prolongado. Es decir, un crecimiento más rápido que prácticamente todas las economías de mercado emergentes. Líderes asiáticos como Lee Kwan Yu de Singapur, Suharto de Indonesia y Mahathir de Malasia proclamaron orgullosos su creencia en la superioridad de los valores asiáticos sobre los valores occidentales incluso mientras se desarrollaba la crisis. Llegaron incluso a desafiar la Declaración Universal de Derechos Humanos de la ONU. Lee Kwan Yu consideraba decadente la democracia occidental, Mahathir renegaba de la tradición de colonialismo y Suharto ensalzaba las virtudes del nepotismo. La Asociación de Naciones del Asia Suroriental (ASEAN) admitió a Myanmar como miembro de su organización en junio de 1997, en un desafío directo a las democracias occidentales, para las que el régimen represivo de Myanmar era política y humanamente inaceptable.

¿Cómo se echó a perder con tal rapidez un modelo de desarrollo económico de tanto éxito? Es imposible ofrecer una explicación sin tener en cuenta las deficiencias del sistema capitalista global. El hecho de que la crisis asiática no se limitara a Asia sino que engullera también a Rusia, Suráfrica y Brasil, y es probable que afecte a todos los mercados emergentes antes de que siga su curso, refuerza el argumento de que la fuente principal de inestabilidad se encuentra en el propio sistema financiero internacional.

La inestabilidad de las finanzas internacionales

Al examinar el sistema, debemos distinguir entre inversores directos, inversores de cartera, bancos y autoridades financieras como el FMI y los bancos centrales. Los inversores directos no desempeñaron un papel desestabilizador excepto quizá como clientes de los bancos. En el caso de los inversores de cartera, podemos distinguir inversores institucionales que manejan el dinero de otras personas, fondos de cobertura que emplean el apalancamiento e inversores individuales.

Los inversores institucionales, tal como se ha discutido en el capítulo anterior, miden sus resultados en relación con los demás, lo que les convierte a su vez en un rebaño seguidista. Asignan sus activos entre diferentes mercados nacionales; cuando el valor de un mercado sube, deben aumentar su asignación o pierden peso, y viceversa. Además, es probable que los fondos comunes atraigan inversores cuando reportan buenos resultados y los pierdan cuando incurran en pérdidas. Los fondos mutuos no desempeñaron papel alguno a la hora de precipitar la crisis salvo prolongando su bienvenida durante la expansión que la precedió. Pero desempeñan un papel importante para que la recesión sea más duradera. Los inversores se retiran de los fondos de mercados emergentes y esto convierte a los fondos mutuos en vendedores a la fuerza. Los gestores de los fondos de cobertura y otros que especulan con dinero prestado desempeñan un papel semejante. Cuando están en una buena racha pueden aumentar sus apuestas, cuando pierden se ven obligados a vender para reducir su deuda. Las opciones, los fondos de cobertura y otros instrumentos derivados tienen sobre ellos un carácter de autorreforzamiento semejante.

Los gestores de los fondos de cobertura y otros especuladores pueden comerciar directamente en monedas, sin comprar ni vender valores. Lo mismo sucede con los bancos, tanto por su cuenta como en nombre de sus clientes. Los bancos son mucho más importantes que los fondos de cobertura en los mercados monetarios, pero debe admitirse que fondos de cobertura como el mío sí desempeñaron un papel en la convulsión monetaria asiática. Como los fondos de cobertura tienden a preocuparse más de los resultados absolutos que de los relativos, es más probable que participen activamente en la precipitación del cambio de una tendencia. Naturalmente, esto les expone a críticas cuando el cambio no es deseable, pero si una tendencia es insostenible es sin duda mejor que se la invierta cuanto antes. Por ejemplo, al vender a precio de saldo los baht tailandeses en enero de 1997, los Quantum Funds gestionados por mi compañía de inversión emitieron un señal que podría ser sobrevalorada. Si las autoridades hubieran respondido, el ajuste habría ocurrido antes y habría sido menos doloroso. Lo cierto es que las autoridades se resistieron y cuando la crisis llegó fue catastrófica.

El verdadero problema es si la especulación monetaria es deseable o no. Si examinamos las pruebas, los países que tienen monedas libremente convertibles han sufrido trastornos más graves en la crisis actual que los que tuvieron algunos controles sobre las transacciones monetarias. Tailandia fue más abierta que Malasia, y Tailandia sufrió un revés mayor. La China continental se vio menos afectada que Hong Kong, aunque Hong Kong dispone de un sistema bancario y financiero mucho más saneado. Pero estas pruebas no son concluyentes. La moneda coreana no era negociable libremente, y sin embargo la crisis fue tan grave como en el Asia suroriental, y la crisis no está cerrada aún en China. La cuestión está estrechamente interrelacionada con el papel de los bancos.

Cada país tiene su propio sistema bancario y sus propias autoridades reguladoras; ambos interactúan entre sí de forma compleja para formar el sistema bancario internacional. Algunos grandes bancos del centro del sistema están tan implicados en las transacciones internacionales que pueden calificarse de bancos internacionales. A menudo son propietarios de bancos nacionales o llevan a cabo operaciones interiores como el crédito al consumo en múltiples países. La mayoría de los países afectados por la crisis actual, sin embargo, han tenido sistemas bancarios relativamente cerrados, es decir, pocos bancos de ámbito nacional son de propiedad extranjera. Hong Kong y Singapur son las excepciones: sus principales bancos pueden calificarse de internacionales. Los bancos japoneses y, más recientemente, los coreanos también tuvieron escarceos en la banca internacional, con resultados desastrosos. Las estimaciones sobre préstamos improductivos (es decir, préstamos que no pueden pagarse) que se esperan sólo en Asia equivalen a casi dos billones de dólares de EE UU, tal como se ilustra en la Tabla 7.1.

Tabla 7.1

Asia y Japón. Estimación de préstamos improductivos

País	Máximo de PDP esperado	Valor en dólares USA
1. Hong Kong	12 %	15,9
2. India	16 %	13,0
3. Indonesia	85 %	34,1
4. Corea	45 %	167,0
5. Malasia	40 %	27,5
6. Filipinas	25 %	7,0
7. Singapur	11 %	8,5
8. Taiwan	4,5 %	16,3
9. Tailandia	50,4 %	91,7
10. Sureste de Asia		381,0
11. Japón	30 %	800,0
12. China	25-30 %	600,0
TOTAL		1.781,0

Fuentes: Salomon Brothers, Goldman Sachs, Warburg Dillon Read y estimaciones de SFM LCC.

Los bancos internacionales y nacionales están vinculados por líneas de créditos que definen los límites dentro de los cuales pueden emprender diversas transacciones como operaciones monetarias, permutas de tipos de interés, etc. También pueden estar relacionados a través de créditos a más largo plazo. Tanto las líneas de crédito como los préstamos se fijan en dólares o en otras monedas fuertes. En los países que estaban vinculados formal o informalmente al dólar, los bancos de ámbito nacional y los prestatarios dieron por supuesto que la vinculación se mantendría. En muchos casos no se protegieron contra el riesgo monetario. Cuando la vinculación se rompió, se encontraron con grandes exposiciones monetarias no cubiertas. Se precipitaron en busca de cobertura, ejerciendo una enorme presión sobre las monedas locales. Las monedas superaron el factor de riesgo, causando un súbito deterioro de los balances de los prestamistas. Por ejemplo, Siam Cement, la empresa más grande y fuerte de Tailandia incurrió en pérdidas de 52.600 millones de baht tailandeses, en comparación con sus activos iniciales de 42.300 millones de baht tailandeses y unos beneficios en 1996 de 6.800 millones de baht tailandeses[3]. Las compañías más débiles lo pasaron mucho peor. Muchos prestatarios habían usado los préstamos para financiar bienes raíces, y los valores de éstos estaban ya bajando cuando se rompió la vinculación. Súbitamente había un riesgo crediticio además de un riesgo monetario, que redujo la disposición de los prestamistas a ampliar los créditos. Esto, junto con la huida de inversores extranjeros de los mercados a la baja, puso en marcha un proceso de autorreforzamiento que se tradujo en un descenso del 42 por 100 en la moneda tailandesa y un descenso del 59 por 100 en el mercado de valores tailandés, expresado en moneda local, entre junio de 1997 y finales de agosto de 1998. El resultado combinado fue una pérdida del 76 por 100 en dólares, que puede compararse con la pérdida del 86 por 100 en Wall Street entre 1929 y 1933.

El pánico fue propagado a los países vecinos por los mercados financieros; yo he usado la imagen de una bola de demolición,

---

[3] El tipo de cambio era de 24,35 baht tailandeses por dólar de EE UU antes de que se abandonase la vinculación monetaria el 2 de julio de 1997; al terminar el año era de 45,9.

mientras otros se han referido al contagio financiero como una versión moderna de la peste bubónica. Los desequilibrios en algunas de estas economías recién azotadas eran menos pronunciados, pero esto no significaba protección alguna. La economía de Malasia se recalentaba, pero la expansión monetaria había sido principalmente interna; el déficit comercial era bastante moderado. Los fundamentos en Indonesia parecían no obstante sólidos; el principal problema era que Indonesia se había endeudado fuertemente con bancos coreanos y japoneses que tenían sus propios problemas y no estaban en condiciones de renovar sus créditos. Cuando el dólar de Hong Kong fue atacado, el sistema de cajas de conversión causó un aumento de los tipos de interés locales que a su vez deprimió el valor de los bienes raíces y las acciones. Los bancos internacionales que negociaban con bancos de Hong Kong descubrieron un riesgo crediticio del que no habían sido conscientes. Cuando emprendieron permutas consecutivas de tipos de interés [4], dieron por supuesto que las cantidades eran las mismas en ambos lados; ahora se daban cuenta de que si el tipo de cambio cambiaba, su homólogo de Hong Kong le debería súbitamente más dinero del que ellos debían a su homólogo de Hong Kong. Esto obligó a los bancos internacionales a restringir sus líneas de crédito a Hong Kong. El riesgo crediticio se convirtió en un problema aún mayor en Corea, donde algunos bancos no pagaron realmente sus garantías. No pasó mucho tiempo antes de que la crisis financiera obligase a Tailandia y después a Corea e Indonesia a recabar la ayuda del FMI.

El papel del Fondo Monetario Internacional

El FMI se encontró ante problemas que nunca antes había tenido que abordar. La crisis asiática era una crisis compleja, con un componente monetario y un componente crediticio. El componente crediticio, a su vez, tenía un aspecto internacional y un aspecto nacio-

---

[4] Esta permuta tiene lugar cuando un banco cambia de un préstamo de tasa fija a uno de tasa variable para sus clientes contra el cambio contrario por parte de su banco corresponsal en el extranjero.

nal, y todos los diversos componentes estaban interrelacionados. Lo que hacía que la crisis asiática fuera diferente de cualquiera de las crisis a las que el FMI se había enfrentado antes era que se había originado en el sector privado; el sector público estaba en una forma relativamente buena.

El FMI impuso la medicina tradicional: elevar los tipos de interés y reducir el gasto público para estabilizar la moneda y restablecer la confianza de los inversores internacionales. Reconoció así mismo los defectos estructurales de países concretos e impuso condiciones a medida, como el cierre de instituciones financieras poco sólidas. Pero los programas del FMI no funcionaron porque sólo se ocupaban de algunos aspectos de la crisis, no de todos. Como los diversos aspectos estaban interrelacionados, no podían curarse por separado. Específicamente, las monedas no se podían estabilizar hasta que se atajaran los problemas de la deuda, porque los deudores se precipitaron a cubrir su exposición cuando la moneda cayó y la debilidad monetaria sirvió para aumentar su exposición en un círculo vicioso.

¿Por qué el FMI no se dio cuenta de esto? Quizá porque había desarrollado su metodología para tratar descquilibrios en el sector público; su conocimiento del funcionamiento de los mercados financieros dejaba mucho que desear. Esto se demostró en Indonesia, donde el FMI insistió en cerrar algunos bancos sin tomar medidas adecuadas para proteger a los inversores, provocando un pánico clásico sobre los bancos. El pánico financiero debilitó, a su vez, la determinación del presidente Suharto de cumplir las condiciones del programa de salvamento del FMI, que ya le había parecido desagradable porque afectaba a los privilegios de sus familiares y amigos. La disputa entre Suharto y el FMI empujó a la rupia indonesia a una caída libre. Los Quantum Funds resultaron gravemente heridos porque habíamos comprado la rupia indonesia aproximadamente a 4.000 por dólar, pensando que la moneda se había reajustado ya cuando había caído desde 2.430 en julio de 1997. Continuó cayendo hasta más de 16.000 rápidamente, una experiencia que hace recapacitar. Yo era plenamente consciente de la corrupción del régimen de Suharto, e insistí en vender nuestra participación en una central eléctrica en la que miembros de la familia Suharto tenían un interés financiero simplemente porque no deseaba que se me relacionara con ellos. Pero aquí estábamos perdiendo dinero en Indonesia precisamente cuando se pagaban las consecuencias.

El FMI ha sido criticado por establecer demasiadas condiciones e interferir demasiado en los asuntos internos de los países que recurren a él en busca de ayuda. ¿Para qué sirve el FMI, se pregunta, si un régimen es corrupto o la estructura bancaria e industrial registra un exceso de apalancamiento? Lo único que importa es que un país debe ser capaz de cumplir sus obligaciones. La tarea del FMI es ayudar a contener una crisis de liquidez; de los problemas estructurales es mejor que se ocupe el país afectado. Yo diría todo lo contrario. Las crisis de liquidez están indisolublemente interrelacionadas con los desequilibrios estructurales; no es posible corregirlas sólo prestando más dinero a un país. Cuando los bancos y las grandes empresas están sobreendeudados (es decir, la proporción entre deuda y activos es demasiado alta), es necesaria una inyección de activos. El problema es que en una situación de crisis ni los nuevos activos ni los créditos adicionales son fácilmente disponibles. La única solución es convertir la deuda en activo neto. Los programas del FMI en Asia fracasaron porque no insistió en un programa de conversión de la deuda en activo neto. Lejos de inmiscuirse demasiado, no fue lo bastante entrometido.

En defensa del FMI, debe reconocerse que tal vez fuera imposible abordar una crisis de liquidez e introducir un programa de conversión de la deuda en activo neto al mismo tiempo. Los acreedores internacionales se habrían negado, y sin su cooperación ningún programa de salvamento puede tener éxito. Por otra parte, el no haber atajado el problema de la deuda tuvo como consecuencia reajustes excesivos y tipos de interés punitivos que convirtieron en insolventes a los prestamistas y sumieron a los países afectados en una profunda depresión. Es evidente que existe un problema sistémico, y el FMI forma parte del problema, no de la solución.

El FMI vive ahora su propia crisis. La confianza de los mercados ha sido un ingrediente fundamental de su éxito en el pasado, y ahora ha perdido credibilidad. También se ha quedado sin recursos. La negativa del Congreso de EE UU de facilitar fondos adicionales ha reducido en gran medida su capacidad para afrontar los proble-

179

mas a medida que estos se plantean. Volveré sobre este punto en el capítulo siguiente.

Una breve panorámica general

En el otoño de 1997, el desastre indonesio puso a los bancos coreanos y japoneses a la defensiva y minó la confianza de los prestamistas internacionales en el sistema bancario coreano. Desde Corea, la bola de demolición osciló hasta Rusia y Brasil, rozando Europa oriental y demoliendo Ucrania en el camino. Los bancos coreanos habían invertido en Rusia y Brasil, y los brasileños lo habían hecho en Rusia. Tanto los coreanos como los brasileños tuvieron que liquidar sus valores y tanto Brasil como Rusia tuvieron que elevar los tipos de interés lo bastante para proteger sus monedas contra la venta. Brasil usó la crisis para aprobar reformas estructurales que debían haberse adoptado antes, y que ayudaron a mantener la situación, pero sólo durante unos meses.

La crisis internacional alcanzó su punto culminante al final de diciembre de 1997, cuando, a pesar de un programa del FMI, los bancos extranjeros se negaron a refinanciar sus prestamos a los bancos coreanos. Los bancos centrales tuvieron que intervenir y usar su mano dura con los bancos comerciales bajo su jurisdicción para renovar los préstamos. Se preparó un segundo conjunto de medidas de salvamento. Poco después la crisis comenzó a atenuarse. El presidente de la Reserva Federal de EE UU, Alan Greenspan, dejó claro que los problemas de Asia descartaban cualquier posibilidad de subida de los tipos de interés y los mercados de bonos y valores respiraron aliviados. La bola de demolición dejó de oscilar sin haber penetrado en América Latina, con la excepción de un impacto inicial en Brasil. Corea y Tailandia se beneficiaron de la elección de nuevos gobiernos comprometidos con la reforma. Sólo Indonesia continuó deteriorándose, pero finalmente Suharto fue desalojado del poder. Los cazadores de gangas regresaron. Las monedas se fortalecieron; y, a finales de marzo, los mercados asiáticos, incluido el de Indonesia, recuperaron entre un tercio y la mitad de sus pérdidas, medidas en monedas locales. Este es un repunte característico

180

después de una crisis importante de los mercados.

Fue un falso amanecer. Al desplome financiero le siguió el declive económico. La demanda interna llegó a un punto muerto y las importaciones disminuyeron, pero las exportaciones no aumentaron, porque una proporción elevada de las exportaciones se dirigían hacia países que también estaban afectados. Además, las exportaciones se concentraban en un número limitado de productos en los que la creciente presión vendedora hizo bajar los precios. Los semiconductores, en los que Corea, Taiwan y, en menor medida, Japón competían por el mercado mundial, fueron golpeados con especial dureza. El declive económico se propagó rápidamente a países que en un principio no se habían visto afectados. Japón se deslizó a una recesión y la situación económica en China se hizo cada vez más difícil. Hong Kong volvió a recibir renovadas presiones. La caída de los precios de los productos básicos, especialmente el petróleo, perjudicó a Rusia y a otros países productores de materias primas.

La situación en Corea es especialmente instructiva. Tras la crisis de liquidez al término de 1997, la situación externa comenzó a mejorar casi de inmediato. La demanda de consumo se estancó, las importaciones cayeron en picado y la balanza comercial osciló hacia el superávit. El endeudamiento externo en relación con el PNB no había sido demasiado alto para comenzar (se anuncia sólo el 25 por 100 según se informó en 1997, pero subió al 50 por 100 cuando se revelaron las verdaderas cifras en 1998), y la aparición de un gran superávit comercial la hizo bastante respetable. Los cinco grandes *chaebol* (que representan directamente el 15 por 100 de la producción industrial, e indirectamente mucho más) hicieron un esfuerzo ímprobo para cumplir con sus obligaciones internacionales, y la crisis externa no tardó en ser mitigada. La situación interna, en cambio, continúa deteriorándose. La mayoría de las empresas operan con pérdidas y sus balances van de mal en peor. Aquí se incluyen las cinco grandes. La recapitalización de los bancos avanza con gran lentitud y a pesar de la reducción de los tipos de interés la economía continúa languideciendo. El desempleo y las tensiones laborales aumentan.

El problema en Japón es también interno. Dadas las tremendas reservas monetarias y el gran y creciente superávit comercial, el gobierno japonés debería estar perfectamente capacitado para recapitalizar el sistema bancario y estimular la economía. Lamentablemente, sus políticas están equivocadas. Los bancos tienen que quebrar antes de que el dinero público sea disponible. Los banqueros harán cuanto esté en su poder para demorar el mal día en que tengan que reconocer sus pérdidas. El resultado es una crisis del crédito que ha impulsado a la economía a la recesión, ejerciendo una inmensa presión sobre los demás países asiáticos.

China se enfrenta a algunas de las mismas dificultades que Corea del Sur. Su sistema bancario ha estado guiado por consideraciones políticas en vez de comerciales, y la acumulación de deudas incobrables es peor aún que en Corea. Tiene una economía impulsada por la exportación que perdió parte de su ventaja competitiva cuando sus competidores devaluaron. Se había producido el enorme auge del desarrollo de la propiedad comercial; al comienzo de la crisis asiática la mitad de las grúas del mundo trabajaban en Shanghai. La entrada de inversión extranjera —el 70 por 100 del total procedente de chinos residentes en el extranjero— se estancó.

La gran diferencia, lo que ha salvado a China, ha sido que su moneda no es convertible; de lo contrario, seguramente habría quedado expuesta a la bola de demolición a pesar de sus ingentes reservas monetarias oficiales. Hay préstamos en moneda extranjera pendientes cuya magnitud, como en otros países de Asia, no se comunica de manera fiable, y los inversores extranjeros, especialmente los chinos de ultramar, habrían emprendido la huida probablemente, o al menos habrían cubierto sus inversiones en el mercado a término, si hubieran tenido la oportunidad de hacerlo. Sin embargo, los controles sobre el capital dieron tiempo al gobierno.

El gobierno chino ha intentado usar ese tiempo para estimular la demanda interna. El Partido Comunista perdió el «mandato del cielo» en la matanza de la plaza Tiananmén, por lo que debe proporcionar prosperidad sobre la Tierra para que sea tolerado. Esto significa una tasa de crecimiento cercana al 8 por 100. Pero los motores del crecimiento, las exportaciones y la entrada de inversión extranjera, se han desconectado ya. La demanda interna debe ocupar ya su lugar. El gobierno está recurriendo a los viejos remedios keynesianos: fomentar los grandes proyectos de infraestructuras e intentar estimular la construcción de viviendas. Está decidido a evitar la devaluación de la moneda por varias razones. Desea reforzar su estatura en el mundo, construir una relación más fuerte con Estados Unidos y ser admitido como miembro de la Organización Mundial del Comercio; también teme provocar contramedidas proteccionistas en Estados Unidos si devalúa. La devaluación socavaría también la caja de conversión de Hong Kong, y el actual gobierno chino está apasionadamente comprometido con la idea de «un país, dos sistemas económicos» porque desea que la China continental se parezca más a Hong Kong. Se ha usado a Hong Kong como vehículo para la privatización de empresas de propiedad estatal, los llamados fragmentos rojos. Pero el mercado de Hong Kong está sometido a una grave presión, y en vez de flotar nuevas compañías, la Autoridad Monetaria se ha visto obligada a comprar acciones para estabilizar el mercado. El gobierno chino confiaba en alcanzar el mismo efecto que el de una devaluación imponiendo restricciones a la importación y proporcionando subvenciones a la exportación, pero existe un activo comercio de importaciones clandestinas, sobre todo por parte de empresas relacionadas con el ejército popular, que debilita la demanda de productos nacionales. Aún está por ver si las políticas actuales funcionarán. El sistema bancario y los balances de las empresas de titularidad estatal continúan deteriorándose. El superávit comercial es ilusorio debido a todo el contrabando. Las reservas oficiales apenas se mantienen debido a la evasión clandestina de capital. Las medidas encaminadas a fomentar la propiedad privada de viviendas han tenido el efecto malsano de fomentar el ahorro. El sistema bancario usa los ahorros para conservar moribundas empresas de propiedad estatal, y esto sólo sirve para aumentar el endeudamiento del Estado con sus ciudadanos sin fomentar la economía. Es necesario introducir reformas estructurales radicales, pero han tenido que quedarse en suspenso porque pueden provocar disturbios sociales. En mi anterior libro [5], predigo que el régimen comunista de China será destruido por una crisis capitalista. Puede que esté sucediendo realmente, aunque la crisis tuvo su origen en los países circundantes.

---

[5] *Soros on Soros: Staying Ahead of the Curve*, John Wiley & Sons, Nueva York, 1995.

Rusia

Rusia fue también víctima de la crisis asiática pero es un caso tan extraño que merece una consideración especial. Mi implicación personal ha sido mucho más profunda en Rusia que en otros países. Rusia había oscilado de un extremo de sociedad cerrada y rígida al otro extremo de capitalismo sin ley. La violencia de la alteración podía haber sido moderada por el mundo libre si hubiera comprendido lo que sucedía y si hubiera tenido un compromiso con el ideal de la sociedad abierta, pero eso es agua pasada. El sistema social más completo y cerrado que ha inventado la humanidad se desintegró y ningún otro sistema tomó su lugar. El orden comenzó a surgir finalmente del caos pero, lamentablemente, se parecía poco a la idea de sociedad abierta.

Mijaíl Gorbachov puso en marcha un proceso de cambio revolucionario de régimen y se las arregló para permanecer al frente de él —a menudo saltando sobre el aparato del estado/partido como si le estuviera persiguiendo— pero falló en dos cuestiones: la privatización de la tierra y la disolución de la Unión Soviética. Cuando Gorbachov salió del poder y la Unión Soviética se desintegró, Boris Yeltsin pasó a ser presidente de Rusia y se mostró dispuesto a ir mucho más lejos. Primero respaldó a Yegor Gaidar como viceprimer ministro encargado de la economía, que intentó aplicar una política monetaria a una economía que no obedecía a las señales monetarias. Cuando Gaidar fracasó, le siguió un acto de desequilibrio inestable en el que Anatoli Chubais fue autorizado a llevar adelante su prioridad, la transferencia de la propiedad del Estado a manos privadas. Chubais creía que una vez que los bienes estatales tuvieran propietarios privados, éstos comenzarían a proteger sus propiedades y el proceso de desintegración se detendría.

De estos esfuerzos comenzaron a surgir los rudimentos de un nuevo orden económico. Era una forma de capitalismo muy peculiar, y nació siguiendo una secuencia diferente de la que cabía esperar en condiciones normales. La primera privatización fue la de la seguridad pública, y en algunos aspectos fue la que tuvo más éxito: varios ejércitos privados y mafias se hicieron con el mando. Las empresas de propiedad estatal se adaptaron a las nuevas condiciones mediante la constitución, desde dentro, de compañías privadas, principalmente en Chipre, que concertaron contratos con las empresas. Las propias fábricas operaron con pérdidas, pero no pagaban impuestos, y se retrasaron en el pago de los salarios y en la resolución de deudas interempresariales. El dinero en efectivo procedente de las operaciones fue a parar a Chipre. Se formaron los rudimentos de un sistema bancario, en parte por bancos de propiedad estatal y en parte por grupos capitalistas recién surgidos, los llamados oligarcas. Algunos bancos hicieron fortuna llevando las cuentas de diversas agencias estatales, incluido el Tesoro. Después, en relación con el programa de privatización de cupones, nació un mercado para acciones antes de que los registradores de acciones y los mecanismos de cotización se hubieran creado adecuadamente y mucho antes de que las empresas cuyas acciones se negociaban comenzaran a comportarse como empresas. Los residentes en el interior llegaron a controlar generalmente las empresas y los accionistas del exterior tuvieron grandes dificultades para ejercer sus derechos. Los gestores en ejercicio se vieron prácticamente obligados a desviar tanto las ganancias como los activos en su beneficio privado, en parte para pagar las acciones que compraban y en parte para eludir impuestos. Ningún beneficio procedente del programa de privatización de cupones revertió a las empresas. Sólo después de que los gestores hubieran consolidado su control y reconocido la necesidad de recaudar capital adicional pudieron comenzar a generar beneficios dentro de las empresas. Sólo unas pocas llegaron a esta fase.

Estos mecanismos podrían calificarse con justicia de capitalismo salvaje, porque la manera más eficaz de acumular capital privado desde un punto de partida cercano a cero era apropiarse de los activos del Estado. Hubo, naturalmente, algunas excepciones. El Estado mismo tenía escaso valor, aunque los conspiradores que intentaron expulsar a Gorbachov en 1991 no se dieron cuenta de ello. Cuando se acumuló suficiente propiedad privada, sin embargo, el Estado también adquirió valor, porque era la fuente de legitimidad. En 1996, los siete mayores capitalistas, que también controlaban los

185

medios de comunicación, decidieron cooperar para garantizar la reelección del presidente Yeltsin. Fue una gesta notable de ingeniería política. Posteriormente la recién creada oligarquía procedió a repartirse los activos restantes del Estado. En la primavera de 1997, Yeltsin decidió llevar al gobierno a Borís Nemtsov, el gobernador reformista de Nizhni Novgorod, que no estaba manchado por la campaña de la reelección. Se dieron varios pasos para sentar las bases para pasar del capitalismo salvaje al imperio de la ley. El déficit presupuestario y la oferta monetaria se mantuvieron controlados, y comenzaron a recaudarse impuestos atrasados. La inflación y los tipos de interés bajaron. Los derechos de los accionistas fueron más respetados y el mercado bursátil subió. Comenzó a llegar dinero extranjero tanto para acciones como para instrumentos de deuda.

Yo había constituido una fundación en Rusia en 1987 para fomentar la transición a una sociedad abierta. Organicé un grupo de trabajo internacional para crear un «sector abierto» dentro de la economía dirigida en 1988-1989, pero no tardó en estar claro que el sistema no podía ser redimido. Asistí al llamado programa de los 500 días y llevé a Grigori Yavlinski, que concibió el programa, y a su equipo a la reunión del FMI-Banco Mundial en Washington en 1990 para tratar de recabar el apoyo internacional, pero fue en vano. Creé la Fundación Científica Internacional con una donación de 100 millones de dólares para demostrar que la ayuda del exterior puede ser efectiva. Distribuimos 20 millones de dólares a los 40.000 mejores científicos: 500 dólares eran entonces suficientes para subsistir durante un año. El resto se destinó a proporcionar comunicaciones electrónicas y literatura científica y a respaldar programas de investigación seleccionados por revisiones de científicos internacionales. Mientras tanto, la fundación que había creado en 1987 emprendió una serie realmente amplia de actividades, la más importante de las cuales fue la reforma educativa, imprimiendo nuevos libros de texto libres de la ideología marxista, e introduciendo Internet.

Me abstuve de invertir en Rusia, en parte para evitar cualquier conflicto de problemas de intereses, pero principalmente porque no me gustó lo que vi. No me interferí con mis gestores de fondos que deseaban invertir, y también aprobé la participación en un fondo de inversiones dirigido por rusos en igualdad de condiciones con otros inversores occidentales. Cuando Nemtsov entró en el gobierno, sin embargo, decidí participar en la subasta de Svyazinvest, el grupo de empresas de telefonía estatales. La privatización de Svyazinvest tuvo como consecuencia la primera subasta auténtica en la que el Estado no fue ayudado. Lamentablemente, precipitó una lucha enconada y prolongada entre los oligarcas, algunos de los cuales estaban deseosos de hacer la transición al capitalismo legítimo mientras otros se resistían a dar el paso porque eran incapaces de operar de manera legítima. Uno de los oligarcas, Borís Berezovski, amenazó con derribar la tienda que le rodeaba si no se le entregaban los botines que se le habían prometido. La virulenta disputa perjudicó a Chubais, que había actuado como administrador de campaña de Yeltsin y había recibido pagos ilegales de los oligarcas, que ahora se revelaban. Esto sucedió precisamente en el momento en que la crisis asiática dejaba sentir sus efectos. Los bancos coreanos y brasileños que habían efectuado cuantiosas inversiones en el mercado soviético tuvieron que liquidar sus posiciones. Algunos bancos importantes de Moscú también quedaron expuestos porque tenían grandes posiciones en bonos especulativos y también llevaban a cabo contratos a término no cubiertos en rublos. Hubo algunos momentos precarios en diciembre de 1997, pero pasaron. Los tipos de interés subieron bruscamente y el gasto público se redujo, pero la Duma se negó a aprobar las leyes necesarias para la reforma estructural. Yeltsin destituyó a Víctor Chernomirdin como primer ministro y obligó a la Duma a aceptar a Serguéi Kiriyenko, un joven tecnócrata elegido por Gaidar y Chubais, como sustituto. Durante un breve tiempo, Rusia tuvo un gobierno reformista, el mejor que ha conocido desde la ruptura de la Unión Soviética, y el FMI apareció con un préstamo de 18.500 millones de dólares, de los cuales se desembolsaron 4.500 millones. Pero no fue suficiente.

En este punto, pasaré al experimento en tiempo real que comencé inmediatamente antes de la crisis final. Reproduzco fielmente las notas que tomé durante un período de dos semanas mientras la crisis se desarrollaba.

Domingo, 9 de agosto de 1998
Rublo (al contado)= 6,29
Rublos a plazo[6] = 45 por 100
GKO[7] = 94,52 por 100
Prins[8] = 21,79 por 100
S & P= 1.089,45 por 100
Bono del tesoro de EE UU a 30 años= 5,63 por 100

No había seguido de cerca los acontecimientos en Rusia hasta los dos o tres últimos días; estaba demasiado ocupado escribiendo este libro. Era consciente de que la situación seguía siendo desesperada incluso después de que el FMI acordase la concesión de un paquete de ayuda de 18.500 millones de dólares. Los tipos de interés sobre la deuda pública rusa continuaban en niveles astronómicos: entre el 70 y el 90 por 100 para las letras del tesoro en rublos a un año (GKO). El sindicato que había comprado el 25,1 por 100 de Svyazinvest —el grupo de empresas de telefonía rusa— y del que éramos los mayores partícipes extranjeros, fue contactado por el gobierno ruso para ofrecer un préstamo puente temporal que condujera a la venta de la siguiente porción del 24,9 por 100 de Svyazinvest. Nos interesaba que la venta fuera un éxito, pero no me gustaba la idea de tirar dinero bueno después del malo, por eso decidí centrarme en la situación.

Pronto fue evidente que la refinanciación de la deuda pública presentaba un problema aparentemente insuperable. El programa del FMI había supuesto que los titulares internos de la deuda ampliarían el plazo (reinvertirían) de sus títulos cuando venciesen; la única pregunta era a qué precio. Si el gobierno lograba recaudar impuestos, los tipos de interés bajarían finalmente hasta niveles tolerables, por ejemplo el 25 por 100, y la crisis se habría superado. Lo que esta línea de razonamiento dejaba a un lado era que gran parte de la deuda

---

[6] Tipos de interés implícitos sobre contratos a plazo no negociables para rublos negociados en dólares.

[7] Rendimiento sobre letras del tesoro del gobierno ruso con denominación en rublos.

[8] Rendimiento sobre bonos del gobierno ruso con denominación en dólares.

estaba en posesión de titulares internos que no estaban en condiciones de prorrogar sus GKO al vencimiento a ningún precio. Las grandes empresas se veían obligadas a pagar impuestos, y lo que pagaban en impuestos no se podía reinvertir en GKO. Pero más importante era que el sector bancario, con la excepción de Sberbank, la caja de ahorros de propiedad estatal, había comprado GKO con dinero prestado. Debido a la baja de los mercados de valores y bonos, la mayoría de estos bancos eran insolventes e incluso los que eran solventes no podían renovar sus líneas de crédito. En consecuencia, no sólo no fueron compradores, sino que algunos de sus grupos de empresas hubieron de ser liquidados a fin de cumplir los márgenes establecidos. Gran parte del crédito había llegado de bancos extranjeros, algunos de los cuales intentaron liquidar también sus posiciones. Las oleadas de ventas deprimieron la deuda rusa en dólares hasta mínimos récord. Estaba en marcha una crisis bancaria en toda regla.

Una crisis bancaria suele ser contenida por el banco central que interviene y proporciona liquidez, por ejemplo, prestando dinero contra avales a tipos de concesión; pero en este caso el banco central tenía prohibido actuar así en virtud de las condiciones del acuerdo con el FMI. Esto era lo que hacía que la situación fuera aparentemente insoluble.

El viernes 7 de agosto, telefoneé a Anatoli Chubais, que estaba de vacaciones, y a Yegor Gaidar, que estaba al frente del negocio. Les dije que en mi opinión la situación era terminal: el gobierno sería incapaz de prorrogar su deuda después de septiembre aun cuando la segunda porción del préstamo del FMI se emitiese. Para agravar la situación, el gobierno de Ucrania estaba a punto de no pagar un préstamo de 450 millones de dólares gestionado por Nomura Securities que vencía el martes siguiente. En estas circunstancias no podía justificar la participación en un préstamo puente: el riesgo de impago era demasiado grande. Sólo veía una salida: reunir un sindicato lo bastante grande para cubrir las necesidades del gobierno de Rusia hasta final de año. Tendría que ser una asociación pública y privada. El grupo Svyazinvest podría participar con, por ejemplo, 500 millones de dólares, pero el sector privado por sí mismo no podría aportar suficiente dinero. Pregunté cuánto sería necesario. Gaidar me dijo que 7.000 millones de dólares. Esto suponía que Sberbank, el único banco que dispone de grandes depósitos del público, podría prorrogar sus títulos. Por el momento, el público no retiraba depósitos de los bancos en una escala significativa. «Eso significa que el sindicato debería formarse con 10.000 millones de dólares», dije, «a fin de restablecer la confianza del público.» La mitad tendría que venir de fuentes gubernamentales extranjeras, como el Fondo de Estabilización de Intercambios (que está bajo el control del Tesoro de EE UU) y la otra mitad del sector privado. El sindicato entraría en funcionamiento cuando la segunda porción del préstamo del FMI se emitiese en septiembre. Suscribiría GKO a un año a partir de, por ejemplo, el 35 por 100 por año, descendiendo gradualmente hasta por ejemplo el 25 por 100. (La tasa actual es del orden del 90 por 100.) El programa se anunciaría de antemano; esto atraería algunas compras del público: tendría sentido invertir al 35 por 100 cuando un programa creíble estuviera en marcha para reducir la tasa al 25 por 100 al final del año. Si tenía éxito, sólo una pequeña parte de los 10.000 millones de dólares se utilizaría realmente. Sería difícil reunir tanto el componente público como el privado, pero yo estaba dispuesto a intentarlo. Gaidar mostró un comprensible entusiasmo.

Llamé a David Lipton, subsecretario encargado de asuntos internacionales en el Tesoro de EE UU. Lipton era plenamente consciente del problema pero no había pensado siquiera en usar el Fondo de Estabilización de Cambios. El sentimiento en el Congreso era firmemente contrario a ningún tipo de ayuda. Dije que era consciente de ello pero que no veía alternativa. Había un pánico y era en bien de nuestro interés nacional apoyar a un gobierno reformista en Rusia. Si había participación privada, haría más digerible políticamente la ayuda. Con todo, sería necesario que los rusos hicieran una firme defensa en la colina del Capitolio. Sería también muy difícil alinear los actores privados porque estaban formados por bancos de inversión e inversores especulativos como nosotros y no podrían ser movilizados por las autoridades tan fácilmente como los grandes bancos comerciales.

Sólo para explorar todas las alternativas, llamé a Gaidar y le pregunté si sería posible imponer un cargo a los titulares de GKO que deseasen dinero en efectivo en la amortización. Gaidar dijo que eso acabaría con la posición crediticia de los GKO. Tenía razón, naturalmente.

En este momento, creo que sin mi programa el gobierno dejará de pagar y eso tendrá consecuencias catastróficas; incluso con el programa, la mayoría de los bancos rusos desaparecerían pero sería un error intentar salvarlos.

> Martes, 11 de agosto, por la noche
> Rublo (al contado)= 6,30
> Rublos a plazo= 91 por 100
> GKO= 147 por 100
> Prins= 23,92 por 100
> S & P= 1.068,98 por 100
> Bono del tesoro de EE UU a 30 años= 5,60 por 100

Hablé brevemente con Lipton el lunes. La administración estadounidense no había llegado aún a una conclusión. Lipton prometió volver a llamar. El martes se produjo un desplome en el mercado financiero ruso. Las transacciones en el mercado de valores se suspendieron temporalmente. Los bonos públicos se hundieron hasta alcanzar nuevos mínimos. Incluso los mercados financieros internacionales se vieron afectados. El programa que he propuesto ya no es viable. Sólo un paquete de salvamento más amplio, de un mínimo de 15.000 millones de dólares, podría estabilizar el mercado y ningún inversor privado podría esperar llevarse dinero. Lipton viajó rumbo a Moscú sin llamarme. Me enteré extraoficialmente de que le exasperaba ir sin algo que ofrecer. Decidí escribir la siguiente carta a *The Financial Times*:

> Muy señor mío: la crisis de los mercados financieros rusos ha llegado a la fase terminal. Banqueros y agentes de bolsa que se habían endeudado contra valores no pudieron cumplir las condiciones de cobertura suplementaria y se vieron obligados a vender agobiados tanto en el mercado de acciones como de obligaciones. El mercado de valores había sido cerrado temporalmente porque las transacciones no podían liquidarse; los precios de los bonos públicos y de las letras del Tesoro cayeron precipitadamente. Aun-

que la venta fue absorbida temporalmente, existe el peligro de que la población comience a retirar de nuevo fondos de las cuentas de ahorro. Es necesario actuar de inmediato.

El problema es que la acción necesaria para abordar una crisis bancaria es diametralmente opuesta a la acción que se ha acordado con el Fondo Monetario Internacional para afrontar la crisis presupuestaria. El programa del FMI impone una política monetaria y fiscal rigurosa; la crisis bancaria requiere la inyección de liquidez. Los dos requisitos no pueden conciliarse sin ayuda internacional adicional. El programa del FMI había dado por supuesto que había compradores de los bonos públicos aunque saldría caro: cuando el gobierno procediese a recaudar impuestos y recortar gastos, los tipos de interés bajarían y la crisis se superaría. El supuesto era falso porque gran parte de la deuda pendiente estaba a plazo y las líneas de crédito no podían ser renovadas. Hay una brecha financiera que es preciso cerrar. La brecha será más grande si el público en general comienza a retirar sus depósitos.

La mejor solución sería introducir una caja de conversión después de una devaluación moderada de entre el 15 y el 25 por 100. La devaluación es necesaria para corregir el descenso de los precios del petróleo y para reducir la cantidad de reservas necesarias para la caja de conversión. También penalizaría a los tenedores de deuda pública en rublos, refutando las acusaciones de una operación de salvamento.

Se necesitarían unos 50.000 millones de dólares de reservas: 23.000 millones para cubrir la IM [oferta monetaria limitada] y 27.000 millones para cubrir la disminución en la refinanciación de la deuda interna para el año próximo. Rusia tiene reservas de 18.000 millones de dólares; el FMI ha prometido 17.000 millones de dólares. El Grupo de los Siete (G-7) debe aportar otros 15.000 millones de dólares para que una caja de conversión sea viable. No habría salvamento alguno del sistema bancario. Con la excepción de unas cuantas instituciones que poseen depósitos públicos, se puede permitir que los bancos se las arreglen solos. Las cotizaciones de los bonos públicos se recuperarían inmediatamente y sobrevivirían las instituciones financieras más sólidas. Los rusos tienen unos 40.000

millones de dólares en monedas extranjeras. Con una caja de conversión, pueden sentir la tentación de comprar bonos públicos en rublos a rendimientos atractivos. Si eso sucede, el crédito otorgado en el marco de un acuerdo sobre derecho de giro por el G-7 no tendría que ser usado. La reducción de los tipos de interés ayudaría al gobierno a cumplir sus objetivos fiscales.

Si el G-7 estuviera dispuesto a aportar 15.000 millones de dólares inmediatamente, la situación podría estabilizarse incluso sin una caja de conversión, aunque podría tardarse más y el daño sería mayor. También sería difícil lograr un ajuste monetario limitado sin una caja de conversión porque la presión en pro de nuevas devaluaciones se haría irresistible, como sucedió en México en diciembre de 1994.

Si la actuación se retrasa, el coste de una operación de salvamento continuará aumentando. El coste podría haber sido de sólo 7.000 millones de dólares hace una semana. Lamentablemente, las autoridades financieras internacionales no perciben la urgencia de la situación. Las alternativas son impago o hiperinflación. Cualquiera de las dos tendría consecuencias financieras y políticas devastadoras.

Jueves, 13 de agosto
Rublo (al contado)= 6,35
Rublos a plazo= 162 por 100
GKO= 149 por 100
Prins= 23,76 por 100
S & P= 1.074,91 por 100
Bono del tesoro de EE UU a 30 años= 5,65 por 100

Después de escribir mi carta a *The Financial Times,* el gobernador adjunto del banco central ruso impuso algunas restricciones a la convertibilidad del rublo. Esta medida tuvo un efecto devastador sobre el mercado ruso: las acciones abrieron un 15 por 100 más bajas y no se recuperaron gran cosa. Mi carta recibió una gran atención, pero se insistía en la defensa de la devaluación, no en mi propuesta de una caja de conversión. La carta se convirtió en uno de los factores de lo que se ha dado en llamar el «jueves negro». No es eso en absoluto lo que pretendía. Me sentí obligado a emitir otra declaración del siguiente tenor:

> El caos de los mercados financieros rusos no se debe a nada que yo haya dicho o hecho. No tenemos una posición sobrevendida en el rublo y no tenemos intención alguna de sobrevender la moneda. De hecho, nuestra cartera resultaría perjudicada por cualquier devaluación.
>
> El propósito de mi carta a *The Financial Times* era lanzar un aviso a los gobiernos del G-7. Aunque el gobierno ruso hace cuanto está en su poder para afrontar la situación, no puede tener éxito sin ayuda adicional del extranjero.

Viernes, 14 de agosto
Rublo (al contado)= 6,35
Rublos a plazo= 162,7 por 100
GKO= 172 por 100
Prins= 23,01 por 100
S & P= 1.062,75 por 100
Bono del tesoro de EE UU a 30 años= 5,54 por 100

Hablé con el secretario del Tesoro, Rubin, e insistí en la urgencia de la situación. Rubin era plenamente consciente, pero su preocupación no era compartida por los otros gobiernos del G-7, que en su mayor parte estaban ilocalizables en vacaciones. Se puso en contacto conmigo el senador Mitch McConnell, a quien insté en llamar a Rubin para garantizarle el apoyo republicano en lo que sería una operación muy arriesgada. Ese mismo día se pusieron en contacto conmigo en nombre de Kiriyenko, que seguía buscando un préstamo puente de 500 millones de dólares pero eso ha dejado de ser realista. Sugerí volar a Moscú para debatir las cuestiones más generales si era de alguna utilidad.

Domingo, 16 de agosto, noche
Rublo (al contado)= 6,35
Rublos a plazo= 162,7 por 100
GKO= 172 por 100
Prins= 23,01 por 100
S & P= 1.062,75 por 100
Bono del tesoro de EE UU a 30 años= 5,54 por 100

Pasé la mayor parte del fin de semana en Rusia. Concedí una entrevista a la emisora de radio Echo Moskva explicando mi posición y mi declaración fue leída en la televisión rusa. Confío en que haya logrado corregir la falsa impresión de que propugnaba la devaluación o que podría beneficiarme de ella de alguna manera. He hablado con Gaidar varias veces. He preparado un artículo defendiendo la solución de la caja de conversión y se lo he enviado para su aprobación. Ahora (6.30 de la mañana del lunes, hora de Moscú) me ha dicho que había hablado con Larry Summers, secretario adjunto del Tesoro, y que no había disponible ayuda alguna; tendrán que actuar unilateralmente. Le he dicho que mi artículo ya no era relevante, pero me ha instado a publicarlo de todos modos. No lo haré.

Martes, 18 de agosto
Rublo (al contado)= 6,80
Rublos a plazo= 305 por 100
GKO [9] =
Prins= 29, 41 por 100
S & P= 1.101,20 por 100
Bono del tesoro de EE UU a 30 años= 5,56 por 100

El lunes todo el infierno se desató. Rusia impuso una moratoria y amplió la banda comercial del rublo, devaluándolo efectivamente hasta un 35 por 100. Lo que es peor, los bancos rusos no están autorizados a cumplir con sus obligaciones exteriores. Esto ha causado estragos entre sus homólogos extranjeros, que se han desecho de los

---

[9] La negociación en GKO fue suspendida a partir del 17 de agosto, por lo que no se dispone de cifras en esta categoría para el resto de las tablas.

valores rusos a cualquier precio. David Lipton me ha llamado para pedirme una explicación técnica y le he sugerido que les escribiré un informe.

Al volver a leerlo me parece bastante embrollado. Lo que intentaba decir es que todavía no es demasiado tarde para buscar una solución constructiva de la crisis en Rusia. El G-7 debería ofrecer la posibilidad de aportar la moneda fuerte que se necesita para crear una caja de conversión *a condición de que* la Duma apruebe las leyes necesarias para cumplir las condiciones del FMI. Hay dos posibilidades: la Duma podría acceder a ello o podría rechazar la oferta. En el primer caso, el valor del rublo se restablecería, la deuda en rublos podría reestructurarse de manera ordenada y las reformas estructurales (poner en bancarrota las empresas que no pagan impuestos, etc.) podrían aplicarse. La mayoría de los bancos rusos se quedarían sin recursos y los bancos y fondos internacionales que tenían contratos con esos bancos sufrirían pérdidas; pero las obligaciones del gobierno ruso recuperarían algún valor, los mejores bancos sobrevivirían y la crisis se habría detenido. En el segundo caso, la crisis continuaría pero la carga caería sobre la Duma. Yeltsin podría disolver la Duma, convocar elecciones y aplicar las reformas. Si éstas tienen éxito, serían respaldadas por el electorado aun cuando Yeltsin no aprovechara la ocasión o las reformas no tuvieran éxito alguno, habríamos hecho lo que podíamos y mantendríamos viva la llama de la reforma en Rusia. Es una estrategia de alto riesgo pero no hacer nada entraña un riesgo aun mayor.

Sábado, 22 de agosto
Rublo (al contado)= 7,15
Rublos a plazo= 443 por 100
GKO=
Prins= 36,05 por 100
S & P= 1.081,18 por 100
Bono del tesoro de EE UU a 30 años= 5,43 por 100

Los mercados internacionales se han visto gravemente afectados por la crisis rusa en los dos últimos días. Por ejemplo, la bolsa alemana cayó un 6 por 100 el viernes. Me resulta sorprendente que tardase tanto en caer en la cuenta. Mi socio me asegura que la bolsa estadounidense logró un fondo temporal muy bueno el viernes y que fuimos compradores de acciones y vendedores de opciones. Por cierto, no hemos comerciado con ningún valor ruso durante todo el período de este experimento en tiempo real.

He intentado promocionar mi idea con todo aquel que haya querido escucharme durante la semana, pero ha sido en vano. Podría haber sido útil para la situación política en Rusia. Lo cierto es que la Duma no aprobará las leyes y el FMI no desembolsará la segunda porción del paquete. Si no llega más dinero del extranjero en un futuro próximo, Yeltsin tendrá que hundir al gobierno actual y encontrar una nueva fuente de apoyo en casa. ¿Pero dónde? Los oligarcas están fatalmente debilitados. Gazprom y algunas compañías permanecen. ¿Volver a Chernomirdin? Es indudable que él aspira a ello. Pero ningún régimen puede tener éxito, porque falta la voluntad política necesaria para remediar los defectos estructurales. La desventaja es de duración indefinida.

Domingo, 23 de agosto
Rublo (al contado)= 7,15
Rublos a plazo= 444 por 100
GKO=
Prins= 36,05 por 100
S & P= 1.081,18 por 100
Bono del tesoro de EE UU a 30 años= 5,43 por 100

Yeltsin ha destituido al gobierno y ha nombrado a Chernomirdin. Ya no puedo predecir nada más.

Miércoles, 26 de agosto
Rublo (al contado)= 10
Rublos a plazo= 458 por 100
GKO=
Prins= 42,83 por 100
S & P= 1.084,19 por 100
Bono del tesoro de EE UU a 30 años= 5,42 por 100

La distancia que puede recorrer una crisis no conoce límites. La desintegración del sistema bancario ruso tiene lugar de manera desordenada. Los bancos han suspendido pagos y el público es presa del pánico. Se han anunciado los plazos de oferta de conversión de GKO y al principio han sido muy bien recibidos pero el rublo ha pasado a caída libre, haciendo que la oferta no tenga ningún valor en la práctica. El sistema financiero internacional experimenta algunas alteraciones. Podría haber entre 50.000 y 100.000 millones de dólares en contratos monetarios pendientes y no está claro cuáles de ellos se liquidarán. Una agencia de crédito ha bajado de categoría al mayor banco comercial de Alemania. Un débil elemento de riesgo crediticio se ha introducido en las transacciones internacionales de cobertura interbancaria. Es probable que sea temporal pero podría poner al descubierto otros puntos débiles debido al alto grado de apalancamiento empleado. Los mercados bursátiles europeos y estadounidenses se han estremecido pero es probable que recuperen su compostura. La crisis en Rusia es terminal con incalculables consecuencias políticas y sociales.

Detendré en este punto el experimento en tiempo real porque ya no soy un actor activo. Los acontecimientos ofrecen una ilustración práctica y bastante terrible de muchas de las cuestiones que intento plantear de modo más abstracto en el libro. Lo que me parece es que hubiera un excelente equipo en el Tesoro de EE UU y que Rusia tuviera el mejor gobierno de su breve historia postsoviética. Sin embargo, la crisis no pudo evitarse. Mi papel es también causa de preocupación.

Era plenamente consciente de que el sistema de capitalismo salvaje era poco sólido e insostenible y lo dije en voz alta; sin embargo, me permití ser absorbido en el trato de Svyazinvest. Tenía buenas razones, pero sigue siendo cierto que el trato no funcionó. Fue la peor inversión de mi carrera profesional. Cuando viajé por Rusia en octubre de 1997, me sorprendió la irresponsabilidad de los inversores de dinero, que prestaban grandes cantidades a municipios rusos que no le daban un buen uso. Y sin embargo no me eché al monte. Mi carta a *The Financial Times* tuvo también consecuencias negativas no buscadas. No me arrepiento de mis intentos de ayudar a Rusia a avanzar hacia una sociedad abierta: no tuvieron éxito pero al menos lo intenté. Me arrepiento gravemente en cuanto inversor. Lo cual demuestra lo difícil que es conciliar ambos papeles.

La predicción del futuro

Vuelvo ahora al proceso más general de la expansión/depresión global. Pararé el reloj y me ocuparé de los acontecimientos que nos esperan en el futuro, aunque continuarán desarrollándose mientras este libro se prepara. En cierto modo, comienzo otro experimento en tiempo real. Usaré mi teoría de la historia para intentar predecir lo que nos espera; los acontecimientos en su desarrollo servirán de prueba de la validez de mis predicciones. La prueba no será científica porque tendré que modificar mi modelo de expansión/depresión para adaptarlo a la situación actual. Como ya he dicho, intentar predecir el futuro es más parecido a la alquimia que a la ciencia.

Hasta tiempos recientes, pensaba que estábamos en la Fase 3 de un modelo de expansión/depresión, a saber, una grave prueba. Si el sistema capitalista global superaba la prueba, entraría en un período de aceleración que le llevaría al territorio lejos del equilibrio. Si no superaba la prueba, se hallaría ante el momento de la verdad. En fechas tan recientes como el 16 de agosto de 1998, pensaba que la crisis de Rusia constituía el momento de la verdad. Pero esta interpretación no encaja con la situación actual. Supondría un período de ocaso en el futuro, al que seguiría un punto de inflexión y una aceleración catastrófica además. Parece que hemos avanzado mucho más de lo que yo pensaba por ese camino. Ahora creo que la crisis de Rusia representa el punto de inflexión donde una tendencia que ha cambiado ya de dirección es reforzada por la inversión del sesgo dominante para causar un desplome catastrófico. Podríamos interpretar el tiempo transcurrido desde la crisis tailandesa como el período de ocaso durante el cual la gente siguió desarrollando su actividad habitual con la incómoda sensación de que algo iba terriblemente mal. Pero ¿cuándo fue el momento de la verdad? Por otra parte, la nueva interpretación supondría un desplome inminente de los mercados financieros del centro, lo que podría resultar erróneo.

El 1 de septiembre, los mercados de valores registraron un mínimo temporal sobre grandes volúmenes y lo volvieron a experimentar con un volumen menor al final de la semana. Creo que fue un falso mínimo; estamos en un mercado a la baja y las cotizaciones de las acciones bajarán finalmente mucho más. Pero la recesión puede ser mucho más dilatada de lo que indicaría el modelo de expansión/depresión con el que he trabajado. Siento la necesidad de un modelo algo diferente y prefiero decirlo explícitamente en vez de reescribir con tranquilidad lo que ya había escrito antes. (De hecho, me agrada que los acontecimientos no encajen limpiamente en el modelo de expansión/depresión que había desarrollado, porque me preocupaba que estuviera obligando a la historia a encajar en un modelo de mi invención.) En vez de retocar el viejo modelo, diseñaré un modelo nuevo especialmente para la ocasión. Esto es conforme a las reservas que sostuve cuando comencé a aplicar un análisis de expansión/depresión al sistema capitalista global. El sistema tiene un centro y una periferia. Esto podría explicar por qué el proceso de desintegración tarda mucho más y tiene lugar en diferentes momentos en diferentes partes del sistema. He aquí, pues, mi nueva hipótesis sobre la estructura dinámica de la crisis actual:

El sistema capitalista global fue sometido a una durísima prueba en la crisis mexicana de 1994-1995, pero sobrevivió al llamado efecto tequila y regresó más fuerte que nunca. Ahí es donde se produjo el período de aceleración y el auge se hizo cada vez menos sólido. El hecho de que los tenedores de letras del Tesoro mexicano salieran ilesos de la crisis fue un mal ejemplo para los especuladores en bonos del Tesoro rusos. El momento decisivo llegó con la crisis tailandesa de julio de 1997, que invirtió la dirección del flujo de fondos. Caí en la cuenta de que la música se había parado, sobre todo en relación con Rusia, y así lo dije en su momento, pero subestimé gravemente la gravedad del problema. Había previsto una prueba abierta semejante a la crisis mexicana de 1994-1995 en vez de la irrevocabilidad de la inversión.

Al principio, la inversión benefició a los mercados financieros del centro por las razones que ya he explicado y la solidez del centro hizo concebir también esperanzas a la periferia. Los mercados de valores asiáticos repitieron casi exactamente la mitad de sus pérdidas en términos de moneda local antes de replegarse de nuevo. Esto podría interpretarse como el período de ocaso. Los mercados financieros del centro también sucumbieron finalmente a la recesión. Al principio la erosión fue gradual y el flujo de fondos a fondos comunes siguió siendo positivo, pero la crisis de Rusia precipitó un auge de las ventas que tenía algunas marcas, si no todas, de una caída de los mercados. Creo que es una caída falsa, del mismo modo que resultó ser falsa la caída de los mercados de valores asiáticos a comienzos de 1998. Espero una recuperación de hasta el 50 por 100 pero no puedo descartar la posibilidad de un nuevo descenso antes de la recuperación. Los mercados deben bajar finalmente mucho más, lo que conducirá a una recesión global. La desintegración del sistema capitalista global impedirá la recuperación, lo que convertirá la recesión en depresión.

Tengo tres razones principales para prever que no se ha llegado aún a la caída. La primera es que la crisis rusa ha puesto al descubierto fallos antes ignorados en el sistema bancario internacional. Los bancos emprenden operaciones de cobertura, transacciones a término y transacciones en productos derivados entre ellos y con sus clientes. Estas transacciones no se reflejan en los balances de los bancos.

Cuando los bancos rusos incumplieron sus obligaciones, los bancos occidentales permanecieron al pie del cañón tanto por su propia cuenta como en nombre de sus clientes. Los fondos de cobertura y otras cuentas especulativas también sufrieron grandes pérdidas. Los bancos intentan ahora frenéticamente limitar su exposición, desapalancamiento y reducir el riesgo. Sus propias reservas han caído en picado y está en marcha una compresión del crédito global [10].

En segundo lugar, el dolor en la periferia es ya tan intenso que algunos países han comenzado a abandonar el sistema capitalista global o simplemente han quedado por el camino. Primero Indonesia, y después Rusia, sufrieron una crisis ciertamente completa. Lo que sucedió en Malasia y, en menor medida en Hong Kong, es en algunos aspectos de peor agüero aún. El desplome de Indonesia y Rusia no fue intencionado, pero Malasia se aisló deliberadamente

---

[10] Desde entonces, Long-Term Capital Management se derrumbó con consecuencias catastróficas.

en los mercados de capital internacionales. Su acción ha reportado un alivio temporal a la economía de Malasia y ha permitido a sus gobernantes mantenerse en el poder pero, al reforzar una huida general de capital de la periferia, ha sometido a presiones adicionales a países que intentan mantener abiertos sus mercados. Si la huida de capital hace que Malasia parezca buena en comparación con sus vecinos, la política podría encontrar fácilmente imitadores.

El tercer factor importante que favorece la desintegración del sistema capitalista global es la evidente incapacidad de las autoridades monetarias internacionales para mantenerlo unido. Los programas del FMI no parecen funcionar y el FMI se ha quedado sin dinero. La respuesta de los gobiernos del G-7 ante la crisis rusa fue a todas luces insuficiente, y la pérdida de control fue bastante terrible. Los mercados financieros son muy peculiares en este aspecto: les molesta cualquier clase de injerencia gubernamental pero mantienen en lo más profundo la creencia de que si las condiciones se ponen realmente feas las autoridades intervendrán. Esta creencia se ha conmocionado ya[11].

La interacción reflexiva entre estos tres factores me impulsa a llegar a la conclusión de que hemos pasado el punto de inflexión y la inversión de la tendencia se ve reforzada por la inversión del sesgo dominante. El desarrollo futuro de los acontecimientos dependerá en gran medida de la respuesta del sistema bancario, el público inversor y las autoridades del centro. La gama de probabilidades se sitúa entre un declive en cascada de los mercados de valores y un proceso de deterioro más prolongado.

Pienso que la segunda alternativa es más probable. Es probable que la conmoción del sistema financiero internacional pase; la liquidación forzada de posiciones será absorbida. Una de las fuentes principales de tensión, la fuerza del dólar y la debilidad del yen, ha sido corregida ya.

Otro punto problemático, Hong Kong, parece haber encontrado una vía para recuperar el control sobre su destino. Rusia se ha dado por perdida. Una reducción de los tipos de interés está en el hori-

---

[11] Estos puntos figuraban en mi testimonio antes el Congreso de EE UU el 15 de septiembre de 1998.

zonte. Las acciones han caído lo bastante para que muchas de ellas parezcan atractivas. El público ha aprendido que paga para comprar a la baja en un mercado alcista duradero, y pasará tiempo antes de que descubra que el mercado alcista no dura siempre. Así pues, transcurrirá el tiempo antes de que las tres fuerzas negativas principales dejen sentir su efecto.

Pero al falso amanecer le seguirá un prolongado mercado a la baja, tal como sucedió en el decenio de 1930 y sucede actualmente en Asia. El público dejará de comprar valores a la baja y pasará de las acciones a los fondos de los mercados monetarios o los bonos del tesoro. El efecto riqueza se cobrará su precio y la demanda del consumo bajará. La demanda de inversión bajará también y ello por varias razones: los beneficios están sometidos a presiones, las importaciones aumentan y las exportaciones disminuyen, y la oferta de capital para las empresas menos consolidadas y para transacciones en bienes raíces se ha secado. Las reducciones de los tipos de interés amortiguarán el descenso de los mercados y la economía se recuperaría finalmente si el sistema capitalista global se mantuviera unido. Pero las probabilidades de que se escinda han aumentado sobremanera. En el caso de que la economía interna estadounidense se ralentice, la disposición a tolerar un gran déficit comercial aumentará y el libre comercio podría estar en peligro.

Antes pensaba que la crisis asiática conduciría al triunfo definitivo del capitalismo: las grandes empresas multinacionales sustituirían a las familias chinas de ultramar y el modelo asiático sería asimilado por el modelo capitalista global. Esto podría suceder aún, pero ahora es más probable que los países de la periferia abandonen de manera creciente el sistema a medida que sus perspectivas de atraer capital del centro se desvanezcan. Los bancos y los inversores de cartera han sufrido graves pérdidas y llegarán otras. Es probable que Rusia incumpla sus obligaciones en dólares. Las pérdidas en Indonesia habrán de ser reconocidas también. Los bancos son castigados por sus accionistas por su exposición a la periferia: donde se harán aumentar sus compromisos. Sólo la acción gubernamental internacional podría aportar dinero a la periferia, pero no hay señal alguna de cooperación internacional.

La secuencia de los acontecimientos que describo se diferencia del modelo original de expansión/depresión en la longitud y complejidad de su parte de depresión. La parte de expansión se caracterizaba por la habitual interacción autorreforzadora entre el sesgo y la tendencia. La expansión fue sometida a prueba con éxito en la crisis mexicana de 1994-1995, a la que siguió un período de aceleración. Es la parte de la recesión la que es poco habitual porque se divide en dos fases. En la primera fase, los mercados de valores del centro continuaron su expansión, beneficiándose de la ausencia de rigor monetario y de la inversión de los flujos de fondo. En la segunda fase, el centro y la periferia están en plena contracción y se refuerzan mutuamente en una dirección descendente. Las recesiones suelen ser bastante comprimidas; ésta es bastante prolongada y tiene lugar en diferentes momentos en diferentes partes del sistema. Cuando sucedió en la periferia, fue bastante compacta: no sabemos aún qué forma adoptará en el centro. La longitud de la recesión atestigua la complejidad del sistema capitalista global.

Era evidente que el desequilibrio entre el centro y la periferia en la primera fase de la recesión no podía sostenerse. O bien el centro declinaría antes de que la periferia se recuperase o bien al contrario. La primera alternativa era más probable pero no más segura. La crisis rusa decidió la cuestión. Como en el caso de Tailandia, la repercusión de Rusia fue mayor de lo que la mayoría de la gente esperaba, y me incluyo entre ella. Adopté una visión de los acontecimientos de Rusia ciertamente catastrofista pero no comprendí las repercusiones para las permutas financieras y los productos derivados y el mercado interbancario hasta que sucedió realmente.

Se me recordará que mi modelo original de expansión/depresión tiene ocho etapas. La Etapa 4 es el momento de la verdad y la Etapa 5 es el período de ocaso. No está claro cómo encajan estas etapas en el modelo especial que he construido para el sistema capitalista global. Podría afirmarse que el período comprendido entre la crisis tailandesa de julio de 1997 y la crisis rusa de agosto de 1998 fue el período de ocaso. Pero ¿cuándo fue el momento de la verdad? Tal vez sea mejor no insistir en la cuestión. Los modelos no deben tomarse de manera excesivamente literal: no hay nada decidido sobre el curso de la historia. Cada secuencia es única. El sistema soviético tuvo un momento de la verdad cuando Jruschov pronunció su discurso ante el XX Congreso del Partido Comunista; quizá el sistema capitalista no lo tenga. Es posible que veamos un fenómeno diferente. El falso amanecer que adormezca nuestro sentido del peligro y permita que el siguiente choque externo se cobre su precio.

La ruptura del sistema capitalista global podría impedirse en cualquier momento mediante la intervención de las autoridades financieras internacionales. Las perspectivas son sombrías porque el G-7 acaba de dejar de intervenir en Rusia, pero las consecuencias de esa omisión pueden servir de toque de atención. Al fin y al cabo, puede que la crisis rusa resulte el momento de la verdad. La necesidad de replantear y reformar el sistema capitalista global es urgente. Como el ejemplo ruso ha demostrado, los problemas serán progresivamente más intratables cuanto más tiempo se los deje enconarse.

Capítulo 8

Cómo impedir el desplome

Como en todas las crisis financieras, hay cierto grado de examen de conciencia, pero el ámbito del actual debate público es demasiado estrecho. Se centra en la necesidad de mejorar la supervisión bancaria y asegurar datos adecuados y exactos sobre cada país. Transparencia e información son las palabras clave. Se debate apasionadamente si el FMI debería hacer públicas o no sus opiniones sobre la situación en algunos países[1]. También se discute si los fondos de cobertura deberían ser regulados y los flujos de capital a corto plazo desincentivados, pero eso está bien dentro de un límite. La doctrina dominante sobre el funcionamiento de los mercados financieros no ha cambiado. Se da por supuesto que con una información perfecta los mercados pueden cuidarse de sí mismos; por tanto, la principal tarea es hacer disponible la información necesaria y evitar cualquier interferencia en el mecanismo del mercado. La imposición de una disciplina de mercado sigue siendo el objetivo.

Es necesario ampliar el debate. Ha llegado el momento de reconocer que los mercados financieros son intrínsecamente inestables. Imponer disciplina de mercado significa imponer inestabilidad, y ¿cuánta inestabilidad puede asumir la sociedad? La disciplina de mercado debe complementarse con otra disciplina: mantener la estabilidad en los mercados financieros debe ser un objetivo explícito de la política pública.

---

[1] Para mi opinión, véase el Capítulo 1.

Hablando en plata, la elección a la que nos enfrentamos es si regularemos los mercados financieros globales a nivel internacional o dejaremos que cada Estado proteja sus propios intereses como mejor pueda. La segunda opción conducirá sin duda a la ruptura del gigantesco sistema circulatorio que recibe el nombre de capitalismo global. Los estados soberanos pueden actuar como válvulas dentro del sistema. Puede que no se resistan a la entrada de capital, pero sin duda se resistirán a la salida, una vez que lo consideren permanente.

Medidas de emergencia

La necesidad más urgente es detener el flujo inverso de capital. De este modo se aseguraría la continuidad de la lealtad de la periferia al sistema capitalista global, lo que a su vez tranquilizaría a los mercados financieros del centro y moderaría la consiguiente recesión. Es apropiado bajar los tipos de interés en Estados Unidos, pero eso no es ya suficiente para contener el flujo de salida de la periferia. La liquidez debe bombearse más directamente a la periferia. Es preciso hacerlo con gran urgencia porque Brasil padece aún la huida de capital externo e interno y no puede vivir durante mucho más tiempo con los tipos de interés por las nubes. Los tipos de interés dentro de Corea y Tailandia han descendido, pero la prima por riesgo sobre la deuda externa de *todos* los países de la periferia sigue siendo prohibitiva.

En un artículo publicado en *The Financial Times* el 31 de diciembre de 1997[2], propuse la creación de una Corporación Internacional de Seguro del Crédito. La propuesta era prematura porque el flujo inverso de capital no se había convertido aún en una tendencia firmemente arraigada. Se recordará que a la crisis de liquidez en Corea a finales de 1997 le siguió un falso amanecer que duró hasta abril de 1998. Mi propuesta fracasó pero su momento ha llegado.

El presidente Clinton y el secretario del Tesoro Robert E. Rubin hablaron de la necesidad de crear un fondo que permitiera a los paí-

---

[2] «Avoiding a breakdown: Asias's crisis demands a rethink of international regulation», *The Financial Times,* Londres, 31 de diciembre de 1997.

ses de la periferia que siguen políticas económicas adecuadas recuperar el acceso a los mercados de capital internacionales. Mencionaron la cifra de 150.000 millones de dólares, y aunque no lo dijeron en público, creo que tenían en mente financiarla con una nueva emisión de derechos especiales de giro (DEG) [3]. Aunque su propuesta no recibió mucho apoyo en la reunión anual del FMI de octubre de 1998, creo que es exactamente lo que se necesita. Podrían facilitarse garantías de créditos a países como Corea, Tailandia y Brasil, y tendrían un efecto calmante inmediato sobre los mercados financieros internacionales. Al inyectar liquidez en la periferia, la propuesta de Estados Unidos podría soslayar la necesidad de reducir los tipos de interés en el centro, llevando a la economía global a un mejor equilibrio.

Como hemos visto, los programas del FMI en Tailandia y Corea no han producido los resultados deseados porque no incluían un programa de capitalización de la deuda. La balanza externa de estos países ha sido restablecida a costa de una grave contracción de la demanda interna, pero los balances de los bancos y las empresas continúan deteriorándose. En la situación actual, estos países están condenados a languidecer en la depresión durante un período prolongado. Un programa de capitalización de la deuda podría despejar el panorama y permitir que la economía nacional se recuperara, pero obligaría a los acreedores internacionales a aceptar y cancelar pérdidas. No estarían dispuestos ni podrían extender el crédito, lo que haría imposible aplicar ese programa sin encontrar una fuente alternativa de crédito internacional. Ahí es donde entraría en juego el programa internacional de garantía del crédito, que reduciría de forma significativa el coste del endeudamiento y permitiría a los países afectados financiar un nivel de demanda interna más elevado del que pueden sostener actualmente. Esto sería útil no sólo para los países afectados sino también para la economía mundial. Proporcionaría una recompensa por pertenecer al sistema capitalista global y disuadiría de deserciones siguiendo la línea de Malasia.

El caso de Brasil es más complicado. Una vez que el Congreso

---

[3] Los derechos especiales de giro se consideran mejor un dinero artificial puesto a disposición del FMI por sus miembros.

de EE UU haya aprobado a regañadientes el aumento de capital, el FMI estará en condiciones de preparar un paquete de salvamento para Brasil. El paquete debería ser lo bastante amplio para tranquilizar a los mercados: se habla de 30.000 millones de dólares procedentes de fuentes oficiales como cifra de partida, que se complementaría mediante el compromiso de los bancos comerciales de mantener sus líneas de créditos. Huelga decir que Brasil debería emprender medidas agresivas para reducir el déficit fiscal. Aun así, existe el peligro real de que el programa pueda fracasar. Aunque el paquete se ocuparía de las necesidades de refinanciación de la deuda de Brasil, no garantizaría que los tipos de interés internos se redujesen significativamente sin reavivar la evasión de capitales. Con los tipos de interés actuales en el 40 por 100, la refinanciación de la deuda interna añadiría aproximadamente un 6 por 100 al déficit presupuestario, lo que compensaría cualquier intento de apretarse el cinturón. Lo que hace que la situación sea tan compleja es que el programa de garantía de préstamos no pretende ser utilizado para la refinanciación de la deuda interna. Sin embargo, el hecho de que estuviera disponible para el endeudamiento internacional tendría una repercusión directa sobre los tipos de interés internos y podría marcar la diferencia entre el fracaso y el éxito.

Actualmente, los bancos centrales europeos se oponen categóricamente a la emisión de DEG debido a sus repercusiones inflacionistas. Pero los DEG reservados para garantías de préstamos no crearían dinero adicional; si llegaran a emitirse, se limitarían a rellenar un vacío que había sido llenado por un impago. A decir verdad, la oposición a los DEG se basa en motivos doctrinarios; pero después de las elecciones alemanas, los gobiernos de centro-izquierda están ya en el poder en toda Europa y es probable que resulten más dispuestos a un programa de garantía de créditos, sobre todo cuando la recuperación de importantes mercados de exportación depende de él. Es posible también que Japón lo apoye en la medida en que el programa abarque Asia además de América Latina. De este modo el FMI adquiriría experiencia en la emisión de garantías de préstamos y el método podría institucionalizarse finalmente. Creo que podría representar la piedra angular de la «nueva arquitectura» de la que todo el mundo habla.

Reformas a más largo plazo

Las insuficiencias de la actual arquitectura saltaron a la vista durante la crisis financiera global que se desencadenó en Tailandia. Una deficiencia era la falta de una autoridad supervisora y reguladora internacional adecuada. El Banco de Pagos Internacionales instituyó coeficientes de solvencia para los bancos comerciales internacionales, pero la supervisión se dejó a los bancos centrales de los respectivos países. Sus resultados dejaron mucho que desear. Sólo por citar un ejemplo, el banco central de Corea exigió que todos los préstamos de vencimiento superior a un año fueran registrados. En consecuencia, la mayor parte del endeudamiento fue a menos de un año, y el banco central no tenía la menor idea de las cantidades afectadas. Según las normas del BPI, los bancos internacionales que negociaban con Corea estaban exentos de crear reservas especiales porque Corea era miembro de la Organización de Cooperación y Desarrollo Económicos (OCDE). Esto alentó a los bancos a prestar a Corea. El hecho de que la mayoría de los préstamos vencieran en menos de un año hizo que la crisis, cuando estalló, fuera más intratable.

En el caso de Indonesia, el comportamiento del banco central fue más suspicaz. En el balance había, por ejemplo, una entrada que reflejaba un gran «anticipo al sector privado» que contrarrestaba gran parte de la ayuda recibida de Singapur. Se sospechó que el anticipo fue a parar a miembros de la familia Suharto que sacaron los dólares de Indonesia. Cuando la crisis avanzaba, un misterioso incendio estalló en el edificio donde se guardaban los documentos.

El FMI no tiene mucho que decir en los asuntos internos de sus países miembros salvo en épocas de crisis cuando un país miembro recurre al FMI para recabar ayuda. El FMI puede visitar y consultar pero no tiene ni el mandato ni los instrumentos para interferir en épocas normales. Su misión es la gestión de las crisis, no la prevención, y en esta ocasión no se desempeñó con distinción. En el capítulo precedente he examinado los fallos de las prescripciones del FMI, ahora debemos examinar el papel que el FMI ha desempeñado en la precaria expansión del crédito internacional. Esto nos conduce al segundo defecto importante de la arquitectura actual, el llamado argumento del peligro moral.

Los programas del FMI han servido para sacar de apuros a los prestamistas y, por tanto, para alentarles a actuar de forma irresponsable; ésta es una fuente importante de inestabilidad en el sistema financiero internacional. Como ya he explicado, existe una asimetría en la manera en que el FMI ha tratado a los prestamistas y a los prestatarios. Impuso condiciones a los prestatarios pero no a los prestamistas; el dinero que prestó y las condiciones que impuso permitieron a los países deudores cumplir sus obligaciones mejor de lo que habrían podido de otro modo. De esta forma indirecta el FMI ayudaba a los bancos internacionales y otros acreedores.

La asimetría se desarrolló durante la crisis de la deuda internacional del decenio de 1980 y se hizo patente en la crisis mexicana de 1994-1995. En esa crisis los titulares extranjeros de *tesobonos* (bonos del tesoro mexicanos con valor nominal en dólares) salieron enteros aunque el rendimiento de los *tesobonos* en el momento en que fueron comprados entrañaba un alto grado de riesgo. Cuando México no pudo pagar, el Tesoro de EE UU y el FMI entraron en escena y liberaron a los inversores. Una situación parecida surgió en Rusia recientemente, pero el Tesoro de EE UU se vio impedido para organizar una operación de rescate efectiva por el miedo a ser acusado de sacar de apuros a los especuladores. Como he sostenido en mi experimento en tiempo real, Estados Unidos cometió un error al negarse a actuar *después* de que los especuladores hubieran sido castigados. Me complace constatar que el FMI aprende con rapidez. En su programa de 2.200 millones de dólares en Ucrania, impone una nueva condición: el 80 por 100 de las letras del tesoro ucranianas han de ser reconvertidas «voluntariamente» en instrumentos a más largo y más bajo rendimiento antes de que el programa pueda continuar. Esto infligiría grandes pérdidas a los especuladores y a los prestamistas bancarios imprudentes y está muy lejos del rescate mexicano de 1995.

Hay varias razones interrelacionadas por las que se ha desarrollado la asimetría en el tratamiento de deudores y acreedores por el

FMI. La misión primordial del FMI es mantener el sistema financiero internacional.

La imposición de sanciones a los prestamistas en un período de crisis podría causar daños excesivos a los bancos occidentales y entrañar el riesgo de un desplome del sistema. En segundo lugar, el FMI necesita la cooperación de los prestamistas comerciales para que sus programas tengan éxito, y los bancos saben cómo explotar su posición. Las autoridades monetarias internacionales no tienen suficientes recursos para actuar como prestamistas de último recurso. Una vez que una crisis ha estallado el FMI sólo puede encararla restableciendo la confianza del mercado. En la crisis asiática, algunos de los programas iniciales del FMI fracasaron estrepitosamente porque no convencieron a los mercados. Finalmente, el FMI es controlado por los países del centro capitalista; iría en contra de los intereses nacionales de los accionistas controladores que el FMI penalizase a los prestamistas. Y sin embargo, eso es exactamente lo que se necesita para que el sistema sea más estable. El FMI debe condicionar su intervención a que los prestamistas carguen con su parte de las pérdidas. El FMI impone condiciones a un país en apuros: debería imponer también condiciones a los acreedores, especialmente cuando los problemas están causados por el sector privado (como en el caso de los países asiáticos). En la práctica, esto significaría que el FMI no sólo toleraría sino que alentaría las reorganizaciones empresariales voluntarias. Los procedimientos de bancarrota se adecuarían más a la práctica interna en los países avanzados, obligando a los bancos a asumir las pérdidas.

La asimetría en el funcionamiento actual del FMI no puede corregirse, en mi opinión, sin introducir un programa de garantía del crédito o algún otro método para estimular el préstamo y la inversión internacionales. La asimetría (también llamada riesgo moral) dio origen a una expansión poco sólida de la inversión internacional; en su ausencia, será muy difícil generar flujos de inversión internacional suficientes. La rápida recuperación de los mercados emergentes después de la crisis mexicana de 1994-1995 es sumamente engañosa. Como hemos visto, el rescate de los tenedores extranjeros de *tesobonos* mexicanos constituyó la confirmación última de la asimetría; no es de extrañar que el flujo de capital se hiciera más fuerte e indiscriminado que nunca. En virtud de la nueva administración, los inversores extranjeros en *tesobonos* mexicanos habrían visto cómo sus propiedades se convertían en bonos públicos mexicanos a largo plazo. De haber sucedido esto, habrían sido mucho más cautos a la hora de invertir en Rusia o Ucrania.

Idealmente, el FMI debería haber esperado a la crisis financiera global para subvencionar antes de introducir cambio alguno en su forma de actuación. Pero esta opción ha sido ejecutada por los acontecimientos. Inversores y prestamistas han sido castigados severamente y huyen de la periferia en manadas, generando una situación de emergencia. No hay nada que perder y mucho que ganar con el cambio de la forma de actuación del FMI ahora mismo.

Con o sin capitalización de la deuda, es improbable que el flujo de fondos hacia los países de la periferia se reanude si no se ofrecen algunos incentivos a los prestamistas marcados por sus recientes e inminentes pérdidas. El programa de seguro de garantía crediticia deberá transformarse, pues, en parte permanente del FMI. Esto daría al sistema financiero global una arquitectura muy mejorada. El proporcionar zanahorias y palos ayudaría a evitar tanto los banquetes como las hambrunas en los flujos de capital internacional. La nueva institución, que presumiblemente seguiría formando parte del FMI, garantizaría explícitamente los préstamos y créditos internacionales hasta los límites definidos. Los países prestatarios vendrían obligados a aportar datos sobre todos los endeudamientos, públicos o privados, garantizados o no. Esto permitiría a la autoridad fijar un límite sobre las cantidades que estuviera dispuesta a asegurar. Hasta esas cantidades, los países afectados podrían acceder a los mercados de capital internacionales a tasas de interés preferencial más un moderado cargo. Más allá de estos límites, los acreedores estarían en situación de riesgo. Los techos se fijarían teniendo en cuenta las políticas macroeconómicas y estructurales seguidas por países concretos además de las condiciones económicas generales en el mundo. La nueva institución funcionaría, de hecho, como una especie de banco central internacional. Trataría de evitar los excesos en cualquiera de las dos direcciones y tendría en sus manos un instrumento poderoso[4].

El problema más espinoso es cómo se distribuirían entre los prestamistas de un país las garantías de crédito asignadas a ese país. Permitir que el Estado ejerciera el derecho sería una invitación al abuso. Las garantías deberían ser canalizadas a través de bancos autorizados que competirían entre sí. Los bancos habrían de ser estrechamente supervisados y se les prohibiría participar en otras líneas de negocio que pudieran dar lugar a créditos poco sólidos y a conflictos de intereses. Los bancos habrían de estar razonablemente bien capitalizados a fin de ofrecer una protección contra las pérdidas en créditos concretos. En resumen, los bancos habrían de estar tan estrechamente regulados como lo estuvieron los bancos de EE UU después del desplome del sistema bancario estadounidense en el pánico bancario de 1933. Llevaría algún tiempo reorganizar el sistema bancario e introducir las regulaciones adecuadas, pero el simple anuncio del programa surtiría un efecto tranquilizador sobre los mercados financieros y dejaría tiempo para una elaboración más a fondo.

Algunos se preguntarán si es posible llevar a buen puerto una tarea tan complicada. La respuesta es que la nueva institución cometerá forzosamente errores, pero los mercados proporcionarán una valiosa retroalimentación y los errores podrán ser corregidos. Al fin y al cabo, así funcionan todos los bancos centrales y, en términos generales, realizan una labor bastante buena.

Es mucho más cuestionable si ese programa es políticamente viable. Existe ya mucha oposición al FMI desde los fundamentalistas del mercado, que se oponen a cualquier clase de intervención en el mercado, especialmente por parte de una organización internacional. Si los bancos y los actores de los mercados financieros que actualmente se benefician de la asimetría dejan de apoyarle, no es seguro que el FMI pueda sobrevivir ni siquiera en su actual forma

---

[4] Mis argumentos en este contexto no son tan nuevos. En su origen, los fundadores de las instituciones de Bretton Woods preveían el papel del Banco Mundial como un «garante» de los títulos emitidos por los países en desarrollo o para emisores de países en desarrollo. Véase, Edward S. Mason y Robert E. Asher, *The World Bank Since Bretton Woods,* The Brookings Institution, Washington D.C., 1973.

insuficiente. Será necesario un cambio de mentalidad para hacer que los gobiernos, los parlamentos y los actores del mercado reconozcan que les interesa la supervivencia del sistema. La cuestión es si este cambio de mentalidad se producirá antes o después del desmoronamiento del sistema.

Regímenes monetarios

Cualquiera que sea el régimen monetario que prevalezca, tendrá forzosamente defectos. Los tipos monetarios de libre fluctuación son intrínsecamente inestables debido a la especulación seguidista; además, la inestabilidad es acumulativa porque la especulación seguidista tiende a crecer en importancia con el tiempo. Por otra parte, los regímenes de tipos de cambio fijos son peligrosos porque los desplomes pueden ser catastróficos. La crisis asiática es un ejemplo en este sentido. A menudo comparo los mecanismos monetarios con los acuerdos matrimoniales: cualquiera que sea el régimen que prevalezca, su contrario parece más atractivo.

¿Qué hacer pues? Mantener flexibles los tipos de cambio sería lo más seguro, pero haría que a los países de la periferia les resultase difícil atraer capital. Unido al programa de seguro de los créditos, podría ser un mecanismo sólido. Otra alternativa es construir un sistema de tipos de cambio fijos que no se descomponga.

En Europa está en marcha actualmente un experimento importante: la creación de una moneda única. La iniciativa se basa en la creencia, que comparto, en que a la larga no se puede tener un mercado común sin una moneda común. Creo, sin embargo, que el diseño del euro está viciado porque a la larga no se puede tener una moneda común sin una política fiscal común, incluido algún tipo de recaudación de impuestos o redistribución de impuestos centralizada. Pero la introducción de la moneda común fue una decisión política; los defectos también pueden corregirse por decisiones políticas.

Otra forma de crear un régimen de tipos de cambio fijos prácticamente irrompible es introducir una caja de conversión. Este es un mecanismo automático que emite y retira moneda local si la canti-

216

dad equivalente de moneda de reserva se deposita en la caja de conversión o se retira de ella. El dólar de EE UU actúa como moneda de reserva en Hong Kong y Argentina, el franco francés en las antiguas colonias francesas de África y el marco alemán en Estonia y Bulgaria. La idea de la caja de conversión gana apoyos porque ha funcionado mejor que las menos formales vinculaciones. Soy escéptico, aunque la he propugnado en Rusia como último recurso. Los costes sociales que entraña el mantenimiento de una caja de conversión pueden llegar a ser prohibitivos porque no existe límite alguno para la altura que pueden alcanzar los tipos de interés durante una crisis. La experiencia reciente ha demostrado que ni siquiera la más firme de las cajas de conversión es inmune a ataques. Hong Kong estaba dispuesto a pagar el precio y contaba con el respaldo del gobierno chino, pero Hong Kong es una caso especial: es ante todo un centro financiero, que podría, en principio, sobrevivir indefinidamente con una moneda sobrevalorada. (Suiza lo ha hecho así.) El régimen de caja de conversión funcionó también en Argentina durante la crisis tequila de 1995, pero no es infalible; específicamente, podría haber quedado sobrevalorada permanentemente si su principal socio comercial, Brasil, devalúa, y la caja de conversión no ofrecería salida alguna. Lo mismo puede decirse de Hong Kong si China devalúa[5].

Con la introducción del euro, habrá tres bloques monetarios principales. Japón se enfrenta a problemas especiales y el yen se encuentra en un estado de desequilibrio dinámico, por lo que puede dejarse a un lado por el momento. Esto deja dos bloques monetarios principales, con la libra esterlina flotando de manera inestable entre el euro y el dólar a menos que Gran Bretaña decida incorporarse al euro. En el pasado, los grandes bloques monetarios se enfrentaron y

[5] La mayor dificultad de las cajas conversión es cómo ponerles fin cuando han dejado de funcionar. Para darles credibilidad, las cajas de conversión suelen ser aprobadas por ley, y para cambiar las leyes se requiere mucho tiempo. ¿Qué sucede durante el tiempo en que el cambio se halla en fase de estudio? Es una invitación a un movimiento especulativo contra la moneda. Naturalmente, hay una solución: abrogar la caja de conversión de un día para otro infringiendo la ley. De este modo, sin embargo, es probable que se haga perder credibilidad a todas las cajas de conversión.

se aplastaron mutuamente, causando importantes trastornos en los mercados de acciones y obligaciones. La subida del valor del dólar fue la causa inmediata de la crisis asiática. Remontándonos más atrás, la turbulencia monetaria provocó la crisis de Wall Street de 1987. El ascenso en vertical del yen en abril de 1995 fue también muy perturbador, aunque no causó una crisis. La necesidad de coordinación política no ha sido reconocida y no se han instrumentado mecanismos institucionales, pero la creencia en la eficacia de la intervención coordinada se ha erosionado desde los apasionantes tiempos del acuerdo del Plaza de 1985, cuando el G-5 acordó cooperar en la gestión de los tipos de cambio.

Ha llegado el momento de reexaminar la cuestión. La aparición de dos bloques monetarios principales creará una nueva situación. La rivalidad podría ser catastrófica, mientras que la cooperación puede ser más fácil de organizar entre dos socios que entre muchos. Puede que incluso las dos monedas principales se vinculen de manera formal. La vinculación eliminaría una de las principales causas de inestabilidad en el sistema capitalista global, pero crearía nuevos problemas de coordinación política.

¿Podría funcionar la coordinación? Como soy escéptico en relación con el euro, debo ser más escéptico aún en relación con una moneda global. Pero puede haber varias vías sin llegar a la integración total. Por ejemplo, podría haber acuerdos de permutas ilimitadas en las que cada parte garantizase a la otra frente a cambios en el tipo de cambio. Me gusta especialmente la idea del «ecu duro» propuesta por Michael Butler, ex funcionario del Tesoro británico, como alternativa a la moneda única europea. Butler propuso la creación de una cesta de monedas que sería más fuerte que cualquiera de sus componentes. Si algún país miembro devaluaba, tendría que compensar la deficiencia que genera en la cesta que constituye la unidad monetaria. Es posible que las dos monedas principales puedan vincularse de alguna de esas maneras. (La incorporación de Gran Bretaña al euro plantea un problema porque la libra esterlina baila a un son diferente del de las monedas continentales y se mueve más en línea con el dólar; podría ser más seguro urdir un vínculo a tres bandas.)

Derivados, permutas y diferenciales

Los instrumentos derivados se construyen sobre la base de la teoría de los mercados eficientes. Puede parecer que la generalización en tal grado de su uso supone que la teoría de los mercados eficientes es válida. No estoy de acuerdo, pero he de ser cuidadoso en la manera de enunciar mi desacuerdo porque, como ya he dicho, no he estudiado con gran detalle la teoría de los mercados eficientes ni he dedicado mucho tiempo a saber cómo se construyen los instrumentos derivados. En términos generales, beta, gamma y delta sólo son letras griegas para mí.

Tal como yo lo entiendo, la inestabilidad puede medirse y es posible comprar seguros contra la inestabilidad pagando una prima por opciones. Aquellos que asumen el riesgo vendiendo opciones pueden contrarrestar el riesgo contra sus posiciones presentes o bien pueden reasegurarse participando en la llamada cobertura delta. Es una estrategia compleja pero se reduce a un método bastante rudimentario de limitación del riesgo. Supone que el vendedor de la opción recompra cierta porción del instrumento subyacente a medida que la cotización se mueve en su contra. Los titulares de instrumentos de cobertura delta suelen ser creadores de mercado profesionales que obtienen sus beneficios del diferencial entre los precios de comprador y vendedor y limitan sus riesgos mediante la cobertura delta.

Si se ejecuta adecuadamente, esta estrategia debe producir beneficios a largo plazo, pero la cobertura delta genera un comportamiento seguidista automático. Cuando el mercado se mueve en cierta dirección, las coberturas delta se mueven automáticamente en la misma dirección, comprando cuando el precio sube, y vendiendo cuando baja. De este modo, los creadores de mercado trasladan su riesgo al mercado. Por regla general, el mercado puede absorber el riesgo porque diferentes actores se mueven en diferentes direcciones. Muy de vez en cuando, el riesgo se acumula en un lado del mercado y las coberturas delta pueden provocar una discontinuidad en los movimientos de los precios. En estas ocasiones, la teoría del mercado eficiente falla. Las ocasiones son lo bastante escasas como para no disuadir de un negocio por lo demás rentable, pero cuando suceden pueden tener un impacto devastador sobre el mercado.

La gestión del riesgo, tal como se practica en los departamentos de transacciones patrimoniales de los bancos comerciales y de inversión, funciona del mismo modo que las coberturas delta: fijando límites a la cantidad de pérdidas en las que puede incurrir un agente, se obliga al agente a deducir sus posiciones comerciales cuando se mueven en su contra. Se trata, en realidad, de orden de pérdida limitada autoimpuesta, lo que refuerza la tendencia que causó la pérdida en primer lugar. Las consecuencias se hicieron evidentes cuando Long-Term Capital Management comenzó a tener dificultades.

El comportamiento seguidista en general y la cobertura delta en particular tienden a aumentar la inestabilidad del mercado pero los creadores de mercado se benefician de la inestabilidad porque pueden cargar una prima más elevada en las opciones y los compradores de las opciones no pueden quejarse porque el aumento de la prima está justificado por la mayor inestabilidad. Puede haber costes ocultos para el público, pero están muy bien ocultos. Como ha dicho el ex presidente de la Reserva Federal, Paul Volcker, todo el mundo se queja de la inestabilidad de los mercados monetarios pero nadie hará nada al respecto porque el público no puede quejarse y los creadores de mercado en instrumentos derivados obtienen beneficios de sus idas y venidas, creando inestabilidad y vendiendo seguro contra ella.

La complejidad de los derivados ha aumentado gradualmente, y algunos de ellos entrañan un riesgo más alto de causar una discontinuidad que otros. La crisis bursátil de 1987 se agravó debido al uso generalizado de una técnica de cobertura delta comercializada con el nombre de seguro de cartera. Aquellos que compraron el seguro quedaron más sitiados en el mercado de lo que habrían estado de no haberlo hecho. Cuando una baja del mercado activó el seguro, el repentino volumen de ventas generó una discontinuidad. Para impedir su repetición, los reguladores introdujeron los llamados interruptores del circuito —suspensiones temporales del mercado— que destruyen el supuesto en el que se basan tales programas de cobertura delta.

El uso de instrumentos derivados igualmente peligrosos es generalizado en los mercados monetarios, pero no se ha hecho nada para desincentivarlos. Por ejemplo, las opciones *knockout* se cancelan cuando se llega a cierto límite de precio, dejando al comprador de la opción sin seguro. Las opciones *knockout* solían ser muy populares entre los exportadores japoneses porque son mucho más baratas que las opciones normales. Cuando todas quedaron fuera de la circulación al mismo tiempo en 1995, se produjo una estampida que impulsó al yen desde unos 100 yen por dólar hasta menos de 80 en el plazo de unas semanas. Situaciones de desequilibrio en las opciones han causado a veces otros grandes movimientos monetarios aparentemente injustificados. La situación pide a gritos una regulación, o al menos supervisión, pero de nuevo, como explicaba Volcker, no se ha producido una petición masiva al respecto.

En términos generales, no hay requisitos en cuanto a márgenes para los instrumentos derivados, las permutas y las transacciones a término excepto cuando se ejecutan sobre intercambios registrados. Los bancos y los bancos de inversión que actúan como creadores de mercado pueden registrar estas partidas como partidas extracontables. Estos instrumentos se han desarrollado en una época en que la gente creía en los mercados eficientes, las expectativas racionales y la capacidad autocorrectora de los mercados financieros. En cambio, los requisitos en cuanto a márgenes sobre las compras de acciones son un vestigio de una época pasada. Si mi afirmación es correcta y algunos de los instrumentos financieros y las técnicas comerciales inventados recientemente se basan en una teoría profundamente viciada de los mercados financieros, la ausencia de requisitos en cuanto a márgenes puede entrañar un grave riesgo sistémico.

En un nivel más básico, deberíamos reconsiderar nuestra actitud hacia las innovaciones financieras. La innovación se considera uno de los principales beneficios de los libres mercados, pero como los mercados financieros son intrínsecamente inestables, las innovaciones financieras pueden estar creando inestabilidad. Deberíamos considerar las innovaciones financieras de forma distinta a como consideramos unas ratoneras mejores y otros inventos. Esto requerirá un notable ajuste, porque los mejores cerebros del mundo se han visto atraídos a los mercados financieros y la combinación de capacidad informática y teoría del mercado eficiente ha producido un crecimiento explosivo de nuevos instrumentos financieros y nuevos tipos de arbitraje. Los peligros que pueden plantear al sistema financiero se han pasado por alto porque se supone que los mercados se autocorrigen, pero eso es una ilusión. Los instrumentos y técnicas innovadores no son comprendidos adecuadamente ni por los reguladores ni por quienes los practican; plantean, pues, una amenaza para la estabilidad.

Es posible que los instrumentos derivados y otros instrumentos financieros sintéticos deban autorizarse formalmente del mismo modo en que las nuevas emisiones de valores han de registrarse en la Comisión de Valores y Comercio. Va en contra de mis principios el que las energías creativas de los innovadores sean sometidas a limitaciones administradas por burócratas torpes pero porfiados, pero eso es lo que sugiero. Las innovaciones reportan excitación intelectual y beneficios a los innovadores, pero debe ser prioritario mantener la estabilidad o, más exactamente, impedir los excesos.

La crisis rusa ha puesto al descubierto algunos riesgos sistémicos. El fracaso de Long-Term Capital Management, un fondo de cobertura que fue pionero en el uso de técnicas de gestión de riesgo basadas en la teoría del mercado eficiente, demuestra el fracaso de la teoría. El hecho de que la Reserva Federal tuviera que organizar una acción de salvamento indica que había un riesgo sistémico. Long-Term Capital Management presentaba un balance de más de 100.000 millones de dólares sobre una base patrimonial de menos de 5.000 millones. Además, tenía responsabilidades extracontables que superaban el billón de dólares. Las alteraciones causadas por la crisis rusa erosionaron la base patrimonial hasta bajar a 600 millones de dólares en el momento del salvamento. Si se hubiera dejado quebrar a Long-Term Capital Management, sus homólogos habrían sufrido pérdidas de miles de millones de dólares, sobre todo porque sus cuentas presentaban situaciones semejantes. Lo cierto es que los homólogos se agruparon respondiendo a los codazos de la Reserva Federal y pusieron capital adicional en la empresa en quiebra para permitir el desarrollo más gradual. La Reserva Federal hizo lo que se supone debe hacer: impedir la quiebra sistémica. Cuando la situación de emergencia ha pasado, el sistema debe ser reformado. La reforma podría ser superficial, como lo fue después de la crisis bursátil de 1987, con la introducción de los llamados interruptores del circuito, o podría ser más profunda. No es necesario que repita que soy partidario de un replanteamiento más profundo porque creo que nuestras ideas actuales acerca de los mercados financieros se basan en una teoría falsa.

Fondos de cobertura

Tras el salvamento de Long-Term Capital Management se habla mucho de regular los fondos de cobertura. Creo que el debate está mal orientado. Los fondos de cobertura no son los únicos que usan el apalancamiento; las ventanillas de transacciones patrimoniales de los bancos comerciales y de inversión son los principales jugadores en instrumentos derivados y permutas. La mayoría de los fondos de cobertura no están involucrados en esos mercados. Soros Fund Management, por ejemplo, no sigue esa línea de negocio en absoluto. Usamos con moderación los instrumentos moderados y operamos con mucho menos apalancamiento. Long-Term Capital Management era en algunos aspectos excepcional: era, en realidad, la ventanilla de transacciones patrimoniales de un banco de inversión, Salomon Brothers, trasplantada a una entidad independiente. Al haber resultado un éxito, comenzaba a generar imitadores. Aun así, los fondos de cobertura en cuanto grupo no igualan en tamaño a las ventanillas de transacciones patrimoniales de los bancos y los agentes bursátiles y fue la amenaza que Long-Term Capital Management planteaba a esas instituciones lo que impulsó a intervenir al Banco de la Reserva Federal de Nueva York. El remedio correcto consiste en imponer requisitos en cuanto a márgenes y los llamados recortes sobre transacciones en instrumentos derivados y permutas y otras partidas extracontables. Estas regulaciones deberían aplicarse a los bancos y sus clientes, los fondos de cobertura por igual.

No defiendo los fondos de cobertura. Creo que los fondos de cobertura deben ser regulados como todos los demás fondos de inversión. Su regulación es difícil porque muchos de ellos operan extraterritorialmente, pero si las autoridades reguladoras cooperan, esto no debería plantear dificultades insuperables. Lo importante es que las regulaciones deben aplicarse por igual a todas las entidades.

Controles sobre el capital

Hoy es artículo de fe que los controles sobre el capital deberían abolirse y los mercados financieros de los países, incluida la banca, abrirse a la competencia internacional. El FMI ha propuesto incluso modificar su carta para hacer más explícitos estos fines. Pero la experiencia de la crisis asiática debería permitirnos hacer un alto en el camino. Los países que mantuvieron sus mercados financieros cerrados capearon el temporal mejor que los que estaban abiertos. La India se vio menos afectada que los países del sureste asiático; China estaba mejor aislada que Corea.

La apertura de los mercados de capital es muy deseable no sólo por razones económicas sino también políticas. Los controles sobre el capital son una invitación a la evasión, la corrupción y el abuso de poder. Una economía cerrada es una amenaza para la libertad. Mahathir de Malasia continuó el cierre de los mercados de capital con represión política.

Lamentablemente, los mercados financieros internacionales son inestables. El mantenimiento de los mercados financieros nacionales totalmente expuestos a los vaivenes de los mercados financieros internacionales podría causar más inestabilidad de la que puede soportar un país que ha pasado a depender del capital extranjero. Alguna forma de controles sobre el capital pueden ser preferibles, pues, a la inestabilidad aun cuando no constituyan una buena política en un mundo ideal. El desafío es mantener los mercados financieros internacionales lo bastante estables para que el control del capital resulte innecesario. Un programa de garantías del crédito podría ayudar a alcanzar el objetivo.

Permitir que los bancos extranjeros entren en los mercados nacionales es un asunto totalmente distinto. Es probable que se lleven la mejor parte de todo el mercado donde disfrutan de ventajas competitivas y que dejen a los negocios minoristas menos rentables sin existencias. También es probable que resulten mucho más volubles que los bancos nacionales. Esto es cierto para el centro además de para la periferia. Los primeros que contrajeron las líneas de crédito en Estados Unidos después de la crisis rusa fueron los bancos europeos. América Latina se benefició sobremanera de la entrada de bancos españoles desde 1995, pero está por ver cuánto capital dedicarán esos bancos a América Latina cuando sus accionistas les castiguen por su exposición latinoamericana. Hay mucho que decir en favor del desarrollo de una fuente interna del capital como ha hecho Chile estableciendo fondos de pensiones privados.

Por sí solos, los movimientos de capital a corto plazo producen probablemente más daños que beneficios. Como ha demostrado la crisis asiática, es muy arriesgado para un país receptor permitir entradas de capital a corto plazo para usarlo para fines a largo plazo. La política adecuada consiste en esterilizar la entrada. Esto se hace habitualmente acumulando reservas, pero eso es costoso y tiende a atraer nuevas entradas. Chile inventó una fórmula mejor: ha impuesto requisitos en cuanto a reservas para las entradas de capital a corto plazo. Irónicamente, está inmerso ahora en el desmantelamiento de este sistema para atraer capital.

La principal justificación para mantener abiertos los mercados de capital es facilitar el libre flujo de capital a instrumentos a largo plazo como acciones y bonos. Cuando la dirección del flujo se invierte, la justificación desaparece. Los estados soberanos pueden actuar a modo de válvulas: permitiendo la entrada pero resistiéndose a la salida. Es imperativo alentar a los países de la periferia a no limitarse a volver la espalda al sistema global a la manera de Malasia; para conseguirlo, el FMI y otras instituciones tal vez tengan que reconocer los argumentos en favor de algunas regulaciones sobre los flujos de capital. Hay maneras sutiles de desincentivar la especulación monetaria que distan mucho de ser controles sobre el capital. Se puede exigir a los bancos que informen sobre las posiciones monetarias que ostentan tanto para sí mismos como para las cuentas de sus clientes y, si es necesario, pueden imponerse límites sobre el tamaño de tales posiciones. Estas técnicas pueden ser bastante efectivas. Por ejemplo, en los tiempos de la tormenta monetaria europea de 1992, en Soros Fund Management encontramos prácticamente imposible deshacernos de la libra irlandesa, aunque estábamos seguros de que sería devaluada. La limitación de los bancos centrales nacionales es que sólo pueden ejercer el control sobre sus propios bancos; pero una vez que se establezca el principio de que algunos controles son legítimos, podría haber mucha más cooperación entre los bancos centrales nacionales. Sería posible poner coto a la especulación sin incurrir en todos los nocivos efectos secundarios de los controles del capital.

Hasta aquí es dónde quería llegar en la prescripción de soluciones. Puede que haya ido demasiado lejos. Lo único que deseaba era estimular el debate del que puedan surgir las reformas adecuadas. No hay soluciones permanentes y totales; debemos permanecer siempre en estado de alerta ante la eventualidad de nuevos problemas. Una cosa es segura: los mercados financieros son intrínsecamente inestables: necesitan supervisión y regulación. La única cuestión es si tenemos la sabiduría necesaria para fortalecer nuestras autoridades financieras internacionales o dejamos que cada país se las arregle por sí mismo. En el segundo caso, no debería sorprendernos la propagación de los controles sobre el capital.

¿Quiénes somos los «nosotros»? ¿Dónde coincide la sociedad global con la economía global? De estas cuestiones me ocuparé en el capítulo siguiente.

Capítulo 9

Hacia una sociedad abierta global

E n los capítulos anteriores he examinado las deficiencias del mecanismo del mercado y he hecho algunas sugerencias para corregirlas. Llego ahora a una tarea más difícil: examinar las insuficiencias del sector no mercado de la sociedad. Estas insuficiencias son más omnipresentes que los fallos de los mercados que he identificado. Incluyen el insuficiente peso que se concede a los valores sociales, la sustitución de los valores intrínsecos por el dinero, las deficiencias de la democracia representativa en algunas partes del mundo y su ausencia en otras, y la falta de cooperación internacional. Esta lista no pretende ser completa, pero constituye un programa que plantea un desafío más que suficiente.

Valores del mercado y valores sociales

En todo este libro he tenido grandes dificultades para examinar la relación existente entre los valores del mercado y los valores sociales. El problema no está en establecer que existe una diferencia entre unos y otros, sino en examinar el contenido y el carácter de los valores sociales. Los fundamentalistas del mercado intentan descartar los valores sociales afirmando que cualesquiera que sean esos valores se expresan a través del comportamiento del mercado. Por ejemplo, una persona desea cuidar de los demás o proteger el medio ambiente, puede expresar sus sentimientos gastando dinero en tales fines y su altruismo se convierte en parte del PNB en igual medida

227

que su consumo visible. Para demostrar que este razonamiento es falso, no necesito recurrir al razonamiento abstracto, del que ya hemos tenido más que suficiente; puedo basarme en mi experiencia personal.

Cuando era un anónimo actor de los mercados financieros, nunca tuve que sopesar las consecuencias sociales de mis acciones. Era consciente de que en algunas circunstancias las consecuencias podían ser perjudiciales, pero me sentía justificado al ignorarlas por entender que jugaba de acuerdo con las reglas. El juego era muy competitivo y si me imponía limitaciones adicionales a mí mismo terminaría perdiendo. Por otra parte, me daba cuenta de que mis escrúpulos morales no representarían ninguna diferencia para el mundo real, dadas las condiciones de competencia efectiva o casi perfecta que prevalecen en los mercados financieros; si me abstenía, otro ocuparía mi lugar. Al decidir qué acciones o monedas comprar o vender, me guiaba por una única consideración: maximizar los beneficios sopesando los riesgos frente a las recompensas. Mis decisiones guardaban relación con los acontecimientos que tenían consecuencias sociales: cuando compré participaciones de Lockheed y Northrop después de que sus administradores fueran procesados por soborno, ayudé a mantener la cotización de las acciones. Cuando vendí baratas libras esterlinas en 1992, el Banco de Inglaterra estaba al otro lado de mis transacciones y yo sacaba dinero de los bolsillos de los contribuyentes británicos. Pero si hubiera intentado tener en cuenta las consecuencias sociales, habría dejado a un lado mis cálculos sobre riesgos y recompensas y mis posibilidades de tener éxito se habrían reducido. Afortunadamente, no necesité preocuparme por las consecuencias sociales porque habrían ocurrido en cualquier caso: los mercados financieros tienen un número suficientemente amplio de actores por lo que ningún actor por sí sólo puede tener un efecto apreciable sobre el resultado. Incorporar mi conciencia social al proceso de toma de decisiones no marcaría diferencia alguna en el mundo real. Gran Bretaña habría devaluado de todos modos. Si yo no fuera decidido en la búsqueda del beneficio, sólo se verían afectados mis resultados.

He reconocido que este razonamiento sólo era válido para los mercados financieros. Si tuviera que tratar con personas en vez de con mercados, no podría haber evitado elecciones morales y no habría tenido tanto éxito a la hora de ganar dinero. He bendecido la suerte que me llevó a los mercados financieros y me permitió no mancharme las manos[1]. Lo cierto sigue siendo que los anónimos actores del mercado están exentos en gran medida de tomar decisiones morales en cuanto que jueguen de acuerdo con las reglas. En este sentido, los mercados financieros no son inmorales, son amorales. Esta característica de los mercados hace que sea más importante el que las reglas que rigen los mercados se formulen adecuadamente. El actor anónimo puede pasar por alto las consideraciones morales, políticas y sociales, pero si examinamos los mercados financieros desde el punto de vista de la sociedad no podemos dejar al margen tales consideraciones. Como hemos visto, los mercados financieros pueden actuar como una bola de demolición golpeando sobre las economías. Aunque tenemos justificación al jugar de acuerdo con las reglas, deberíamos preocuparnos también de las reglas de acuerdo con las cuales jugamos. Las reglas son obra de las autoridades, pero en una sociedad democrática las autoridades son elegidas por los jugadores. La acción colectiva también puede ser aplicada de forma más directa. Por ejemplo, el boicot a las inversiones surafricanas resultó un éxito para promover el cambio de régimen en Suráfrica. Pero el caso surafricano fue una excepción, porque supuso una acción colectiva. En circunstancias normales, los valores sociales no se expresan a través del comportamiento de mercado de actores individuales, y por tanto tienen que hallar alguna otra forma de expresión.

La participación en el mercado y la elaboración de reglas son dos funciones distintas. Sería un error equiparar los valores del mercado que guían a los actores individuales con los valores sociales que deberían guiar la fijación de reglas. Lamentablemente, esta distinción apenas se observa. La toma de decisiones colectivas en las democracias contemporáneas es en gran medida un juego de poder entre intereses enfrentados. La gente intenta adaptar las reglas para

---

[1] Mi postura cambió cuando me convertí en un personaje público. De pronto *pude* influir en los mercados. Esto planteaba cuestiones morales de las que hasta entonces estaba libre, pero no es mi deseo examinarlas aquí porque distraería la atención del razonamiento.

su propia ventaja. Cuando desarrollan actividades de presión, por ejemplo, la exención de las consideraciones morales no debería aplicarse ya.

Los valores morales entran en juego no sólo a la hora de hacer las reglas de participación en el mercado (por ejemplo, reglas contra el uso de información privilegiada), sino también a la hora de servir a los intereses de la comunidad como la seguridad o la educación públicas o la protección del medio ambiente. Muchas de estas necesidades pueden satisfacerse comercialmente. Podemos tener carreteras de peaje, enseñanza privada y prisiones regentadas comercialmente; podemos comerciar con los derechos de contaminación. El lugar donde se traza la línea divisoria entre lo público y lo privado y, una vez trazada la línea, la regulación de la prestación privada de servicios públicos siguen siendo decisiones colectivas.

Todo esto es muy sencillo; las verdaderas dificultades comienzan una vez que se ha reconocido la distinción entre valores del mercado y valores sociales. ¿Qué relación hay entre unos y otros? Es evidente que los valores del mercado reflejan los intereses del actor del mercado individual mientras que los valores sociales tienen que ver con los intereses de la sociedad tal como los perciben sus miembros. Los valores del mercado pueden medirse en términos monetarios pero los valores sociales son más problemáticos. Es difícil observarlos y más difícil aún medirlos. Para medir los beneficios, lo único que se necesita es mirar el balance. Pero ¿cómo podemos medir las consecuencias sociales de un curso de acción? Las acciones tienen consecuencias no buscadas que están dispersas entre todas las líneas situadas por encima de la línea de flotación. No pueden reducirse a un denominador común porque afectan a diferentes personas de manera distinta. Como filántropo, soy perfectamente consciente de todas las consecuencias no buscadas que pueden existir e intento sopesarlas. Tengo la ventaja de ser mi propio amo. En la política, las decisiones han de tomarse colectivamente, lo que hace mucho más difícil evaluar los resultados. Con diferentes personas propugnando diferentes cursos de acción, la relación entre intenciones y consecuencias se vuelve sumamente tenue. No es de extrañar que el proceso político funcione de forma menos eficiente que el mecanismo del mercado.

Las deficiencias del proceso político se han agudizado mucho desde que la economía se ha hecho verdaderamente global y el mecanismo del mercado ha penetrado en aspectos de la sociedad que antes estaban libres de él. Es fácil entender por qué esto debe ser así. Como ya he dicho, los valores sociales expresan la preocupación por los demás. Suponen una comunidad a la que pertenecemos. Si fuéramos realmente independientes y desapegados, no habría ninguna razón convincente para preocuparse por los demás salvo nuestras propias inclinaciones; las presiones externas que provienen de la comunidad a la que pertenecemos faltarían. Pero una economía de mercado no funciona como una comunidad, y una economía global mucho menos. En consecuencia, las presiones externas se han relajado hasta cierto punto. Puede que permanezca la disposición interna a pertenecer —podría afirmarse que es innata en la naturaleza humana— pero en un mercado transaccional, diferente del mercado construido sobre las relaciones, la moralidad puede llegar a ser un estorbo. En un entorno sumamente competitivo, es probable que las personas hipotecadas por la preocupación por los demás obtengan peores resultados que las que están libres de todo escrúpulo moral. De este modo, los valores sociales experimentan lo que podría calificarse de proceso de selección natural adversa. Los poco escrupulosos aparecen en la cumbre. Este es uno de los aspectos más perturbadores del sistema capitalista global.

Pero el razonamiento se topa con una dificultad lógica. Si las personas deciden desatender sus obligaciones sociales, ¿quién puede decir que las han desatendido? ¿Sobre qué base pueden considerarse deficientes los valores sociales dominantes cuando son esos los valores que prevalecen? ¿Dónde está la norma por la que pueden juzgarse los valores sociales? No existe un criterio objetivo para los valores sociales como lo hay para las ciencias naturales.

Intentaré superar la dificultad comparando el proceso político con el mecanismo del mercado. He logrado demostrar las deficiencias de los mercados financieros porque tenía una norma, a saber, el equilibrio, con la que podía compararlos. Intentaré hacer otro tanto con el proceso político, comparándolo con el mecanismo del mercado.

Intento hacer dos observaciones relacionadas. La primera es que la difusión de los valores monetarios y su influencia en la política hace que el proceso político sea menos eficaz para servir al interés común de lo que solía ser cuando los valores sociales, o la «virtud cívica» tenían más peso en la mente de las personas. La otra es que el proceso político es menos eficaz que el mecanismo del mercado para corregir sus propios excesos. Estas dos consideraciones se refuerzan mutuamente de manera reflexiva: el fundamentalismo del mercado socava el proceso político democrático y la ineficacia del proceso político es un poderoso argumento a favor del fundamentalismo del mercado. Las instituciones de la democracia representativa que llevan tanto tiempo funcionando bien en Estados Unidos, gran parte de Europa y otras regiones, han pasado a estar en peligro, y la virtud cívica, una vez perdida es difícil de recuperar.

La democracia representativa

Se supone que la democracia ofrece un mecanismo para tomar decisiones colectivas que sirvan a los mejores intereses de la comunidad. Su propósito es alcanzar el mismo objetivo para la toma de decisiones colectivas que el mecanismo del mercado logra para la toma de decisiones individuales. Los ciudadanos eligen a representantes que se reúnen en asambleas para tomar decisiones colectivas mediante votación. Este es el principio de la democracia representativa. Presupone cierto tipo de relación entre los ciudadanos y sus representantes. Los candidatos se presentan y dicen a los ciudadanos cuáles son sus ideas, y los ciudadanos a continuación eligen a la persona cuyas ideas están más cerca de las suyas. Esta es la clase de representante que Thomas Jefferson era en los viejos tiempos, salvo que él se quedaba en casa durante la campaña. El proceso se basa en el supuesto de honestidad del mismo modo que el concepto de competencia perfecta se basa en el supuesto del conocimiento perfecto. El supuesto es, desde luego, poco realista. Los candidatos descubrieron hace mucho tiempo que tienen más probabilidades de ser elegidos si dicen al electorado lo que desea escuchar en vez de lo que realmente piensan. El fallo no es fatal porque el sistema lo contempla. Si los candidatos no cumplen sus promesas, serán arrojados de su puesto. En este caso, la situación permanece cerca del equili-

brio. Los votantes no siempre consiguen los representantes que desean, pero pueden corregir sus errores en la siguiente tanda de elecciones.

Las condiciones pueden ser llevadas, sin embargo, muy lejos del
equilibrio por un proceso reflexivo. Los candidatos desarrollan técnicas para explotar la diferencia existente entre promesas y acciones. Llevan a cabo sondeos de opinión pública y reuniones con grupos específicos para averiguar qué desea escuchar el electorado y
para configurar sus mensajes para que se ajusten a los deseos de ese
electorado. El proceso produce una correspondencia entre las declaraciones de los candidatos y los deseos de los votantes, pero la correspondencia se produce de manera equivocada al hacer que las
promesas de los candidatos se correspondan con las expectativas de
los votantes en vez de producir un candidato cuyas ideas se correspondan con las ideas de los votantes. Los votantes nunca consiguen
los representantes que desean; se decepcionan y pierden la fe en el
proceso.

Los votantes no están libres de culpa. Se supone que buscan representantes que tengan en el corazón los mejores intereses de la comunidad, pero anteponen sus propios intereses personales estrechos
a los intereses de la comunidad. Los candidatos, a su vez, intentan
apelar a los intereses personales de los votantes. Como los candidatos no pueden satisfacer todos los intereses, sobre todo si entran en
conflicto unos con otros, se ven obligados en la práctica a hacer tratos con intereses particulares. El proceso se deteriora aún más cuando los votantes dejan de preocuparse de si sus candidatos exageran
o mienten en la medida en que representan los intereses personales
de los votantes. La corrupción es completa cuando el dinero entra en
juego. Es cierto que, en Estados Unidos, sólo los candidatos que
conciertan tratos con intereses particulares pueden obtener dinero
suficiente para ser elegidos. Las condiciones lejos del equilibrio se
alcanzan cuando el electorado no espera ya que sean honestos sino
que los juzga simplemente por su capacidad para ser elegidos. El
desequilibrio dinámico se refuerza aún más debido al papel que los
anuncios de televisión desempeñan en las elecciones. Los anuncios
comerciales sustituyen a las declaraciones honestas de creencias y
refuerzan aún más la importancia del dinero porque es preciso pa-

garlos. Estas son las condiciones que prevalecen hoy en día.

Comparemos estas condiciones con el auge de los conglomerados que describí páginas atrás. Los gestores de los conglomerados aprovecharon un defecto en las valoraciones que los inversores aplicaban a las ganancias. Descubrieron que podían aumentar sus beneficios por acción prometiendo aumentar sus beneficios por acción a través de adquisiciones. Esto es parecido a decir a los votantes lo que desean escuchar. En ambos casos se trata de ejemplos de desequilibrio dinámico. ¡Pero qué diferencia! El auge de los conglomerados fue corregido por una recesión. Fue asimismo un incidente más o menos aislado, aunque continúan ocurriendo incidentes semejantes. Con todo, los mercados tienen una forma de corregir sus excesos; a los mercados alcistas les siguen mercados bajistas. La democracia representativa parece tener menos éxito en este aspecto. Es verdad que los gobiernos y los legisladores son sustituidos periódicamente por el electorado; el sistema está diseñado así. Pero la democracia parece incapaz de corregir sus propios excesos; antes al contrario, parece estar adentrándose cada vez más en un territorio lejos del equilibrio. Este análisis se sostiene en el creciente descontento de los electorados.

Este descontento ya ha sucedido antes. Entre las dos guerras mundiales, condujo a la quiebra de la democracia y al ascenso del fascismo en varios países europeos. En esta ocasión el descontento se manifiesta de manera distinta. La democracia no está gravemente amenazada en ninguno de los países del centro del sistema capitalista global, y está realmente en ascenso en la periferia. Pero el proceso político es desacreditado cada vez más. La gente prefiere poner su fe en el mecanismo del mercado, dando origen al fundamentalismo del mercado. El fracaso de la política se convierte en el argumento más firme en favor de dar carta blanca a los mercados. El fundamentalismo del mercado ha facilitado, a su vez, el ascenso del sistema capitalista global, que al mismo tiempo ha reducido la capacidad del Estado para proporcionar seguridad social a sus ciudadanos, mostrando con ello otra vez más el fracaso de la política, al menos en lo que se refiere a los ciudadanos que necesitan la seguridad social. La causa y el efecto no pueden separarse en un proceso reflexivo. La comparación con el auge de los conglomerados ayuda a demostrar qué lejos del equilibrio ha llegado la política. Equilibrio significa, en este contexto, que el proceso político satisface las expectativas del electorado.

Sólo una advertencia acerca de este razonamiento. Insisto en la capacidad de los mercados para corregir sus excesos precisamente en el momento en que los mercados financieros pueden haber perdido esa capacidad. Los inversores han perdido su fe en los fundamentos. Han caído en la cuenta de que el juego va de ganar dinero, no de valores subyacentes. Muchos de los antiguos puntos de referencia han quedado en el camino y quienes continúan rigiéndose por ellos salen perdiendo en comparación con quienes creen en el amanecer de una nueva era. Pero la conclusión de que estamos en un territorio lejos del equilibrio sólo se vería reforzada si los mercados hubieran perdido también su punto de referencia.

Lo que es cierto de la política es igualmente cierto de los valores sociales. En muchos aspectos, los valores sociales son inferiores a los valores del mercado. No pueden ser cuantificados; no pueden ser siquiera identificados. No pueden reducirse a un común denominador, el dinero. Sin embargo, una comunidad bien definida tiene valores bien definidos; sus miembros pueden respetarlos o transgredirlos, ser sostenidos por ellos o ser oprimidos por ellos, pero al menos saben cuáles son esos valores. No vivimos en esa clase de comunidad. Tenemos dificultades para decidir entre lo correcto y lo incorrecto. La amoralidad de los mercados ha socavado la moralidad incluso en aquellas áreas en que la sociedad no puede funcionar sin ella. No hay consenso sobre los valores morales. Los valores monetarios son mucho menos confusos. No sólo pueden medirse, sino que podemos sentir la tranquilidad de que son apreciados por las personas que nos rodean. Ofrecen una certeza de la que los valores sociales carecen.

Los valores sociales pueden ser más nebulosos que los valores del mercado, pero la sociedad no puede existir sin ellos. Los valores del mercado han sido promovidos a la posición de los valores sociales pero no pueden cumplir esa función. Están concebidos para la toma de decisiones individuales en un marco competitivo y no son aptos para la toma de decisiones colectivas en una situación que requiere cooperación además de competencia.

Se ha permitido que se produzca una confusión de funciones que ha socavado el proceso de toma de decisiones colectivas. Los valores del mercado no pueden ocupar el lugar del espíritu público ni, para usar una palabra anticuada, la virtud cívica. Cuando la política y los intereses mercantiles se cruzan, existe el peligro de que la influencia política se use con fines mercantiles. Es una tradición arraigada el que los representantes elegidos deben velar por los intereses de su electorado. Pero ¿dónde se traza la línea divisoria entre lo que es legítimo y lo que no lo es? La prioridad que se otorga a los intereses mercantiles —y a los intereses personales de los políticos— ha desplazado la línea más allá del punto que la mayoría de los votantes consideran aceptable; de ahí la desilusión y el desencanto. Esto puede observarse tanto en la política interna como en la internacional. En los asuntos internacionales, se complica aún más debido a que en las democracias la política exterior tiende a estar dictada por consideraciones políticas internas. La tendencia es especialmente fuerte en Estados Unidos, con sus bloques de votantes étnicos, pero el gobierno francés, por ejemplo, tiene una tradición más fuerte aún de promover los intereses mercantiles a través de medios políticos. El presidente de un país de Europa oriental a quien conozco quedó sorprendido cuando en una reunión con el presidente de Francia, Jacques Chirac, éste dedicó la mayor parte del tiempo que duró la entrevista a impulsarle a favorecer a un comprador francés en una venta de privatización. No mencionaré siquiera las ventas de armamento.

La corrupción ha existido siempre, pero en el pasado la gente sentía vergüenza de ella e intentaba ocultarla. Ahora que el afán de lucro ha sido promovido a la categoría de principio moral, los políticos de algunos países se sienten avergonzados cuando no se aprovechan de su posición. Pude observar directamente este hecho en países en los que tengo fundaciones. Ucrania, en particular, tiene mala fama por la corrupción. He efectuado también un estudio sobre los países africanos y he descubierto que las personas de los países ricos en recursos y pobres en recursos son igualmente pobres. La única diferencia es que los gobiernos de los países ricos en recursos son mucho más corruptos.

Y sin embargo, desechar la toma de decisiones colectivas sólo porque es ineficaz y corrupta es comparable a abandonar el mecanismo del mercado sólo porque es inestable e injusto. El impulso en ambos casos proviene de la misma fuente: la incapacidad para aceptar que todas las construcciones humanas son imperfectas y requieren mejoras.

Las teorías dominantes sobre el mecanismo del mercado y la democracia representativa se formaron bajo la influencia de la Ilustración y, sin reconocerlo siquiera, tratan la realidad como si fuera independiente del pensamiento de los actores. Se supone que los mercados financieros pasan por alto un futuro que es independiente de las valoraciones presentes. Se supone que los representantes elegidos representan ciertos valores que defienden independientemente de su deseo de ser elegidos. El mundo no funciona así. Ni el mecanismo del mercado ni la democracia representativa colman las expectativas que se depositan en ellos. Pero eso no es razón para abandonarlos. Debemos reconocer, en cambio, que la perfección es inalcanzable y trabajar para corregir las deficiencias de los mecanismos existentes.

A los fundamentalistas del mercado les desagrada la toma de decisiones colectivas de cualquier manera o forma porque carece del mecanismo automático de corrección de errores de un mercado que supuestamente tiende al equilibrio. Afirman que al interés público se le sirve mejor indirectamente, dejando que la gente luche por sus propios intereses. Ponen su fe en la «mano invisible» del mecanismo del mercado. Pero esta fe está depositada en el lugar incorrecto por dos razones. En primer lugar, el interés común no se expresa a través del mecanismo del mercado. Las grandes empresas no tienen como objetivo la creación de empleo; emplean a personas (el menor número y lo más barato posible) para obtener beneficios. Las compañías de asistencia sanitaria no están en el negocio para salvar vidas; prestan asistencia sanitaria para obtener beneficios. Las compañías petrolíferas no aspiran a proteger el medio ambiente salvo para cumplir las normas o proteger su imagen pública. El pleno empleo, la medicina asequible y el medio ambiente sano pueden resultar ser, en ciertas circunstancias, productos derivados del proceso del mercado, pero unos resultados sociales tan bienvenidos no se pueden garantizar sólo por el principio del beneficio. La mano invisible no puede decidir sobre intereses que no pertenecen a su jurisdicción.

En segundo lugar, los mercados financieros son inestables. Comprendo plenamente los méritos de los mercados financieros como mecanismo de retroalimentación que no sólo permite sino que obliga a los actores a corregir sus errores, pero agregaría que a veces también los mercados financieros fallan. El mecanismo del mercado debe ser corregido también mediante un proceso de ensayo y error. Los bancos centrales están especialmente bien dotados para esa tarea porque interactúan con los mercados financieros y reciben información de retroalimentación que les permiten corregir sus propios errores.

Comparto la aversión dominante hacia la política. Soy una criatura de los mercados y disfruto de la libertad y de las oportunidades que ofrecen. Como actor del mercado, puedo tomar mis propias decisiones y puedo aprender de mis propios errores. No necesito convencer a otros de que hagan algo y los resultados no están confundidos por el proceso de toma de decisiones colectivas. Por extraño que pueda parecer, participar en los mercados financieros gratifica mi búsqueda de la verdad. Tengo un sesgo personal contra la política y otras formas de toma de decisiones colectivas. Reconozco, sin embargo, que no podemos estar sin ellas.

Reinventar los valores intrínsecos

He hablado hasta ahora de los valores sociales, pero algo va mal también en los valores individuales. Como se vio en el Capítulo 6, los valores monetarios han usurpado el papel de los valores intrínsecos, y los mercados han llegado a dominar áreas de la sociedad a las que no pertenecen propiamente. Tengo en mente profesiones como el derecho y la medicina, la política, la enseñanza, la ciencia, las artes e incluso las relaciones personales. Logros o cualidades que deberían valorarse por sí mismos se convierten a términos monetarios; se juzgan por la cantidad de dinero que producen en vez de por sus méritos intrínsecos.

El dinero posee ciertos atributos de los que carecen los valores intrínsecos: tiene un denominador común, puede cuantificarse y es apreciado prácticamente por todo el mundo. Estos son los atributos que cualifican al dinero como medio de cambio, pero no necesariamente como fin último. La mayoría de los beneficios que se le atribuyen al dinero se derivan de gastarlo; en este sentido el dinero sirve como medio para un fin. Sólo en un aspecto el dinero sirve de fin último: cuando el fin es acumular riqueza.

Lejos de mí la intención de menospreciar los beneficios de la riqueza; pero convertir la acumulación de riqueza en el fin último elimina muchos otros aspectos de la existencia que también merecen consideración, en particular de las personas que han satisfecho sus necesidades materiales de supervivencia. No puedo especificar cuáles son esos otros aspectos de la existencia; la propia naturaleza de los valores intrínsecos impide reducirlos a un común denominador, y no son percibidos del mismo modo por todo el mundo. Las personas pensantes tienen derecho a decidir por sí mismas, es un privilegio del que disfrutan una vez que han satisfecho las necesidades de la supervivencia. Pero en vez de gozar del privilegio, se han salido del camino para abdicar de él al otorgar tal prioridad a la acumulación de riqueza. Cuando todo el mundo se afana por conseguir más dinero, la competencia es tan intensa que incluso los que tienen más éxito quedan reducidos a la posición de tener que luchar por la supervivencia. La gente reprocha a Bill Gates, el presidente de Microsoft, el que no se desprenda de una parte mayor de su riqueza; no entienden que la industria en que está inmerso se mueve con tal rapidez y es tan competitiva que no puede permitirse pensar en la filantropía[2]. Se han perdido la autonomía y la discreción de que disfrutaban los privilegiados en el pasado. Creo que todos somos más pobres por ello. La vida debería ser algo más que la supervivencia. Pero la supervivencia de los más aptos se ha convertido en el objetivo de nuestra civilización.

¿Supone el concepto de sociedad abierta un conjunto diferente de valores? Creo que así es, pero debo tener cuidado en la forma de presentar el razonamiento. La sociedad abierta requiere sin duda la corrección de errores y excesos pero también reconoce la ausencia de un criterio objetivo por el que puedan juzgarse. Puedo afirmar

---

[2] Ahora que está inmerso en un pleito antimonopolio, el ser filántropo pasará a formar parte de su estrategia comercial.

que la promoción del afán de lucro a la categoría de principio ético es una aberración, pero no puedo erigirme en árbitro último que decide en nombre de la sociedad abierta. Lo que puedo decir con seguridad es que la sustitución de todos los demás valores por los valores monetarios está impulsando a la sociedad hacia un desequilibrio peligroso y a la supresión de aspiraciones humanas que merecen ser consideradas con la misma seriedad que el crecimiento del PNB.

Permítanme exponer el razonamiento. El comportamiento tendente a la maximización de beneficios sigue los dictados de la conveniencia y pasa por alto las demandas de la moralidad. Los mercados financieros no son inmorales; son amorales. En cambio, la toma de decisiones colectivas no puede funcionar adecuadamente sin trazar una distinción entre lo correcto y lo incorrecto. No *sabemos* qué es correcto. Si lo supiéramos, no necesitaríamos un gobierno democrático; podríamos vivir felizmente bajo el gobierno de un rey filósofo como propuso Platón. Pero debemos tener un sentido de lo que es correcto y lo que es incorrecto, una luz interior que guíe nuestro comportamiento como ciudadanos y políticos. Sin ella, la democracia representativa no puede funcionar. El ánimo de lucro atenúa la luz interior. El principio de conveniencia se impone a los principios morales. En un mercado transaccional sumamente competitivo, la preocupación por los intereses de los demás pueden transformarse en un obstáculo. Nuestros padres fundadores dieron por supuesto un mínimo de virtud cívica, pero no tuvieron en cuenta el ascenso de mercados transaccionales sumamente competitivos. La supremacía del ánimo de lucro sobre la virtud cívica socava el proceso político. Esto no importaría si pudiéramos basarnos en el mecanismo del mercado en la medida en que los fundamentalistas del mercado afirman. Pero como ya he demostrado, no es éste el caso.

Debemos examinar también otro argumento. El que la gente se sienta satisfecha con una sociedad abierta dependerá en buena medida de los resultados que una sociedad abierta pueda producir. El razonamiento más sólido a favor de la sociedad abierta dice que ésta ofrece un margen infinito para la mejora. Al ser reflexiva, la sociedad abierta debe ser reforzada por los resultados. Los resultados, a su vez, dependen de lo que se considere satisfactorio. La idea de progreso es subjetiva, y depende en idéntica medida de los valores de las personas como de las condiciones materiales de vida. Estamos habituados a medir el progreso en función del PNB, pero esto equivale a aceptar el dinero como valor intrínseco. El PNB mide el intercambio monetario; cuantas más interacciones sociales adopten la forma de intercambio monetario, mayor será el PNB. Por ejemplo, la propagación del sida, en igualdad de las demás condiciones, haría aumentar el PNB debido al coste del tratamiento. Esto es una aberración. Los valores intrínsecos no se pueden medir en términos monetarios. Necesitamos alguna otra medida de la felicidad, aun cuando no pueda cuantificarse. En mi opinión, la autonomía de que disfrutan los ciudadanos sería una medida mejor, porque la vida debería ser algo más que la supervivencia. Usando este criterio, no está claro si el mundo avanza o retrocede.

El sistema capitalista global se basa en la competencia. Relajarse en la lucha por la supervivencia y preocuparse por las cosas más bellas de la vida puede ser muy peligroso. Algunas personas y algunas sociedades lo han intentado y han tenido que pagar un alto precio. Por ejemplo, en Inglaterra la gente suele estar apegada a su hogar; esto pone a los ingleses en desventaja competitiva en el mercado laboral. Los habitantes del continente europeo han conservado la seguridad social; han tenido que pagar por ello una tasa elevada de desempleo.

Creo, sin embargo, que el cambio es posible. Debe empezar desde arriba, como en la mayoría de los casos de cambio de régimen revolucionario. Sólo quienes triunfan en la competencia están en condiciones de instituir cambios en los términos en que se lleva a cabo la competencia. Aquellos que tienen menos éxito no pueden abandonar, pues su salida no cambiará las reglas del juego. Los ciudadanos de las democracias consolidadas disfrutan, sin embargo, de cierta discreción para mejorar la calidad de su vida política. Supongamos que la gente llegase a reconocer que la competencia global se ha hecho demasiado encarnizada y que es más necesaria la cooperación; supongamos además que aprende a distinguir entre toma de decisiones individuales y toma de decisiones colectivas. Los representantes a los que eligieron defenderían entonces políticas distintas y se atendrían a diferentes normas de comportamiento. Tendrían cierta discreción para llevar a cabo el cambio dentro de su propio país. No podrían cambiar el funcionamiento del sistema capitalista global sin cooperar con otros países, pero al menos podrían establecer una mayor disposición para cooperar. El cambio habría de comenzar con un cambio de actitudes, lo que se traduciría gradualmente en un cambio de políticas.

Como es lógico, se trata de una manera muy indirecta de hacer el cambio y no parece muy realista dada la tendencia dominante. Las fuerzas de la competencia global se han desatado recientemente —a los fines que ahora nos ocupa, situaría la fecha hacia 1980— y no han dejado sentir aún plenamente su efecto. Todos los países están sometidos a presiones para que sean más competitivos, y muchos mecanismos de la seguridad social que se habían implantado en diferentes circunstancias se han vuelto insostenibles. El proceso de su desmantelamiento no ha concluido todavía. Aquellos que encabezaron la iniciativa —el Reino Unido y Estados Unidos— recogen ahora los beneficios mientras que los que se resistieron a ella soportan la carga de un alto nivel de desempleo. Las condiciones para un cambio de dirección no están dadas aún. Pero los acontecimientos se desarrollan a un ritmo rápido. Confío en que la argumentación de este libro contribuya a invertir la tendencia actual, aunque debo admitir que en algunos aspectos puedo no ser un buen modelo de conducta. Disfruto de respeto y reconocimiento generalizados no por mi filantropía ni por mi filosofía, sino por mi capacidad para ganar dinero en los mercados financieros. Me pregunto si usted estaría leyendo este libro si yo no me hubiera labrado una reputación como mago de las finanzas.

En un principio entré en los mercados financieros como una forma de ganarme la vida, pero en la última década he usado deliberadamente mi reputación financiera como plataforma para lanzar mis ideas. La idea principal que debería transmitir al lector es que debemos aprender a distinguir entre la toma de decisiones individuales tal como se expresa en el comportamiento del mercado y la toma de decisiones colectivas tal como se expresa en el comportamiento social en general y en la política en particular. En ambos casos, nos guiamos por intereses personales; pero en la toma de decisiones colectivas debemos anteponer el interés común a nuestros intereses individuales. Admito que la distinción no goza de aceptación general.

Muchas personas, probablemente la mayoría, persiguen sus intereses estrechos incluso en la toma de decisiones colectivas. Es tentador alzar las manos y unirse a la multitud, pero sería un error, porque perjudicaría al interés común. Si de verdad creemos en un interés común, debemos reconocerlo por nuestra parte aun cuando los demás no lo reconozcan por la suya. Lo que distingue a los valores intrínsecos es que valen la pena independientemente de si prevalecen o no. Hay una brecha entre los valores intrínsecos y los valores del mercado. Los mercados son competitivos y el objetivo es ganar. Los valores intrínsecos son meritorios por derecho propio. Nunca he olvidado las palabras de Serguéi Kovaliev, disidente y activista de los derechos humanos ruso, quien me dijo orgulloso que ha librado batallas perdidas durante toda su vida. No he vivido de acuerdo con sus normas, pero pongo en práctica lo que predico. Intento ser ganador como actor del mercado e intento servir al interés común como ser humano y ciudadano. A veces es difícil mantener separados los dos papeles, como hemos visto en el caso de mi intervención en Rusia, pero el principio es claro.

Siempre habrá personas que antepongan sus intereses personales al interés común. A esto se le da el nombre de problema del jinete libre y afecta a todos los intentos de cooperación. Pero todo cambia si lo reconocemos como problema o si lo aceptamos como hecho. En el primer caso desaprobaríamos a los jinetes libres aun cuando no pudiéramos proscribirlos. En el segundo, los toleraríamos y podríamos incluso unirnos a ellos. Los jinetes libres podrían ser desalentados por el oprobio general. A los individuos «hipotecados», por emplear una expresión ya utilizada en este libro, les preocupa mucho lo que los demás piensan de ellos. Pueden ser decididos en la búsqueda de dinero, pero si otros valorasen la virtud cívica aparentarían al menos que les guía un espíritu público. Esto sería una gran mejora sobre la situación actual.

Naturalmente, la crítica interpersonal nunca podría funcionar tan bien en la política y la vida social como funciona en las ciencias naturales, por lo que no deberíamos forjarnos expectativas poco realistas que conduzcan a la decepción. La ciencia dispone de un criterio externo e independiente con el que trabajar, que permite que la verdad prevalezca aun cuando no se adecue al sentido común. La vida social carece de ese criterio. Como hemos visto, si la gente se guía totalmente por los resultados de sus acciones puede alejarse mucho del interés común. El único criterio disponible es interno: los valores intrínsecos que defienden los ciudadanos. No es una base fiable para un proceso interpersonal de evaluación crítica porque resulta demasiado fácil disimularlo. Como hemos visto, las ciencias sociales no funcionan tan bien como las ciencias naturales porque entra en discusión la cuestión de las motivaciones. Los marxistas, por ejemplo, solían desviar cualquier crítica a su dogma acusando a sus oponentes de representar intereses de clase hostiles. Así pues, el proceso crítico es menos eficaz cuando se ocupa de las motivaciones que cuando lo hace de los hechos. Sin embargo, la política no funciona mejor cuando los ciudadanos se guían por el sentido de lo correcto y lo incorrecto que cuando lo hacen por la mera conveniencia.

He visto cómo esto sucedía en mi país natal, Hungría, pero fue necesaria una revolución. Abandoné el país con amargos recuerdos: la población no había hecho mucho para ayudar a sus conciudadanos judíos cuando estaban siendo exterminados durante la ocupación nazi. Cuando regresé, dos décadas después, encontré una atmósfera distinta. Era el legado de la revolución de 1956. La gente era perfectamente consciente de la opresión política. Algunos se hicieron disidentes; la mayoría encontró fórmulas para acomodarse, pero eran conscientes de que hacían concesiones y admiraban a quienes no las hacían. Es interesante señalar que el claro sentido de lo correcto y lo incorrecto que prevalecía en la época en que creé mi fundación se ha desvanecido desde la disolución del régimen comunista. ¿Podría conservarse o recuperarse en una democracia? Yo así lo creo, pero el impulso debe venir de individuos que actúan sobre la base de sus valores independientemente de lo que hagan los demás. Sin embargo, *algunas* personas deben estar dispuestas a defender sus principios y otras deben respetarlas por ello. Eso sería suficiente para mejorar el clima político y social.

Capítulo 10

El contexto internacional

Me.he ocupado hasta ahora de los defectos de la democracia representativa. Pero, como hemos visto, la relación entre democracia y economía de mercado es bastante tenue. El sistema capitalista global está asociado a diversos regímenes políticos. No existe una sociedad global que se corresponda con la economía global, y por supuesto no hay una democracia global. Las relaciones internacionales se basan en el principio de la soberanía nacional. Las naciones soberanas se guían por sus intereses nacionales. Los intereses de los estados no coinciden necesariamente con los intereses de sus propios ciudadanos, y es menos probable aún que los estados se preocupen por los ciudadanos de otros estados. Los mecanismos actuales no incorporan prácticamente ninguna garantía para proteger los intereses de las personas. Las Naciones Unidas aprobaron la Declaración Universal de Derechos Humanos, pero este instrumento carece de un mecanismo para su aplicación. Hay algunos tratados internacionales y algunas instituciones internacionales, pero su influencia se circunscribe a la estrecha esfera que las naciones soberanas les han asignado. Lo que sucede dentro de las fronteras de los distintos estados está en gran medida a salvo de la supervisión internacional.

Todo esto podría no poner en peligro al sistema capitalista global si los estados fueran democráticos y los mercados se autorregulasen. Pero no es ese el caso. La gravedad de la amenaza merece una consideración. Examinaremos en primer lugar la actitud dominante hacia las relaciones internacionales y después la situación real.

Realismo geopolítico

Las relaciones internacionales no se conocen bien. No hay una disciplina científica en la que basarse, como en la economía, aunque existe una doctrina llamada realismo geopolítico para la que se reivindica el estatus científico. Al igual que la teoría de la competencia perfecta, la geopolítica tiene sus raíces en el siglo XIX, cuando se esperaba que la ciencia ofreciese explicaciones y predicciones deterministas. Según la geopolítica, el comportamiento de los estados está determinado en gran medida por sus atributos geográficos, políticos y económicos. Henry Kissinger, el apóstol de la geopolítica, sostiene que las raíces del realismo geopolítico se remontan más atrás aún, al cardenal Richelieu, que proclamó que los estados no tienen principios, si no sólo intereses [1]. Esta doctrina guarda cierta semejanza con la doctrina del liberalismo por cuanto ambas consideran el interés personal como la única base realista para predicar o predecir el comportamiento de un sujeto. Para el liberalismo, el sujeto es el actor del mercado individual; para la geopolítica, el Estado. Un aliado cercano de ambas es la versión vulgar del darwinismo según la cual la supervivencia de los más aptos es la ley de la naturaleza. El denominador común de las tres doctrinas es que se basan en el principio del egoísmo: en el caso de la geopolítica, esto significa el interés nacional, que no coincide necesariamente con los intereses de las personas que pertenecen al Estado. La idea de que el Estado debe representar los intereses de sus ciudadanos está más allá de su marco de referencia. El realismo geopolítico puede considerarse una traducción de la doctrina del liberalismo a las relaciones internacionales con la diferencia de que los actores son estados, no individuos ni unidades mercantiles.

Esta perspectiva puede producir algunos resultados extraños. El realismo geopolítico no pudo solventar, por ejemplo, la oposición popular a la guerra de Vietnam. Más recientemente, no pudo encarar la desintegración de estados como la Unión Soviética o Yugoslavia. Un estado es un estado es un estado. Se nos enseña a pensar en ellos

---

[1] Henry Kissinger, *Diplomacy,* Simon & Schuster, Nueva York, 1995.

como peones en un tablero de ajedrez. Lo que suceda dentro de los peones no es de la incumbencia de la geopolítica.

Es interesante señalar que la teoría económica adolece de una debilidad semejante. La geopolítica se basa en el Estado. La economía se basa en el individuo aislado, el *Homo economicus*. Tampoco es lo bastante fuerte como para sostener el peso de la teoría que lleva incorporada. A los seres económicos se les supone la posesión del conocimiento perfecto tanto de sus propias necesidades como de las oportunidades que se les ofrecen, así como la capacidad para tomar decisiones racionales basadas en esa información. Hemos visto que estos supuestos son poco realistas; hemos visto también cómo la teoría económica se ha liberado de la dificultad tomando como dadas las preferencias y las oportunidades. Pero nos queda la impresión de que la gente se guía por sus intereses personales como individuos aislados. En realidad, las personas son animales sociales: la supervivencia de los más aptos debe suponer cooperación además de competencia. El fundamentalismo del mercado, el realismo geopolítico y el darwinismo social vulgar comparten un fallo común: desdeñan el altruismo y la cooperación.

No hay un orden mundial

Pasando de la ideología a la realidad, examinemos la auténtica situación de las relaciones internacionales. El rasgo distintivo de la situación actual es que no se puede calificar de régimen. No existe un sistema político global que se corresponda con el sistema capitalista global. Por otra parte, no hay consenso en cuanto a que un sistema político global sea viable ni deseable. Esta situación es relativamente reciente. Hasta el desmoronamiento del imperio soviético, se podía hablar de un régimen en las relaciones internacionales. Se llamaba guerra fría y era extraordinariamente estable: dos grandes potencias que representaban dos formas distintas de organización social estaban atrapadas en un conflicto a muerte. Cada una de ellas deseaba destruir a la otra y las dos se preparaban para ello protagonizando una carrera de armamentos. En consecuencia, cada una de ellas llegó a ser lo bastante fuerte como para causar estragos en la otra si era atacada. Esto impidió el estallido de una guerra abierta, aunque no impidió escaramuzas marginales ni maniobras para tomar posiciones.

El equilibrio de poderes, como la guerra fría, se suele reconocer como una de las formas de mantener la paz y la estabilidad en el mundo; la hegemonía de una potencia imperial es otra; y una organización internacional capaz de pacificar efectivamente podría ser una tercera. Ninguna de las tres citadas existe actualmente.

Estados Unidos sigue siendo la única gran potencia que queda, pero no tiene una visión clara de su papel en el mundo. Durante la guerra fría, Estados Unidos era también el líder del mundo libre, y los dos papeles se reforzaban mutuamente. Con la desintegración del imperio soviético, esta cómoda identidad de ser a la vez gran potencia y líder del mundo libre también se ha desintegrado. Estados Unidos podría seguir siendo el líder del mundo libre, pero para ello debería haber cooperado con otros países de ideología democrática, primero para ayudar a sentar las bases de la democracia en los países antaño comunistas y después para fortalecer las instituciones internacionales necesarias para mantener lo que denomino una sociedad abierta global. En las dos ocasiones anteriores en que Estados Unidos se erigió en líder del mundo libre —al término de la primera y de la segunda guerra mundial— hizo exactamente eso: patrocinó primero la Sociedad de Naciones y después las Naciones Unidas. En el primer caso, el Congreso se negó a ratificar la Sociedad de Naciones; en el segundo, la guerra fría hizo inútiles en gran medida a las Naciones Unidas.

Es cierto que confiaba en que Estados Unidos tomase la iniciativa en la cooperación internacional cuando el imperio soviético comenzó a desintegrarse. Creé una red de Fundaciones Sociedad Abierta en los antiguos países comunistas para señalizar el camino que yo esperaba que las sociedades abiertas occidentales siguieran. En la primavera de 1989, pronuncié un discurso en una conferencia Este-Oeste celebrada en Potsdam, que estaba aún en la Alemania oriental, en la que propugné un nuevo tipo de Plan Marshall, pero mi propuesta fue acogida directamente con carcajadas. Por el bien del rigor histórico, debo señalar que las carcajadas fueron iniciadas por William Waldegrave, viceministro de asuntos exteriores de Margaret Thatcher. Intenté después ponerme en contacto con Margaret Thatcher con un «plan Thatcher» y con el presidente Bush antes de la celebración de la cumbre con Gorbachov en Malta en septiembre de 1989, con una idea semejante, pero fue en vano. Contrariado, escribí a la carrera lo que llamé un libro instantáneo, que incluía muchas de las ideas que ahora repito.

La oportunidad de reactivar a las Naciones Unidas existía sin duda. Cuando Gorbachov emprendió la *glasnost* y la *perestroika,* uno de sus primeros actos fue pagar los atrasos de la Unión Soviética a las Naciones Unidas. Después asistió a la Asamblea General y realizó un apasionado llamamiento a la cooperación internacional. Occidente recelaba de un ruso y deseaba probar su sinceridad. Una vez que superó la prueba, se prepararon nuevas pruebas. Cuando realizó todas las concesiones que se le exigían, la situación en la Unión Soviética se había deteriorado tanto que los líderes occidentales pudieron llegar a la conclusión de que era demasiado tarde para librar la ayuda que Gorbachov esperaba. Con todo, ni Gorbachov ni Yeltsin plantearon ninguna dificultad grave para el funcionamiento adecuado del Consejo de Seguridad durante cinco o seis años. La oportunidad de hacer que el Consejo de Seguridad funcione de acuerdo con su proyecto original se disipó, primero por un desdichado incidente en Somalia y después por el conflicto de Bosnia. La experiencia somalí estableció el principio de que los soldados de EE UU no servirán bajo el mando de la ONU, aunque no estaban bajo el mando de la ONU cuando tuvo lugar el incidente. Los hechos enseñaron también al gobierno de EE UU que el público mostraba una tolerancia baja por las bolsas para transportar cadáveres. La crisis de Bosnia, sin embargo, podría haberse contenido fácilmente si los miembros permanentes occidentales del Consejo de Seguridad se hubieran puesto de acuerdo. La tarea podría haber sido asignada a la Organización del Tratado del Atlántico Norte (OTAN), como así fue al final, y la tragedia podría haberse evitado. En 1992 Rusia no habría puesto objeción alguna. Pero, intimidados por la experiencia somalí, Estados Unidos no ejerció liderazgo alguno, y Europa tampoco lo hizo, y los combates se prolongaron hasta que Estados Unidos adoptó finalmente una línea más firme. El acuerdo de Dayton dejó un lamentable legado en la política exterior estadounidense al culpar a Europa de su incapacidad para tomar una postura unificada en cuestiones de seguridad. La actitud de Estados Unidos hacia las Naciones Unidas se ha deteriorado también hasta el punto en que Estados Unidos no está dispuesto a pagar sus cuotas. Después del desastre de Ruanda, no es exagerado decir que la eficacia de las Naciones Unidas es menor que en los tiempos de la guerra fría.

El período transcurrido desde el fin de la guerra fría ha sido cualquier cosa menos pacífico. Los rumores relativos al fin de la historia se han exagerado sobremanera. Sólo ha habido una guerra con intervención de Estados Unidos —la guerra del golfo Pérsico—, pero ha habido muchos conflictos locales y, en ausencia de una pacificación eficaz, algunos de ellos resultaron bastante devastadores. Si examinamos un solo continente, África, los conflictos han sido tan numerosos que no podría siquiera comenzar a enumerarlos. Admito que estos conflictos no ponen en peligro al sistema capitalista global, pero no puede decirse lo mismo de la carrera de armamento nuclear entre la India y Pakistán ni de las tensiones en el Cercano Oriente. Parece que los conflictos locales son ahora bastante más difíciles de contener. Es necesario que se conviertan en crisis en toda regla para que reciban atención, y aun entonces es difícil concitar la voluntad política necesaria para encararlos.

Prevención de las crisis

He visto ya suficientes crisis políticas y financieras para saber que nunca es pronto para comenzar a prevenirlas. En las primeras fases, la intervención es relativamente indolora y barata; más tarde, tanto los daños como el coste aumentan exponencialmente. En 1992, 15.000 millones de dólares destinados al pago de pensiones y subsidios de desempleo en Rusia habrían cambiado el curso de la historia; posteriormente, las instituciones financieras internacionales gastaron mucho más con un efecto muy inferior. O pensemos en el caso de Yugoslavia: si las democracias occidentales hubieran puesto objeciones a la abolición de la autonomía de Kosovo en 1989 por Slobodan Milósevic, podrían haberse evitado tanto la guerra de Bosnia como los actuales combates en Kosovo. En aquel momento, sólo habría sido necesaria la presión diplomática y financiera para impedir que Milosevic consolidara su poder; más tarde, fue necesaria la intervención militar.

Me enorgullezco de estar practicando efectivamente la prevención de las crisis mediante la creación de una red de Fundaciones Sociedad Abierta. Las fundaciones desarrollan una amplia gama de actividades aparentemente dispares. Su objetivo es apoyar a la sociedad civil y ayudar a construir el imperio de la ley y un Estado democrático con un sector empresarial independiente. Cada fundación es gobernada por una junta directiva de ciudadanos locales que deciden cuáles son las prioridades locales. La prevención de las crisis tiene éxito cuando no surge ninguna crisis. La cantidad de dinero que gastamos es sustancialmente menor que la que es necesaria después de estallar una crisis. En diciembre de 1992 entregué 50 millones de dólares al Alto Comisionado de las Naciones Unidas para los Refugiados (ACNUR) para ayuda humanitaria a los habitantes de Sarajevo, y el dinero fue excepcionalmente bien gastado. Bajo la dirección de un organizador de ayuda especialmente dotado, Fred Cuny, que después moriría en Chechenia, se creó un abastecimiento de agua alternativo, se instaló un generador eléctrico en el hospital, se entregaron semillas a la gente para el cultivo de hortalizas en pequeñas parcelas y terrazas. Considero, sin embargo, que mi donativo es un reconocimiento de la derrota: habría sido mucho mejor que la crisis hubiera podido evitarse y el dinero se hubiera podido gastar en países que no estaban siendo destruidos.

No es fácil evaluar el éxito de la prevención de las crisis, pues sólo los fracasos se registran. Sin embargo, no me cabe la menor duda de que las fundaciones han hecho una contribución importante para sentar las bases de lo que llamo una sociedad abierta. Es interesante señalar que su eficacia tiende a ser mayor cuanto más adversas son las condiciones en las que operan. Por ejemplo, en Yugoslavia la fundación sobrevivió a un intento de cierre por parte del gobierno y es prácticamente la única fuente de apoyo para personas que no han abandonado la esperanza de la democracia. Tiene una sección en Kosovo que permite que se escuche la voz de la sociedad civil incluso en medio de los combates; indudablemente, podrá desempeñar un papel constructivo cuando cesen los combates. Eso es lo que sucedió en Bosnia: mientras los combates enfrentaron a serbios, musulmanes y croatas, la fundación nunca abandonó la idea de una sociedad abierta donde todos los ciudadanos fueran tratados por igual. Ahora actúa en la república de Srpska, así como en las partes bosnia y croata del país, y está gobernada por una junta directiva en la que tienen representación todas las nacionalidades. En Bielorrusia, un presidente dictatorial ha obligado a cerrar la fundación; continúa funcionando desde el extranjero y es más eficaz que nunca.

No espero que otras personas se dediquen a una causa en la medida en que yo lo he hecho, y debo señalar que sólo lo hice después de triunfar en ganar dinero. No puedo evitar preguntarme, sin embargo, si sería posible intervenir en la prevención de conflictos siguiendo las líneas que he seguido en mis fundaciones, pero en una escala mayor, como una cuestión de política pública. Sé que con ello se haría un mundo mejor. Me resisto a plantear la cuestión en público porque me expone a la acusación de ser un idealista ingenuo. Puede que sea un idealista, pero no soy un ingenuo. Me doy cuenta de que la idea de ayudar a los demás por una idea abstracta está totalmente desconectada de las actitudes dominantes. Pero también me doy cuenta de que algo está mal en las actitudes dominantes y he dedicado la mayor parte de este libro a tratar de identificar qué es.

Históricamente, Estados Unidos ha estado dividido siempre entre el realismo geopolítico y los principios universales enunciados en la Declaración de Independencia. Estados Unidos es un país bastante excepcional en este aspecto (el carácter excepcional de Estados Unidos es reconocido incluso por Henry Kissinger). A las potencias europeas, que tienen una larga historia colonial, les afecta mucho menos el sufrimiento de otras personas (aunque merece la pena recordar las fulminaciones de Gladstone contra las matanzas de los Balcanes porque tiene su eco hoy en día en la reacción de la opinión pública ante las lúgubres imágenes de la CNN). Cuando el público se despierta, es demasiado tarde. Es, pues, bastante legítimo preguntar si sería posible idear fórmulas para responder antes. Varios obstáculos se interponen en el camino. Nadie se apunta tantos por resolver crisis que no han estallado, y encontrar soluciones es más difícil que identificar problemas. Pero el mayor obstáculo es que carecemos de un acuerdo sobre los principios básicos que deben guiar la acción cooperativa, en particular en la escena internacional.

Creo que los principios de la sociedad abierta podrían servir para ese fin. Puedo hablar por experiencia personal porque me he guiado por esos principios y me han servido perfectamente. He cometido muchos errores, pero ellos también me han ayudado a identificarlos y corregirlos. Lamentablemente, esos principios no se conocen siquiera, y mucho menos se aceptan. Debo reformular, pues, la pregunta que he formulado: ¿podrían los principios de la sociedad abierta ofrecer los valores compartidos que mantuviera unida a nuestra sociedad global mejor de lo que está unida hoy?

La sociedad abierta como valor compartido

Tanto la política como las relaciones internacionales se basan en la soberanía del Estado. Las relaciones internacionales gobiernan básicamente las relaciones entre estados. Dentro de los estados, el poder soberano pertenece al Estado salvo en la medida en que el Estado haya renunciado o delegado la soberanía en virtud de tratado internacional. Los mecanismos que rigen las relaciones entre los estados distan mucho de ser suficientes, pero hay una deficiencia mucho mayor en relación con las condiciones dentro de los estados. Cualquier intervención internacional en esas condiciones constituye una injerencia externa en la soberanía del Estado. Como la prevención de las crisis requiere cierto grado de injerencia externa, los mecanismos actuales se oponen a una prevención efectiva de las crisis. Al mismo tiempo, el capital internacional tiene libertad para moverse y los estados están prácticamente a su merced. Esto crea un desequilibrio entre las esferas política y económica y deja al capital internacional en gran medida más allá de cualquier control político o social. Por eso entiendo que el sistema capitalista global es una forma distorsionada de sociedad abierta.

Sociedad abierta significa cierta clase de relación entre el Estado y la sociedad que tiene también repercusiones importantes para las relaciones internacionales. El principio básico es que la sociedad y el Estado no son idénticos; el Estado debe servir a la sociedad, no dominarla. Las personas tienen algunas necesidades que no pueden satisfacer por sí solas; el Estado está ahí para satisfacer esas necesidades. El Estado no debe estar al mando de todas las decisiones colectivas: algunas necesidades se satisfacen mejor a través de asociaciones de voluntarios, otras por las autoridades municipales y otras por los mecanismos internacionales. La sociedad civil, el Estado y el gobierno local tienen sus respectivas esferas de influencia apropiadas; lo que es apropiado debe ser decidido por el pueblo, no por el Estado. La manera de tomar las decisiones debe regularse mediante una constitución. La constitución define cómo se hacen, cambian, administran y aplican las leyes. El Estado no debe estar fuera del alcance de la ley.

No todos los estados cumplen estas condiciones. Por su naturaleza, los estados están más preparados para el dominio que para el servicio. En un principio, los estados eran gobernados por un soberano, aunque el poder de los soberanos no siempre era absoluto. El Estado es un instrumento arcaico que se ha adaptado a las demandas de la sociedad abierta. A veces la evolución ha tomado una dirección distinta: en la Unión Soviética, el aparato del partido-estado intentaba ejercer un control más completo sobre la sociedad que cualquier soberano absoluto. Eso es lo que hace que la distinción entre sociedad abierta y sociedad cerrada sea tan pertinente en esta época.

Comprobamos que es más probable que los estados abusen de su poder en relación con sus propios ciudadanos que en relación con otros estados porque al tratar con otros estados están sujetos a más limitaciones. Las personas que viven bajo regímenes opresores necesitan ayuda desde el exterior. A menudo es su único salvavidas. Pero ¿qué interés tienen en llegar en su ayuda las personas que viven en el exterior? Ese es el punto en el que nuestros valores sociales necesitan urgentemente una reconstrucción. En términos generales, las personas que viven en democracias representativas respaldan los principios de la sociedad abierta dentro de sus propios países; defienden su libertad cuando está en peligro. Pero no hay respaldo suficiente para la sociedad abierta como principio universal. Muchas personas que defienden abiertamente su libertad ven una contradicción en los principios cuando se les pide que se comprometan con los asuntos de un país lejano. Lo que es peor, tienen sus razones.

Las acciones tienen consecuencias no buscadas, y las intervenciones bien intencionadas en nombre de algún principio abstracto podrían acabar causando más perjuicios que beneficios. Eso fue lo que los telespectadores entendieron cuando el cuerpo de un aviador estadounidense fue arrastrado por las calles de Mogadiscio.

Como ya he dicho, el desafío supremo de nuestro tiempo es establecer un código de conducta de validez universal para nuestra sociedad global. El concepto de sociedad abierta puede enmarcar el problema pero no puede resolverlo realmente. En una sociedad abierta no hay soluciones definitivas. De nuestra falibilidad se sigue que un código de conducta no puede derivarse de primeros principios. Sin embargo, necesitamos un código de conducta, sobre todo para las relaciones internacionales. Las relaciones internacionales no pueden circunscribirse a las relaciones entre los estados porque, como hemos visto, los intereses del Estado no coinciden con los intereses de las personas. Por eso necesitamos algunas reglas válidas universalmente para la relación entre el Estado y la sociedad que salvaguarden los derechos del individuo. Tenemos los rudimentos de esas reglas en algunas piadosas declaraciones pero son demasiado generales y no hay mecanismos que respalden su aplicación. Por otra parte, es peligroso dejar la aplicación a los estados porque, como ya se ha señalado, los estados no tienen principios, sólo intereses. La sociedad debe movilizarse para imponer principios al comportamiento de los estados, y los principios que es necesario imponer son los principios de la sociedad abierta.

Los estados democráticos están organizados de acuerdo con los principios de la sociedad abierta, al menos en principio. Hay establecido un código de conducta en forma de leyes, que pueden revisarse y perfeccionarse a la luz de la experiencia. El Estado bajo el control de la sociedad y no por encima de la ley. Lo que falta es el imperio de la ley internacional. ¿Cómo puede lograrse? Sólo a través de la cooperación de los estados democráticos que están controlados por sus respectivas sociedades. Deberían ceder parte de su soberanía para establecer el dominio del derecho internacional y encontrar fórmulas para inducir a otros estados a hacer lo mismo. Esto parece bueno en principio, pero debemos tener cuidado con las consecuencias no buscadas. La intervención en los asuntos internos de otro Estado está repleta de peligro pero la no intervención puede ser más perjudicial aún.

Capítulo 11

La agenda de la sociedad abierta

¿Hacia dónde vamos ahora? Preparar un programa de gobierno global iría en contra de los principios de la sociedad abierta; sería además un ejercicio de futilidad. Debemos comenzar por lo que existe y decidir qué es lo que debe cambiarse. Debemos ser capaces también de movilizar el apoyo necesario. Karl Popper llamaba a esto ingeniería social no sistemática. No me satisface plenamente el término porque hay ocasiones en que los cambios poco sistemáticos no son suficientes. El desmoronamiento del sistema soviético fue uno de esos momentos. Las sugerencias de reformas graduales fueron insuficientes. Fue un período de «grandes explosiones» como la reforma monetaria en Polonia y la privatización masiva en Checoslovaquia y Rusia. El hecho de que las reformas totales estén a menudo radicalmente mal concebidas no soslaya la necesidad de reformas radicales.

Estamos ahora en otro de esos momentos en la historia. El sistema capitalista global ha sido sacudido por una serie de crisis financieras y se está desintegrando literalmente. En la época en que comencé a escribir este libro, no pensaba que esto sucedería tan pronto. Aunque puedo estar en minoría, creo que se requieren cambios significativos. Con todo, me opongo a los cambios revolucionarios, debido a los peligros de las consecuencias no buscadas. Debemos comenzar por lo que tenemos y tratar de mejorarlo. Me he ocupado del sistema financiero internacional en el Capítulo 8; aquí deseo examinar el sistema político internacional, o más bien la ausencia del mismo.

La Unión Europea

Somos testigos de un gigantesco experimento de ingeniería social: la creación de la Unión Europea. Merece la pena hacer un examen más detenido. El proceso se ha encontrado con la cuestión que hemos identificado como la cuestión decisiva de nuestra época: cómo superar los obstáculos que plantea la soberanía nacional para la búsqueda del interés común. La cuestión no se afronta directamente; si así lo fuera, el proceso no podría haber ido tan lejos como lo ha hecho. Se enfoca, en cambio, indirectamente, identificando un objetivo concreto y reuniendo suficiente apoyo tras él. Comenzó con la Comunidad del Carbón y del Acero y ha llegado tan lejos como la moneda común. Cada paso adelante contiene algún fallo, que sólo puede corregirse dando otro paso adelante. El proceso está repleto de incertidumbre y es imposible decir hasta dónde puede llegar. Cada paso encuentra resistencia y gran parte de la resistencia se basa en la expectativa de que conducirá a nuevos pasos en la misma dirección. La expectación está justificada. La creación de una moneda común, por ejemplo, es poco sólida sin una política fiscal común. Está aún por ver si será posible reunir suficiente apoyo político para introducir una política fiscal común.

El proceso se topa con dificultades. Ha sido impulsado por una élite política y está perdiendo el apoyo de las masas. La idea de una Europa unida era inmensamente atractiva, sobre todo mientras la memoria de la última guerra estaba fresca en la mente de los pueblos y Europa estaba expuesta a la amenaza soviética. La realidad de la Unión Europea tal como funciona actualmente es mucho menos atractiva. Políticamente es aún una unión de estados que han delegado parte de su soberanía en la Unión. En la esfera económica, en la que la delegación ha tenido lugar, la Unión funciona razonablemente bien, pero en la esfera política no ha habido prácticamente ninguna delegación. La Comisión Europea está sometida a la autoridad del Consejo de Ministros, que se guía más por intereses nacionales que por el interés común. Las decisiones adoptan el carácter de un tratado internacional: difíciles de alcanzar y más difíciles aún de alterar.

Los miembros de la Comisión son nombrados sobre la base de cuotas nacionales, y el trabajo de la Comisión adolece de todos los defectos de una burocracia que tiene que servir no a un solo amo sino a quince. Lo que la gente ve es una organización burocrática con demasiados directivos que trabaja de manera intrincada, envuelta en secreto y que no debe rendir cuentas ante el público. Para cambiar esta percepción la administración debería hacerse más directamente responsable ante el pueblo, ya sea a través de los parlamentos nacionales o del Parlamento Europeo pero la gente no lo exige porque está desconectada. Los gobiernos nacionales tienen la mala costumbre de culpar a Bruselas de todo aquello que molesta a la gente, y el Parlamento Europeo se tiene generalmente en muy baja estima.

El desencanto se expresa a través de una creciente minoría que rechaza la idea de Europa y abraza tendencias nacionalistas y xenófobas. Es de esperar que la élite política sea capaz de movilizar a la opinión pública una vez más, pero en esta ocasión la iniciativa debe dirigirse contra la propia élite política. La gente debe afirmar el control político directo sobre el gobierno de la Unión Europea. Esa iniciativa habría de enfrentarse a la cuestión de la soberanía nacional de forma más directa que nunca y su éxito dista mucho de estar asegurado. El fracaso puede conducir a la desintegración de la Unión Europea, porque la integración es un proceso dinámico: si no avanza, es probable que retroceda. Cuando he dicho que el proceso está repleto de incertidumbre, quería decir en realidad esto.

(Por si sirve de algo, creo que la mejor salida podría ser que el gobierno de la Unión, es decir, la Comisión Europea fuera responsable no ante el Parlamento Europeo sino ante un órgano formado a partir de los parlamentos nacionales. Ese órgano daría una voz más directa a la gente y constituiría un ataque menos directo a la soberanía nacional. Debería disfrutar asimismo del apoyo de los parlamentos nacionales, que de otro modo estarían amenazados por el aumento del papel del Parlamento Europeo. En conjunto, este mecanismo tiene más probabilidades de éxito que el cambio de poderes —y de imagen— del Parlamento Europeo.)

La Unión Europea ha fracasado singularmente en el área de la política exterior. El segundo Título II del Tratado de Maastricht se dedicaba a una política común pero no violaba la soberanía de los países miembros. Los resultados eran de esperar: no surgió ninguna política común. La política exterior permaneció subordinada a los intereses de los países individuales. La política común quedó desacreditada en el acto mismo de la negociación del Tratado de Maastricht. Como parte del tira y afloja que condujo al tratado, el ex ministro de exteriores de Alemania, Hans-Dietrich Genscher, obtuvo el reconocimiento europeo de una Croacia y una Eslovenia independientes, precipitando con ello la guerra en Bosnia.

La situación actual es sumamente insatisfactoria pero sería poco realista esperar que se cambien las disposiciones del Tratado de Maastricht. Por otra parte, sería difícil justificar una delegación de poderes en la Unión Europea en asuntos de política exterior, porque los estados miembros tiene efectivamente intereses nacionales, especialmente en el área del comercio y la inversión. Hay muchas cuestiones de interés común, pero suelen extenderse más allá de los estados miembros de la Unión Europea. Los Balcanes, el Cercano Oriente, el norte de África y la antigua Unión Soviética son zonas de interés no sólo para Europa sino para Estados Unidos y el resto del mundo. Creo que es necesario un enfoque más amplio que debería basarse en una alianza más extensa centrada en Estados Unidos.

Estados Unidos

Estados Unidos, como única gran potencia que queda, debería recuperar su papel de líder del mundo libre. No pueden hacerlo solos. Aunque disfruta de una superioridad tecnológica mayor que en cualquier otra época de la historia, no está dispuesto a pagar el precio que supondría en vidas humanas el ser el policía del mundo. Además, el mundo no necesita un policía. La bien conocida aversión de la población estadounidense a las bolsas para transportar cadáveres ha reducido sobremanera el respeto reverencial que sienten por este país los regímenes deshonestos. No se puede ser policía sin correr algunos riesgos.

Estados Unidos tiene una buena justificación para negarse a ser el único policía: no obtiene suficientes beneficios de estar en el centro del sistema capitalista global como para mantener la paz en el mundo sin ayuda de nadie. Hay otros que se benefician de la paz —lo mismo en el centro que en la periferia— que deberían poner su parte. Esto requiere cooperación, y ahí es donde Estados Unidos se niega. Es sorprendente, pero Estados Unidos se ha convertido en el país más retrógrado del mundo en lo que se refiere a conservar todo el boato de la soberanía.

Hay en el mundo regímenes represivos que mantienen un férreo control sobre sus súbditos, pero cuando proyectan su poder al extranjero son perfectamente conscientes de que podrían ofender a un gigante adormilado. Estados Unidos es cualquier cosa menos un país represivo en el interior, pero no tiene limitación alguna para hacer ostentación de su poder a nivel internacional. Actúa de hecho ocasionalmente como agresor cuando no ve peligro de bolsas de cadáveres, y un ejemplo fue el bombardeo de una fábrica de productos farmacéuticos en Sudán. Más aún, es agresivo al negarse a cooperar. Se niega a pagar sus cuotas a las Naciones Unidas; vacila en reponer fondos al FMI; e impone sanciones unilateralmente cuando quiere o, para ser más exactos, a instigación de electorados internos. Estados Unidos fue uno de los siete países que votaron en contra del Tribunal Internacional de Justicia, porque los militares estadounidenses se opusieron a que su personal quedase bajo jurisdicción internacional. Los otros fueron China, Irak, Israel, Libia, Qatar y Yemen. ¡Una compañía no muy distinguida! El Pentágono llegó a cursar instrucciones a los agregados militares estadounidenses destinados en embajadas de Estados Unidos en todo el mundo para que consiguieran el apoyo de los jefes militares de sus respectivos gobiernos anfitriones para presionar en contra del Tribunal Penal Internacional. Esta táctica fue especialmente cuestionable en países en que la autoridad civil sobre las fuerzas armadas no está firmemente asentada.

Estados Unidos ha contraído también el hábito de permitir que consideraciones internas dicten la política exterior; véase el embargo comercial contra Cuba, que está diseñado para agradar a los influyentes votantes cubanos de Florida, o la ampliación de la OTAN, que fue concebida para agradar a los votantes polacos de Chicago en las elecciones de 1996. Pasaron hace mucho los tiempos de la política exterior bipartidista que dominaron durante gran parte de la guerra fría. Sería preciso un cambio de actitud radical para que Estados Unidos volviera a ser de nuevo el líder del mundo libre.

Creo, sin embargo, que las condiciones para un cambio de actitudes son favorables. Estados Unidos tiene un compromiso histórico con los ideales de la sociedad abierta, a partir de la Declaración de Independencia. Según las encuestas de opinión pública, las Naciones Unidas, a pesar de su actual parálisis, gozan aún de más popularidad entre el público que el Congreso o el presidente de EE UU. Lo único que debe hacerse es recuperar el apoyo latente a una sociedad abierta.

En la actualidad prevalece una alianza inestable en la política entre los fundamentalistas del mercado y los fundamentalistas religiosos. Unos y otros están unidos en su oposición al gran gobierno, pero tienen en mente objetivos muy distintos. Los fundamentalistas del mercado se oponen a la intervención gubernamental en la economía; los fundamentalistas religiosos se oponen a las normas liberales impuestas por el Estado. Los fundamentalistas del mercado son contrarios a la cooperación internacional por la misma razón que les desagrada el gran gobierno: desean otorgar carta blanca a la actividad económica. Los fundamentalistas religiosos se oponen a ella por la razón contraria: les molesta la amenaza que los mercados globales plantean para sus valores intrínsecos. Es asombroso cómo dos grupos tan diferentes han podido conciliar sus diferencias. Espero que les resulte cada vez más difícil hacerlo cuanto más avancen en la consecución de sus objetivos. Podría imaginar una reconfiguración de la escena política interna con apoyo bipartidista a una sociedad abierta global, pero para ello sería necesario que los fundamentalistas del mercado reconocieran los errores de sus formas.

Las Naciones Unidas

El programa para una política exterior más cooperativa debe esbozarse con algo más de detalle. Es necesaria una alianza mundial de países democráticos que cooperen en la promoción de los principios de la sociedad abierta. Podrían establecer normas para la relación entre el Estado y la sociedad que abarcasen áreas como la libertad de información, la libertad de asociación, el proceso judicial debido, la transparencia en las actuaciones del Estado, etc. Los miembros de la alianza se comprometerían a acatar estas normas. La alianza admitiría también a miembros candidatos que no cumplieran esas normas actualmente pero que las suscribiesen como objetivo deseable. Es de esperar que los miembros y los candidatos de la coalición de la sociedad abierta constituyan una mayoría de las Naciones Unidas. En tal caso, las Naciones Unidas podrían reformarse, porque podrían gobernarse por un régimen mayoritario. Las Naciones Unidas trabajarían de forma más parecida a un parlamento y podrían ser mucho más efectivas que ahora [1].

Es importante entender qué pueden hacer las Naciones Unidas y qué no pueden hacer. La organización está profundamente viciada, como toda construcción humana, pero tal como están actualmente las instituciones internacionales, tienen un gran potencial. Poseen cuatro componentes principales: el Consejo de Seguridad, la Asamblea General, la Secretaría y varias agencias especializadas, como el Programa de las Naciones Unidas para el Desarrollo (PNUD), la Organización de las Naciones Unidas para el Desarrollo Industrial (ONUDI) y la Organización de las Naciones Unidas para la Educación y la Ciencia (UNESCO), etc., sólo algunas de las cuales funcionan efectivamente. Los nombramientos se hacen sobre la base del patrocinio nacional y no sobre la base del mérito. Es difícil despedir a los funcionarios y más difícil aún clausurar organizaciones cuando dejan de tener una misión. Son estas características las que han dado mala fama a las Naciones Unidas.

A las burocracias les interesa siempre más la autoconservación que el desempeño de su misión. Cuando una burocracia es responsable no ante un amo sino ante todos los miembros de las Naciones Unidas, está fuera de control. Debe reconocerse que una asociación de estados, cada uno de ellos guiado por sus propios intereses, está

---

[1] Es imprescindible que no todos los estados que lo soliciten sean admitidos, y que sean excluidos los que incumplan sus obligaciones. La falta de criterio en los requisitos para su pertenencia ha empañado el valor de entidades por lo demás válidas como el Consejo de Europa y la Organización para la Seguridad y la Cooperación en Europa (OSCE)

mal dotada para llevar a cabo cualquier función ejecutiva al servicio del bien común. En la medida en que haya funciones ejecutivas que llevar a cabo, deberían encomendarse a funcionarios designados que sean responsables de sus actos. Podrían rendir cuentas, dependiendo de la función, ante el secretario general o ante un consejo de administración designado por la Asamblea General o, como en el caso de las instituciones de Bretton Woods, por quienes aportan la financiación.

El Consejo de Seguridad es una estructura bien concebida y podría ser eficaz para imponer la paz si los miembros permanentes del Consejo se pusieran de acuerdo entre ellos. El fin de la guerra fría brindó al Consejo de Seguridad la oportunidad de funcionar tal como fue concebido en su origen pero, en el caso de Bosnia, como hemos visto, fueron los tres miembros permanentes occidentales, Estados Unidos, Reino Unido y Francia, los que no pudieron ponerse de acuerdo entre ellos. La creación de una coalición por la sociedad abierta debería impedir que se repitiera tan lamentable espectáculo. Los miembros no permanentes podrían ser también más cohesivos si la selección se limitara a los partidarios de la coalición por la sociedad abierta.

La Asamblea General es actualmente un mentidero. Podría llegar a ser algo más parecido a un órgano legislativo encargado de hacer leyes para nuestra sociedad global. Una asamblea de estados soberanos puede estar mal equipada para desempeñar funciones ejecutivas pero está eminentemente cualificada para actuar como órgano legislativo internacional. Las leyes sólo serían válidas en los países que las ratificaran, pero los miembros de la coalición por la sociedad abierta se comprometerían a refrendar automáticamente las leyes, a condición de que hubieran sido aprobadas voluntariamente por una mayoría cualificada. La definición de mayoría cualificada habría de hacerse con el máximo cuidado. Podría haber una triple prueba, a saber dos tercios de los países, dos tercios de la población y dos tercios del presupuesto de la ONU[2]. Los países que no cumpliesen su compromiso de aceptar la decisión de una mayoría cuali-

_____

[2] La «tríada vinculante», tal como la propone Richard Hudson, director del Centro para Estudios sobre la Guerra y la Paz de Nueva York.

ficada serían excluidos de la coalición de la sociedad abierta. De ese modo, se desarrollaría un cuerpo de derecho internacional sin infligir el principio de la soberanía nacional. La Asamblea General podría decidir qué leyes son necesarias y cómo se las aplica. El Tribunal Penal Internacional es un paso en la dirección correcta. El hecho de que Estados Unidos sea el principal oponente de este tribunal indica lo radical del cambio que sería necesario en las actitudes estadounidenses para establecer el dominio de la ley en la escena internacional.

El secretario general sería nombrado por la coalición por la sociedad abierta. Estaría al frente de la Secretaría, que guiaría el trabajo legislativo de la Asamblea General. Su cargo equivaldría aproximadamente al de líder elegido de un partido democrático. Habida cuenta del gran incremento de sus poderes, sería deseable que pudiera ser destituido en cualquier momento cuando perdiera la confianza de la coalición por la sociedad abierta.

Se han efectuado muchos estudios y propuestas para reformar las Naciones Unidas, pero ninguno ha sido aprobado. La única manera en que los cambios podrían producirse es mediante la presión de la opinión pública, sobre todo en Estados Unidos. Lo que hace que la idea de una coalición de la sociedad abierta sea realista es que los gobiernos democráticos son receptivos a las demandas de sus ciudadanos. Pero primero la gente debe suscribir la idea de la sociedad abierta. Confío en que este libro contribuya a alcanzar ese objetivo.

Una agenda interna

Termino este libro con un breve repaso a la agenda interna de mi fundación en Estados Unidos. Mi propósito al hacerlo es demostrar que el concepto abstracto de sociedad abierta puede traducirse en acciones concretas.

Hace cuatro años, pensaba que el momento revolucionario creado por el desmoronamiento del imperio soviético había pasado y ya no era oportuno que concentrara toda mi actividad filantrópica en sociedades cerradas en el pasado o en el presente. La misión de mi fundación, tal como la formulé en 1979, era ayudar a abrir las sociedades cerradas, hacer más viables las sociedades abiertas y fomentar un modo de pensamiento crítico. Había llegado el momento de pasar a los puntos segundo y tercero de la agenda. Estados Unidos, como paradigma de la sociedad abierta, tenía sus propios defectos. ¿Qué podía hacer la fundación por ellos? Al cabo de unos años surgió una política coherente.

Los programas de mi fundación en Estados Unidos pueden agruparse en su mayor parte en tres temas principales derivados del concepto de sociedad abierta: desafío a la intromisión de los valores del mercado en áreas inadecuadas; tratamiento de consecuencias adversas no buscadas de políticas quizá bien intencionadas; y tratamiento de las desigualdades en la distribución de la riqueza y los beneficios sociales que surgen del fundamentalismo del mercado.

El primer tema es que el afán de lucro ha penetrado en áreas en las que no le corresponde propiamente. En particular, me preocupan cómo los valores del mercado han erosionado los valores profesionales. Resulta que las normas éticas que en otros tiempos se consideraban intrínsecas no resisten muy bien a las presiones del mercado. He puesto en marcha programas para encarar este problema en el derecho y la medicina, que en los últimos años parecen cada vez más negocios que profesiones. Me resulta fácil —y gratificante— brindar apoyo para obras de interés público y de servicio público que conservan las mejores tradiciones y normas en el derecho y la medicina. Más difícil ha resultado, para una fundación que llega desde fuera a las profesiones (si bien con el asesoramiento y la participación de muchas personas desde dentro), influir en el núcleo, o la corriente principal, de estas disciplinas. Aquí la fundación se afana aún por encontrar un medio apropiado para influir en los acontecimientos, pero comenzamos a hacer algunos progresos. Las presiones del mercado afectan también al periodismo, la edición y el comportamiento profesional y ético en las finanzas, pero no hemos encontrado aún puntos de entrada adecuados.

El segundo tema principal es lo que denomino «consecuencias adversas no buscadas». Hay algunos problemas insolubles en los que la negativa a aceptarlos como tal hace que el problema sea peor de lo que debería ser. El más evidente y amenazador de estos problemas es la muerte. La cultura estadounidense se caracteriza por la negación de la muerte. Médicos, familiares y pacientes tienen grandes dificultades para enfrentarse a esta cuestión, y al eludirla aumentan el dolor, el sufrimiento y el aislamiento que conlleva.

El problema de la muerte me preocupaba cuando era un adolescente. Siendo un hombre joven, encontré una manera de afrontarla que me satisfizo, aunque puede que no satisfaga a otros. Distingo entre la idea de la muerte y la muerte como hecho real. La muerte en sí misma es un hecho de la vida, pero la idea de la muerte es anatema para mi conciencia. Nunca podré aceptar la perspectiva de la muerte pero puedo entender el hecho de morir, sobre todo si llega en una fase tardía de la vida. Hay una divergencia entre el pensamiento y la realidad, de tal manera que la *idea* de la muerte no es lo que va a suceder realmente. Encuentro consuelo en la idea de que el pensamiento es mucho más aterrador que la realidad.

El amor también puede ser un consuelo para la perspectiva de la muerte, como descubrí con ocasión del fallecimiento de mi madre. Ella tuvo una experiencia, que aparentemente no es habitual, de caminar hasta las puertas del cielo, y yo la acompañaba, asiendo su mano mientras ella describía lo que veía. Me dijo que le preocupaba que pudiera llevarme con ella. La tranquilicé diciendo que estaba firmemente asentado en esta tierra y que no tenía que preocuparse. Su fallecimiento fue una experiencia realmente enaltecedora para todos nosotros por el modo en que se manejó y la manera en que la familia, no sólo yo sino especialmente mis hijos, pudo participar en ella. La muerte me dio también el impulso necesario para emprender el Proyecto sobre la Muerte en América, que promueve la asistencia paliativa y el mejor conocimiento del problema de la muerte. Gracias a este proyecto se han logrado grandes avances en la reducción del dolor físico y psicológico que conlleva el morir.

Otro caso en que el remedio es peor que la enfermedad es la guerra contra las drogas. La drogadicción es un problema social grave que podría mitigarse, pero no eliminarse, tratándolo como un problema de salud pública. Pero lo tratamos como un delito. En consecuencia, 338.000 adultos estaban entre rejas por infracciones de las leyes sobre narcóticos el 30 de junio de 1995, en comparación con 51.950 a finales de 1980. Mantenerlos ahí cuesta 9.000 millones de dólares al año. Además, miles de millones de dólares se gastan en tratar de erradicar el abastecimiento, sin que se consigan grandes progresos.

La guerra contra las drogas es el peor caso de pensamiento o/o fundamentalista en Estados Unidos. Cuando alguien tiene la osadía de oponerse a él, se le cataloga como partidario de la legalización. Esto es lo que me sucedió cuando apoyé (con dólares después de impuestos) la legalización de la marihuana con fines médicos. Afortunadamente puedo encajar el insulto. De hecho, no defiendo la legalización de las drogas. Las personas que caen en la adición de las drogas dejan de ser dueñas de su destino y deben ser protegidas contra su propia adición. La marihuana no es adictiva, pero es nociva para los niños porque afecta a la memoria a corto plazo y se interfiere en el proceso de aprendizaje. En otras palabras, debemos dejar de equiparar drogas con delito. Tratar a los drogadictos como delincuentes no es la mejor manera de encarar la adición.

La intervención de la fundación en las campañas por la reforma financiera afecta a ambos temas principales. La política es otro escenario donde se han introducido los valores del mercado. Los políticos dedican la mayor parte de su tiempo y esfuerzo a recaudar dinero, y el debate de los problemas ha sido sustituido por mensajes políticos pagados. La fundación, como parte de sus actividades, concedió un donativo importante a una organización que promueve una «opción monetaria limpia», en particular en las elecciones estatales y locales. Los expertos piensan que las elecciones generales resultarán más difíciles de reformar. Al mismo tiempo, concedimos una subvención más pequeña al Brennan Center de la Universidad de Nueva York para que hiciera un seguimiento de las consecuencias no buscadas de *todas* las actividades de reforma de las campañas, incluidas las nuestras. Todas las regulaciones tienen consecuencias no buscadas, y los intentos de reformar las campañas que se han realizado en el pasado han provocado en realidad peores abusos en forma de contribuciones de dinero blando y publicidad de intereses especiales.

El tercer tema principal es la desigualdad de la distribución de la riqueza. Esto nos lleva a áreas de interés más tradicionales de la filantropía estadounidense: la asistencia social, la trampa de la pobreza, el embarazo de adolescentes, las desigualdades en la enseñanza, etc. Buscamos un nicho en el que otras fundaciones pudieran ser reacias a entrar o donde nuestro apoyo pueda ser empleado estratégicamente para influir en la política pública. Por ejemplo, cuando el Congreso privó a los inmigrantes legales de algunos derechos de asistencia social en 1996, creé con 50 millones de dólares el Emma Lazarus Fund para ayudar a los inmigrantes desfavorecidos por esta trasnochada política. Lo hice para subrayar las consecuencias adversas no buscadas de la reforma de la asistencia social —con la esperanza de que los políticos pudieran recibir el mensaje— así como para ayudar a un número significativo de víctimas en asistencia para la nacionalización, clases de lengua inglesa, servicios jurídicos, etc. Mientras redacto estas líneas, el Congreso ha restablecido más de 14.000 millones de dólares en prestaciones, pero es mucho lo que aún queda por hacer.

En otro frente, concedí un donativo de desafío para espolear a los donantes públicos y privados a crear oportunidades extraescolares para todos los niños de la ciudad de Nueva York. Sabemos que ofrecer a los niños algo que merezca la pena hacer desde las 3 hasta las 6 de la tarde mejorará su rendimiento académico, les mantendrá alejados de problemas y ayudará a los padres que trabajan. Nuestro objetivo es gastar 1.000 dólares por niño y año y comprobar cuáles son los resultados. La respuesta de los funcionarios federales, estatales y locales ha sido alentadora.

Mi fundación ha usado un mecanismo semejante en Baltimore, donde nuestra subvención de desafío ayuda al alcalde a idear un plan para ofrecer plazas para el tratamiento contra las drogas a todos los adictos que deseen romper su hábito pero que hasta ahora se han enfrentado con largos períodos de espera en el escaso número de plazas disponibles. También en Baltimore, intentamos abordar una serie de problemas urbanos, desde las drogas y la delincuencia hasta el fracaso escolar y el desempleo, siguiendo un enfoque distinto del que han intentado otras fundaciones: la concesión de poderes a una junta directiva local para que tome decisiones importantes sobre subvenciones y prioridades, un modelo un tanto parecido al que desarrollé en los antiguos países comunistas.

Los programas de las fundaciones no guardan una relación directa con las políticas que Estados Unidos debería seguir porque hay muchas cosas que una fundación puede hacer y hay muchas cosas que un gobierno puede hacer, y unas y otras no son idénticas.

Una agenda internacional

Una sociedad abierta global no puede ser obra únicamente de las personas o de las organizaciones no gubernamentales por sí solas. Los estados soberanos tienen que cooperar y esto requiere una acción política. La opinión pública y la sociedad civil tienen que desempeñar papeles importantes porque en una democracia los políticos deben ser receptivos a las demandas populares. En las democracias que funcionan bien los estadistas podrían incluso encabezar la movilización de la opinión pública. Necesitamos esa clase de liderazgo para formar una coalición de países de ideología afín comprometidos con la creación de una sociedad abierta global.

Índice

Tribunal Penal Internacional,
261, 265.

Esta edición de 5.000 ejemplares
se terminó de imprimir en
Indugraf S. A.,
Sánchez de Loria 2251, Bs. As.
en el mes de febrero de 1999.